VOUS CROYEZ TOUT SAVOIR SUR LE SEXE?

Des mêmes auteurs

Ouvrages de Janette Bertrand

Avec un grand A roman, Libre Expression, 2017.
La Vieillesse par une vraie vieille, Libre Expression, 2016.
Lit double 3, Libre Expression, 2014 ; collection « 10 sur 10 », Stanké, 2016.
Lit double 2, Libre Expression, 2013 ; collection « 10 sur 10 », Stanké, 2015.
Lit double 1, Libre Expression, 2012 ; collection « 10 sur 10 », Stanké, 2011.
Ti-Boutte, La Bagnole, 2010.
Le Cocon, Libre Expression, 2009 ; collection « 10 sur 10 », Stanké, 2013.
Le Bien des miens, Libre Expression, 2007 ; collection « 10 sur 10 », Stanké, 2012.
Ma vie en trois actes, Libre Expression, 2004 ; collection « 10 sur 10 », Stanké, 2011.
Avec un grand A, Libre Expression, 1990.

Ouvrages en langue française de Michel Dorais

Prévenir (dir.), Presses de l'Université Laval, 2017.
Le Savoir engagé (dir.); Presses de l'Université Laval, 2016.
Le Métier d'aider, VLB éditeur, 2015.
De la honte à la fierté. 250 jeunes de la diversité sexuelle se révèlent, VLB éditeur, 2014.
Mort ou fif. Homophobie, intimidation et suicide (édition revue et augmentée), avec la coll. de Simon Louis Lajeunesse, Typo, 2014.
La Sexualité spectacle, VLB éditeur, 2012 ; H&O éditions, 2013.
Être homo aujourd'hui en France. L'enquête Le Refuge auprès de 500 jeunes gays et lesbiennes, avec la coll. d'Isabelle Chollet, H&O éditions, 2012.
Petit traité de l'érotisme, VLB éditeur, 2010.
Jeunes filles sous influence. Prostitution juvénile et gangs de rue, en coll. avec Patrice Corriveau, VLB éditeur, 2006.
Sains et saufs. Petit manuel de lutte contre l'homophobie à l'usage des jeunes, en coll. avec Éric Verdier, VLB éditeur, 2005 ; *Petit manuel de Gayrilla à l'usage des jeunes*, H&O éditions, 2005.
Travailleurs du sexe, VLB éditeur, 2003 ; *Les Cowboys de la nuit*, H&O éditions, 2003.
Éloge de la diversité sexuelle, VLB éditeur, 1999.
Ça arrive aussi aux garçons, VLB éditeur, 1997 ; Typo, 2008 ; Payot, 2013.
La Mémoire du désir, VLB éditeur, 1995 ; Typo, 2004.
La Peur de l'autre en soi, en coll. avec Daniel Welzer-Lang et Pierre Dutey, VLB éditeur, 1994.
Tous les hommes le font, Le Jour éditeur et VLB éditeur, 1991.
Les Lendemains de la révolution sexuelle, VLB éditeur, 1990.
L'Homme désemparé, VLB éditeur, 1988.
Les Enfants de la prostitution, avec la coll. de Denis Ménard, VLB éditeur, 1987.

JANETTE BERTRAND
MICHEL DORAIS

VOUS CROYEZ TOUT SAVOIR SUR LE SEXE?

Essai

Libre Expression
Une société de Québecor Média

Catalogage avant publication de Bibliothèque et Archives nationales du Québec et Bibliothèque et Archives Canada

Bertrand, Janette, 1925-, auteure
Vous croyez tout savoir sur le sexe? / Janette Bertrand, Michel Dorais.
ISBN 978-2-7648-1254-9
1. Sexualité. I. Dorais, Michel, 1954-, auteur. II. Titre.
HQ21.B47 2018 306.7 C2018-941075-2

Édition : Johanne Guay
Coordination éditoriale : Pascale Jeanpierre
Révision et correction : Sophie Sainte-Marie et Julie Lalancette
Couverture : Clémence Beaudoin
Mise en pages : Johannie Brosseau
Photo des auteurs : Julien Faugère

Remerciements
Nous remercions le Conseil des Arts du Canada et la Société de développement des entreprises culturelles du Québec (SODEC) du soutien accordé à notre programme de publication.
Gouvernement du Québec – Programme de crédit d'impôt pour l'édition de livres – gestion SODEC.

Financé par le gouvernement du Canada | Canada

Les Éditions Libre Expression
Groupe Librex inc.
Une société de Québecor Média
1055, boul. René-Lévesque Est
Bureau 300
Montréal (Québec) H2L 4S5
Tél. : 514 849-5259
Téléc. : 514 849-1388
www.edlibreexpression.com

Dépôt légal – Bibliothèque et Archives nationales du Québec et Bibliothèque et Archives Canada, 2018

ISBN : 978-2-7648-1254-9

Distribution au Canada
Messageries ADP inc.
2315, rue de la Province
Longueuil (Québec) J4G 1G4
Tél. : 450 640-1234
Sans frais : 1 800 771-3022
www.messageries-adp.com

Diffusion hors Canada
Interforum
Immeuble Paryseine
3, allée de la Seine
F-94854 Ivry-sur-Seine Cedex
Tél. : 33 (0)1 49 59 10 10
www.interforum.fr

À tous ceux et celles qui, comme nous,
cherchent à mieux comprendre.

SOMMAIRE

Prologue de Janette Bertrand

Lettre à mes fidèles lectrices et lecteurs,
de tous genres et de tous âges

Chers assidus,

J'écris pour vous depuis si longtemps que je vous considère, vous tous qui me lisez, comme ma famille, ma grande famille élargie. C'est dans l'espoir de partager avec vous ce que j'apprends que je suis encore, à mon âge, assise à mon ordinateur en train de m'attaquer à un nouveau sujet : l'ignorance sexuelle.

Adolescente, je ne savais pas comment se faisait un bébé. Je ne savais rien du vagin et encore moins du clitoris et ce n'est pas la médecine qui en aurait parlé, et surtout pas les prêtres. Le clitoris n'apparaissait même pas dans les volumes d'anatomie. Un peu plus et on l'aurait extrait, coupé, arraché, pour qu'on en finisse avec cette supériorité féminine (deux cents millions de femmes sont encore excisées dans le monde !).

Je ne savais rien de mon corps, pas plus du corps des garçons. J'étais ignorante sexuellement, comme la plupart des filles de mon époque. Plus tard, dans mon courrier du cœur, *Le Refuge sentimental*, ces filles devenues femmes se plaignaient de ne pas connaître l'orgasme. Seules les femmes de mauvaise vie semblaient savantes à cet égard. Avide de questions, mais surtout de réponses, j'ai dû consulter des gynécologues et des psychologues pour être en mesure de conseiller mes correspondantes. J'ai même publié un livret où j'expliquais aux adolescentes le phénomène des menstruations. On me parle encore de ce petit livre, comme si j'avais « déniaisé » le Québec, ainsi que le dit de moi Guy A. Lepage.

Je ne me suis pas déniaisée toute seule. J'étais ignorante, mais je le savais. Comme il n'y avait que les mots vulgaires et les histoires cochonnes pour parler de l'acte d'amour, une aura de saleté et de vulgarité entourait la sexualité. Il y avait bien les romans d'amour dont se gavaient les femmes pour apprendre des choses sur le sexe, mais ceux qui n'étaient pas à l'Index ne donnaient aucune explication précise sur ce qui se passait dans la pénombre. Une nuit d'amour, pour la plupart des lectrices, c'était une nuit avec leur amoureux, main dans la main, en soupirant… C'était l'époque de la grande noirceur, de l'enfer rempli à déborder de ceux qui commettaient les péchés de la chair. Les pires de tous !

Eh bien, cette ignorance qui paralyse, je me suis juré à la naissance de mes deux filles de la pourchasser pour qu'au moins elles ne soient pas aussi « niaiseuses » que leur mère. J'ai passé ma vie à briser les tabous, à tenter de comprendre la sexualité, l'amour, la vie, pour ensuite partager mon savoir avec vous. Or voici qu'une nouvelle ignorance sexuelle s'installe peu à peu. De la malinformation. Nos enfants et nous-mêmes, les adultes, sommes envahis par un discours et par des images sur la sexualité qui faussent bien souvent notre jugement.

Au contact de jeunes et de parents qui ne savent que penser et que faire devant des phénomènes sexuels incompris, j'ai décidé d'écrire ce livre. Il est à l'usage des adolescents, des jeunes adultes, des célibataires, des couples, des parents et des grands-parents qui ont besoin de découvrir une interprétation sensée de la sexualité. Comme je ne suis ni psychologue, ni sexologue, ni sociologue, je n'ai que mon expérience à vous offrir. J'avais donc besoin d'un scientifique pour m'apprendre ce qu'on sait, ou pas, sur le sexe de nos jours. Je me suis souvenue d'un jeune homme qui venait à *Janette veut savoir* me présenter ses premiers livres sur la sexualité. Devenu chercheur en sociologie de la sexualité, Michel Dorais a depuis écrit une vingtaine de livres. Il est professeur à l'Université Laval, où il enseigne aussi la relation d'aide. Lui et moi, nous allons tenter de répondre aux questions sur la sexualité que je me pose, que vous vous posez probablement aussi, sans oser le demander. J'ai l'expérience, il a la science.

Vous croyez tout savoir sur le sexe ? Au plaisir de se déniaiser un peu plus ensemble…

Janette

Prologue de Michel Dorais

Janette Bertrand fait de l'éducation populaire depuis plus de soixante ans. Et quelle éducatrice ! Les questions délicates, qui chicotent en secret M. et Mme Tout-le-Monde, elle a su les poser à leur place afin de trouver les meilleures réponses possibles. Son franc-parler a souvent dérangé parce qu'elle réfléchit à haute voix, parce que la censure et le politiquement correct, elle ne connaît pas ça. Elle ne serait pas Janette Bertrand sinon.

Briser des silences et les tabous qui emprisonnent les gens ou qui empoisonnent leurs relations, c'est la mission qu'elle s'est donnée. Écouter sans juger, afin de mieux comprendre, a été le fil conducteur de sa carrière. Sur l'amour, avec ou sans grand A, et sur la sexualité, il y a peu de sujets qu'elle n'a pas abordés. Elle a été la première à traiter dans les grands médias de sujets à l'époque, et aujourd'hui encore, considérés comme difficiles : les agressions sexuelles, les amours interdites, la diversité sexuelle, le sida… La liste complète serait longue. *Comment Pourquoi*, *Quelle famille !*, *L'École du bonheur*, *S.O.S. j'écoute*, *Janette veut savoir*, *Parler pour parler*, *Avec un grand A* : ce sont là autant d'émissions marquantes qui ont étonné, ému, bouleversé. Le lendemain de leur diffusion, tout le monde en parlait. Ce qui s'y disait ouvrait la porte sur des réalités méconnues, ou carrément taboues.

« Est-ce que ça se peut ? » C'est une de ses questions préférées. Tout comme les invités qu'elle recevait à ses émissions et comme les personnages de ses scénarios et de ses romans, Janette Bertrand se questionne. Quand elle m'a demandé de faire avec elle le point sur ce qu'on sait, ou ne sait pas, sur la sexualité actuelle, j'ai répondu présent. Ce qui l'intéresse, ce n'est pas seulement les réponses, ce sont les nouvelles interrogations et les zones grises qui persistent. Elle sait que c'est souvent le doute qui nous amène à réfléchir, à modifier nos croyances erronées.

La connaissance serait peu utile sans la sagesse de savoir s'en servir. C'est là que Janette Bertrand a encore beaucoup à nous dire. Qui a lu son ouvrage *La Vieillesse par une vraie vieille* sait combien elle trouve les mots justes et va à l'essentiel. Combien aussi elle tire des leçons de sa propre expérience et de celle des gens qu'elle a côtoyés.

Alors que le Québec a tardé à instaurer une éducation sexuelle digne de ce nom dans ses écoles, Janette reprend du service et met la table pour partager ses questions, ses découvertes, parfois ses incertitudes. Ceux et celles qui la suivent depuis longtemps vont la retrouver, plus audacieuse que jamais. Et une nouvelle génération va découvrir cette femme curieuse de tout et passionnée.

Cet ouvrage est avant tout un dialogue ouvert entre deux personnes qui se posent des questions sur la sexualité, en particulier sur la mésinformation, les tabous et les préjugés tenaces qui constituent une nouvelle forme d'ignorance. Le plus simplement du monde, nous faisons ensemble un bilan : qu'est-ce que nous avons appris et compris au fil de notre expérience et de notre recherche de réponses ? Elle, comme fine observatrice de la nature humaine et grande communicatrice ; moi, comme chercheur épris d'esprit critique et de vulgarisation scientifique.

La sexualité humaine n'est pas quelque chose à part, qui exigerait des explications à part. Comme tous nos autres goûts, désirs et comportements, elle est le résultat d'influences multiples et complexes, ce qui explique pourquoi chaque société, chaque époque, chaque couple, chaque individu possède ses propres repères. Hélas, les aspects psychologiques, relationnels et sociaux de la sexualité sont souvent négligés. Alors nous allons en discuter simplement afin d'aider chacun et chacune à mieux comprendre sa sexualité et celle des autres par-delà les idées toutes faites.

Ce livre va vous étonner, peut-être vous choquer parfois. Il va surtout vous amener à voir différemment ce que vous pensiez connaître. On y va ?

Michel Dorais

1
La nouvelle ignorance sexuelle

Ma première question, Michel, porte évidemment sur l'urgence, plus que jamais, de réfléchir sur la sexualité. Est-ce que tu crois comme moi que les jeunes et les moins jeunes pensent tout connaître, mais ignorent beaucoup de choses à ce sujet ?

L'ignorance en matière de sexualité existe encore : elle a seulement pris de nouveaux habits. Elle est beaucoup moins liée, comme auparavant, à un manque d'informations qu'à leur profusion. On évalue à plus de 12 % le contenu explicitement sexuel sur le Web, et 25 % environ des recherches des internautes concernent des questions liées à la sexualité. Malgré tout, beaucoup de gens, les jeunes en particulier, s'estiment insatisfaits des réponses qu'ils ont trouvées. C'est que, sur le Web et les réseaux sociaux, les nouvelles inventées, les idées simplistes, les opinions qui ne sont fondées sur aucun fait et la science bâclée se font souvent passer pour des vérités sur la sexualité. Il y a beaucoup de mésinformation et de désinformation, c'est-à-dire de diffusion d'informations incomplètes, contradictoires ou carrément fausses.

Jamais dans l'histoire de l'humanité nous n'avons eu accès à autant d'informations et même d'images sur la sexualité, mais jamais nous n'avons été si peu à même de départager le vrai du faux, la réalité de la fiction. L'ignorance provient aujourd'hui de la difficulté de transformer en connaissances la surabondance d'infos sur la sexualité qui s'offre à nous. D'autant que l'exploitation de la naïveté et de la crédulité est un sport très pratiqué sur le Web.

Mais, Michel, si le Web est une source de connaissances, alors pourquoi les gens sont-ils si peu ou si mal informés ? Ça me semble être un non-sens.

Il y a sur le Web le pire et le meilleur. Sauf que le meilleur se retrouve dilué, sinon noyé, dans le pire. Il existe de merveilleux sites d'information ou d'éducation sexuelle, en particulier pour les jeunes, mais on peut se demander s'ils arrivent à faire contrepoids. Plus que jamais, jeunes et moins jeunes apprennent la sexualité en découvrant celle des autres. Et ça se passe très tôt, bien avant d'avoir des partenaires. À onze ans, en moyenne, un jeune garçon a déjà visionné de la porno. Pour y comprendre quoi ?

Avec le Web et les réseaux sociaux, l'intimité qui entourait autrefois la vie amoureuse et sexuelle s'est transformée en « extimité ». Le mot a été inventé pour nommer une nouvelle tendance de société : les gens adorent partager et rendre visible leur intimité. Bien sûr, on a toujours eu accès à de la nudité, à de l'érotisme et même à de la porno, mais c'était beaucoup plus compliqué de se la procurer. On peut aujourd'hui en quelques clics entendre et voir dans le détail ce qui se passe dans la chambre à coucher des autres sans jamais sortir de la sienne. En fait, on peut avoir accès instantanément à l'imaginaire et même aux performances sexuelles d'une partie de la planète où que l'on soit, et qui que l'on soit. La possibilité de voir est assortie de celle de montrer soi-même, au point que la majorité de la production de matériel érotique et pornographique est le fait d'amateurs qui font cela chez eux.

Au début de l'adolescence, les jeunes ont aujourd'hui vu et entendu plus d'informations sur la sexualité que leurs ancêtres n'en avaient probablement vu et entendu durant toute leur existence ! Mais sont-ils mieux « éduqués » à la vie amoureuse et sexuelle pour autant ? Éduqués dans le sens de préparés pour prendre des décisions éclairées ? Ce n'est pas sûr.

Il y a moins de grossesses non désirées à l'adolescence, et à vrai dire à tous les âges, qu'avant. La contraception et l'avortement ne sont plus de mortels péchés ou des crimes, comme cela a longtemps été le cas. Mais les infections transmises sexuellement continuent d'inquiéter : la prévention est à reprendre à zéro à chaque nouvelle génération, laquelle croit toujours à tort que ce sont des maladies de vieux ou qu'elles sont réservées aux personnes pas attirantes…

Les nouvelles générations ne semblent pas, non plus, vivre beaucoup moins d'intimidation, d'exploitation et même de violences sexuelles que les précédentes. Les outils de communication actuels facilitent même la vie aux auteurs de harcèlement et d'agressions sexuelles. En commençant par exploiter la vulnérabilité, la naïveté et la crédulité des jeunes, en particulier. On a même inventé de nouveaux mots pour ça : la « cybermanipulation » et la « cyberprédation ».

Internet, c'est un peu comme un gros buffet : il y en a pour tous les goûts, mais ça ne te dit pas ce qu'il est bon pour toi de prendre ou de laisser tomber.

Tout à fait. Un « menu » axé surtout sur le voyeurisme et l'exhibitionnisme infantilise finalement tout le monde. Oui, on peut se servir à volonté, jusqu'à l'indigestion même. Mais pour comprendre la sexualité, à commencer par la sienne, il faut aller au-delà de ce que les autres en disent ou en montrent. Il faut s'accorder la permission de penser et de s'informer valablement par soi-même devant le grand spectacle de la sexualité.

Je donne un cours sur la sexualité à l'université et je constate deux choses : la première est que les jeunes veulent mieux comprendre, mieux se comprendre eux-mêmes, et la seconde est qu'ils sont conscients de leur relative ignorance, mais sans toujours savoir comment la pallier.

Au moins, ils sont conscients qu'ils ont des choses à apprendre. J'ai rencontré des gens de tout âge qui sont persuadés que la sexualité est une chose naturelle et que ça ne s'apprend pas. On a qu'à laisser aller nos hormones et laisser opérer la chimie... Je dis souvent qu'être ignorant sans le savoir, c'est être ignorant deux fois...

Oui, la sexualité est un domaine encore méconnu et tabou parce que c'est encore vu comme un sujet spécial, à part de tous les autres. Qui parle de nos jours de sexualité de façon critique ? Très peu de gens. Même la question des valeurs qui guideront les décisions à prendre dans notre vie amoureuse et sexuelle passe aujourd'hui pour de la morale mal placée, quand ce n'est pas récupéré par la droite politique qui occupe le terrain laissé vacant par l'Église.

Mais le féminisme, Michel, il a eu de l'impact ! Ne me dis pas que j'ai lutté pour rien, que je me suis fait traiter de « cochonne » pour rien, que pendant toute ma vie j'ai porté à bout de bras l'égalité entre les hommes et les femmes pour rien ? Pour moi, l'égalité entre les hommes et les femmes, ce n'est pas qu'une idée féministe, c'est l'avenir !

Le féminisme a fait énormément avancer notre vision de la sexualité, bien sûr. On devrait cependant plutôt dire « les féminismes » tellement les positions sur des questions comme la pornographie et la prostitution, entre autres, sont diversifiées et parfois éloignées de tout consensus, en raison de valeurs divergentes, y compris parmi les femmes. Au Québec, on n'aime pas beaucoup parler de valeurs, semble-t-il. Et pourtant, il y a des moments où c'est incontournable. La vie sexuelle est remplie de décisions à prendre qui relèvent forcément des valeurs, du respect de soi et des autres.

D'ailleurs, le mouvement #MoiAussi/#MeToo, qui a remis sur la place publique la question du consentement à des rapports sexuels et simultanément la question du harcèlement sexuel, s'inscrit clairement dans la foulée féministe. On peut même être surpris que ce ne soit pas arrivé avant… Une conjoncture d'événements a fait en sorte que les mentalités évoluent. Je pense en particulier au ras-le-bol face à des hommes comme Donald Trump, élu président des États-Unis après s'être vanté à la télé de saisir les parties génitales de femmes sans leur consentement et avoir été accusé par de nombreuses femmes de conduites sexuelles inappropriées, allant du harcèlement à l'agression.

J'ai parfois l'impression qu'on recule.

Oui, il est préoccupant que le « modèle » que représente un président si peu respectueux des femmes soit encore prisé par une portion importante de la population, du moins aux États-Unis. On aimerait se dire que ce serait impossible au Québec, bien que l'éducation à la sexualité accuse ici aussi un sérieux retard, avec des conséquences désastreuses. Comme le montrent plusieurs enquêtes récentes en milieux scolaires et universitaires, le harcèlement et les agressions sexuelles y sont toujours monnaie courante, hélas, et la plupart du temps des hommes en sont les auteurs.

Pourquoi, depuis tant d'années, y a-t-il peu d'éducation sexuelle encouragée dans les familles, et même dans les écoles ? Pourquoi maintenir l'ignorance chez les jeunes ? Pour qu'ils héritent des problèmes de leurs aînés, comme si moins on en savait, mieux c'était ?

Il y a quelques années, on a cru que l'éducation sexuelle n'était plus vraiment importante et on l'a retirée au Québec des programmes scolaires officiels. Son retour en force a été annoncé. Elle devrait redémarrer plus ou moins au moment de la parution de cet ouvrage, heureux hasard. Mais beaucoup d'enseignants se disent peu ou mal préparés pour affronter ce nouveau défi. C'est que le programme énonce les grands thèmes à traiter, dont la prévention du harcèlement et des agressions, mais ne dit pas beaucoup comment le faire.

Or, si les jeunes ne sont pas plus précoces que leurs parents ne l'étaient, ils sont à bon droit curieux de la sexualité. Des questions, ils en ont, et il va falloir tôt ou tard y répondre convenablement. Et avec pédagogie. Vous savez, l'âge moyen de la puberté a baissé de cinq ans depuis le XIXe siècle, ce qui fait que les jeunes se posent des questions de plus en plus tôt. Et comme ils peuvent en un clic ou deux avoir accès à plein d'images et d'informations sur la sexualité, pourquoi s'en priveraient-ils ? Le problème, c'est qu'ils ont été laissés sans repères pour savoir ce qui est de la frime et ce qui ne l'est pas, ce qui reflète la réalité et ce qui n'est que du sensationnalisme, ce qui leur conviendrait à eux ou pas. Le nouveau programme d'éducation à la sexualité devra s'en soucier, avec des moyens et un temps très limités, soulignons-le : de cinq heures par année pour les plus jeunes à quinze heures pour les plus vieux. Cela pour aborder des questions pertinentes mais complexes : la croissance du corps, l'image corporelle, l'identité, les stéréotypes sexuels, les agressions sexuelles, la grossesse, les infections transmises sexuellement, l'affection et l'amour, pour ne nommer que les principaux sujets. On va devoir non seulement dire les choses, mais les faire comprendre, ce qui est plus compliqué.

On reproche parfois aux gens qui, comme moi, parlent de sexualité sur la place publique, soit de faire la morale, soit de ne pas en avoir assez. Je ne peux compter les fois où j'ai été critiquée pour avoir parlé trop ouvertement de sexe... En même temps, les curés de l'époque parlaient aussi de sexualité sans se faire rabrouer, eux autres, mais c'était toujours pour mettre les gens en garde, rarement positivement.

Cela dit, on confond souvent la morale, qui est associée aux croyances sur ce qui serait bien ou mal, et l'éthique, qui est la capacité de chacun de diriger sa propre vie selon ce qui est bien ou mal pour soi-même, selon ses propres valeurs. La morale nous dit quoi faire ; l'éthique nous incite à réfléchir pour trouver par nous-même les meilleures décisions à prendre. Ce sont deux choses différentes, bien qu'il soit difficile de trouver sa morale à soi, donc son éthique, sans tenir compte de la morale de la société dans laquelle on vit. Tout n'est pas permis en matière de sexualité, et on n'a pas d'autre choix que d'en tenir compte, même si c'est pour contester des lois que l'on estimerait injustes ou dépassées.

Il existe de surcroît un gros malentendu quand on parle de sexualité. Beaucoup de gens confondent le fait que l'on cherche à comprendre ou à expliquer et le fait que l'on puisse chercher à faire la promotion de ce dont on parle ou, pire encore, à banaliser ou même à excuser des comportements qui sont inacceptables.

Comprendre ce qui se passe aujourd'hui dans la vie sexuelle, c'est notre but. En soixante ans, on est parti de la grande noirceur, du péché de la chair présent partout, pour passer à quoi d'autre, selon toi ?

On est passé graduellement du « tout cacher » au « tout montrer ». Je dirais que le sensationnalisme enrobe trop souvent ce qui se dit et s'écrit aujourd'hui sur la sexualité. Un sensationnalisme adapté à notre société du spectacle et du divertissement : on veut surtout attirer l'attention. Résultat : on peut s'étendre des heures sur un sujet sur le Web ou dans les médias, mais toujours avec une telle superficialité qu'on n'aura pas fait avancer les connaissances ou même les débats d'un iota.

Avec les réseaux sociaux, l'opinion personnelle est devenue sacrée. On a le droit de dire tout ce qu'on veut, y compris les pires âneries, sous prétexte que c'est une opinion, qui serait par définition respectable. Peu importent les faits, fondés ou pas, et les conséquences... Le président américain Trump est un tragique exemple de cette dérive : sous prétexte qu'il a droit à son opinion, il ment effrontément, il déforme les faits, il dit n'importe quoi et son contraire dans les heures ou les jours qui suivent. Il a bien compris que, tant que l'on reste divertissant, ce que l'on dit a finalement peu d'importance, beaucoup de gens ne demandant qu'à tout croire.

Hélas, le sens critique n'a pas toujours la cote. Les spécialistes du Web et des réseaux sociaux nous disent d'ailleurs que nous aurions aujourd'hui tendance à nous en tenir à ce qui nous sécurise dans notre recherche d'informations. Justement parce que nous avons le choix entre des informations diverses et contradictoires, on peut sélectionner celles qui nous conviennent et rejeter toutes les autres. Chacun vit ainsi dans son petit monde, en se sentant sécurisé par de l'info qui le rassure plutôt que de le faire douter. On aurait pu croire que l'explosion du Web, des réseaux sociaux et des autres médias allait permettre à la curiosité des gens de s'exprimer. On constate plutôt que la curiosité tend à se limiter par elle-même ; dès qu'on a trouvé des idées qui confortent celles que l'on avait déjà, on se restreint à ce cercle fermé.

Faire de l'information sur la sexualité, c'est plus difficile aujourd'hui, tu crois ?

Vos années de journalisme et de télévision ont été beaucoup axées sur la vulgarisation et la sensibilisation du public, madame Bertrand. Vous savez mieux que quiconque que l'on peut divertir tout en instruisant. Contrairement à ce que beaucoup de diffuseurs de contenu, petits et grands, semblent penser, oui, on peut à la fois divertir et instruire. Instruire dans le sens de transmettre des connaissances avérées, de développer la curiosité et l'intelligence des gens. Ce n'est pas facile, vous le savez, mais c'est possible de faire confiance à la capacité des gens à s'ouvrir à des choses et à des idées nouvelles. Vos rendez-vous télévisuels ont marqué leur époque parce qu'on découvrait plein de réalités méconnues. Bien sûr, il y a aujourd'hui plein de blogues qui parlent de sexualité, mais je ne vois pas beaucoup de plateformes équivalentes à celles que vous aviez pour parler ouvertement de sexualité, de la façon la plus éclairée possible. J'ai été témoin de la recherche intensive qui était la vôtre avant de traiter d'un sujet.

Il y a encore de l'éducation à faire ! J'entends encore des gens dire que la testostérone est responsable des attentats sexuels contre les femmes…

L'idée bien ancrée dans les mentalités que le sexe, c'est plus fort que soi est non seulement simpliste mais dangereuse. Parce qu'elle suggère que l'éducation à la sexualité est inutile, puisque nous ne déciderions de pas grand-chose en somme. Cette idée sert aussi et encore à banaliser les agressions et les violences sexuelles de toutes sortes. Si notre comportement sexuel est plus fort que nous, comment en effet le contrôler ?

Beaucoup de gens ont l'impression que leur sexualité est coupée de leur cerveau. Ils croient que leurs gènes ou leurs hormones décident de tout. On va d'ailleurs revenir sur ce sujet parce que cette idée est très répandue. Elle tient cependant peu compte de ce que nous enseignent la psychologie et la sociologie. Le cerveau demeure notre organe sexuel principal. Nos gènes et nos hormones rendent possibles la sexualité, l'excitation et le plaisir, mais ne réfléchissent pas à notre place. C'est plutôt le cerveau qui décide de ce qui est excitant ou pas. Notre héritage génétique nous donne un corps qui rend possible la sexualité, mais il ne dit rien de ce que nous allons faire avec ce potentiel. Prétendre le contraire, c'est ignorer que nous avons une psychologie, une vie intérieure et aussi une vie en société. Penser que notre sexualité serait programmée comme si nous étions des robots, c'est nier que nous sommes des êtres humains.

Pour combattre l'ignorance, on doit d'abord reconnaître qu'on ne sait pas tout sur le sexe. Et ça, c'est pas facile. J'ai fait lever plus d'un sourcil mâle en annonçant le titre de cet ouvrage. Des sourcils sceptiques, amusés, méprisants, mais aussi – et je suis rassurée – curieux, ouverts d'esprit.

Les gens sont curieux. Encore faut-il nourrir cette soif de connaissance convenablement. Ça me fait penser aux émissions de nouvelles en continu qui nous inondent d'informations, mais nous donnent en général peu à réfléchir, parce que toutes les infos, ou presque, sont traitées de la même façon, en trois minutes chacune. Nous n'avons pas le temps de faire des liens entre elles ; d'ailleurs, on ne nous incite guère à le faire. On peut être devant la télé à longueur de journée sur les chaînes de nouvelles en continu et ne pas comprendre davantage le monde dans lequel on vit… On sait beaucoup de choses, mais on ne les comprend pas. Or la connaissance implique une compréhension fine des choses, ce qui demande du temps. Et la sexualité n'échappe pas à ce principe-là.

« La connaissance s'acquiert par l'expérience, tout le reste n'est que de l'information », a écrit Albert Einstein. Nous pouvons avoir beaucoup d'informations sur la sexualité mais être incapable de les transformer en connaissances, c'est-à-dire de leur donner un sens pour nous aider à prendre des décisions. Contrairement à l'information brute, la connaissance fait appel à l'intelligence, nous invite à réfléchir. Comprendre, ça demande toujours un effort. Et ça apporte automatiquement des réponses qui suscitent à leur tour de nouvelles questions. Que la sexualité soit en partie naturelle ne signifie en aucune façon qu'on va naturellement la comprendre…

J'ajouterais que, dans le domaine scientifique, les questions posées sont aussi importantes, sinon plus, que les réponses. Parce qu'elles nous amènent à voir les choses autrement. Malheureusement, la façon de questionner la sexualité n'a pas tellement évolué depuis cent cinquante ans. Nous sommes encore aux prises avec un vocabulaire et des manières de voir qui conviennent très peu à la sexualité du XXIe siècle, alors que les identités des personnes et les modèles de couples et de familles ont énormément évolué, surtout ces dernières années.

Peut-on toujours parler comme si hommes et femmes étaient des opposés, comme s'il n'existait que deux genres (masculin et féminin) ou qu'un seul modèle de couple et de famille ? Non, parce que les mouvements féministes et LGBT+, notamment, sont passés par là pour changer nos visions de ce qu'est une personne, un couple et une famille. Les lois aussi ont beaucoup évolué, au point qu'on ne sait plus trop si elles suivent l'évolution de mentalités ou si elles l'encouragent plutôt. La promotion de l'égalité entre hommes et femmes et les différentes façons d'être une personne sexuée, un couple ou une famille, ça nous oblige à être plus que jamais ouvert et créatif dans nos manières de voir, de dire et d'étudier les choses de la vie. Au risque de perpétuer les sources d'ignorance, on ne peut plus rester figé dans des explications qui ne collent plus à la réalité actuelle.

C'est tout un défi, et j'aime les défis !

Nous allons tenter de le relever dans cet ouvrage. Pas pour donner des réponses définitives ou sans appel, mais pour ouvrir la porte sur des connaissances qui puisent à même ce que les sciences humaines et sociales, en particulier, nous apprennent sur nous-même et sur notre sexualité, que nous soyons jeune ou vieux, célibataire ou en couple.

Et puis, il faut le préciser, Michel, notre intention n'est pas de faire un livre expliquant les cent quatorze positions qu'on peut prendre en faisant l'amour. Ce n'est pas du tout ce genre d'ouvrage que nous avons en tête. Ce n'est pas non plus un livre de conseils pratiques, même si une meilleure connaissance nous aide certainement à mieux vivre. Je t'ai plutôt demandé de m'aider à comprendre la sexualité, parce que comprendre, c'est se défaire de préjugés. Même si je parle de sexe depuis longtemps et que je crois, moi aussi, tout savoir, je suis sûre que je vais apprendre des choses surprenantes. Et je vais te poser des questions dont je connais déjà les réponses, mais j'ai l'oreille du public et je veux aborder les questions que lui-même se pose.

2

Et si on parlait d'abord du désir ?

Commençons par le commencement, Michel. Les humains sont sexués, susceptibles d'éprouver des désirs. Tout au long de ma vie, on a tenté de me faire croire des choses contradictoires : que le désir est fait de magie, de chimie, qu'il faut s'en méfier, le suivre aveuglément ou encore le réprimer. On a tous des désirs, mais que devons-nous en faire pour être heureux ? Un personnage de mon dernier roman disait : « Tu ne peux pas contrôler tes désirs, mais tu peux contrôler ce que tu en fais. » Débrouille-moi tout ça, veux-tu ? Pourquoi on ressent du désir ? Ça vient d'où, est-ce qu'on le sait ?

On peut séparer en deux catégories les explications à ce sujet. D'un côté, les théories venues de la biologie ; d'un autre côté, les théories issues de la psychologie et de la sociologie. Les premières affirment que nos comportements sexuels seraient plus ou moins programmés par nos gènes, nos hormones ou certains neurones dans notre cerveau. On les appelle les théories essentialistes puisqu'elles suggèrent qu'il y aurait en chacun de nous une essence qui ne demande qu'à s'exprimer. À l'inverse, les théories psychosociologiques affirment que le comportement sexuel serait, comme tous les autres comportements, le résultat de nos expériences de vie, y compris les plus précoces. Autrement dit, si notre biologie, nos neurones, nos gènes et nos hormones font en sorte que nous puissions avoir une sexualité et en tirer du plaisir, ce que nous allons faire avec ce potentiel-là est tout autre chose, qui n'est pas écrit d'avance. En effet, la biologie ne parvient pas à elle seule à expliquer pourquoi nos attractions sexuelles sont sélectives, pourquoi si je suis un homme qui aime les femmes je vais désirer Claudine mais être rebuté par Claudette, envers qui aucun désir n'est possible. Sans notre corps en bon état de marche, nous ne pourrions ressentir ni exprimer du désir ; mais sans notre cerveau et notre imagination pour développer puis entretenir ce désir, il n'existerait probablement pas.

Pourquoi on est attiré vers certaines personnes plutôt que d'autres ? Vers tel garçon ou telle fille en particulier ?

À peu près tout le monde s'entend au moins là-dessus : personne ne choisit ses désirs, pas plus que ses autres goûts d'ailleurs. Mais la plupart des gens les cultivent, une fois qu'ils en sont conscients : c'est tout l'univers du fantasme, de l'érotisme et même de la pornographie. Si les humains étaient, comme des zombies, téléguidés par leurs hormones ou leurs gènes, on serait attiré par toutes les personnes d'un sexe ou d'un autre, sans sélection possible. Or ce n'est pas le cas. Personne ne ressent de l'attraction pour toutes les femmes ou pour tous les hommes. La directivité des désirs de nature sexuelle tend à contredire l'idée que l'être humain serait le jouet à 100 % passif de sa chimie intérieure.

Capable d'éprouver du désir n'importe quand, l'humain demeure l'une des rares espèces à ne pas avoir de saison des amours ou de période de rut. L'attraction sexuelle ne survient pas, comme chez la plupart des animaux, à des moments prédéterminés. C'est plutôt l'inverse qui se produit : l'attrait ressenti à l'endroit de certaines personnes en particulier va stimuler des réactions physiologiques assimilées au désir érotique. C'est pourquoi affirmer que le désir est provoqué par l'abondance d'hormones telles que la testostérone, la dopamine ou l'adrénaline est peu fidèle à la réalité : c'est plutôt le fait de ressentir du désir qui augmente la production des hormones associées au plaisir. Autrement dit, oui, notre corps fabrique des hormones qui permettent le désir et le plaisir, mais elles ne déclenchent par elles-mêmes aucun désir. C'est notre cerveau qui le fait, avec ce qu'il voit, imagine, entend, comprend, interprète, anticipe.

En somme, deux corps qui se rencontrent ne se désirent pas avant que les cerveaux de leurs propriétaires en décident. Ce sont les milliards de neurones du cerveau qui, interconnectés, forment notre machine à penser et à désirer. Seulement 10 % de cette masse de neurones est présente au moment de notre naissance ; le reste se construit au fil de nos expériences. Relativement vierge au départ, le cerveau commence à emmagasiner des données à partir des expériences du nourrisson, probablement même du fœtus. Dès les premiers instants de vie, le cerveau de l'enfant emmagasine des données selon les plaisirs qu'il expérimente. Les premières associations cognitives se font : ceci est agréable, cela ne l'est pas, voilà quelque chose à rechercher ou à éviter. Et c'est parti… parce que la synthèse – en général inconsciente, il faut le préciser – de nos expériences passées va orienter nos choix de vie et de partenaires.

Certains croient que leur moitié les attend quelque part… et que c'est leur destinée. Ils rêvent ?

La réalité est plus complexe que cela. Il n'y a pas de « boîte à désirer » préalablement insérée dans notre crâne. Ce sont les liaisons entre nos neurones qui fabriquent nos pensées et nos émotions, lesquelles orientent nos actes. Le cerveau humain enregistre sans cesse de nouvelles informations qu'il ajoute aux anciennes afin d'en faire la synthèse. Parmi ces informations réparties dans nos innombrables réseaux de neurones (il y a environ cent milliards de neurones dans le cerveau) va se créer une carte érotique, laquelle va nous orienter pour reconnaître ce qui est excitant, ou pas, pour nous sur le plan sexuel. Donc, oui, nous allons apprendre à reconnaître ce qui peut nous exciter ou pas, et les personnes avec lesquelles nous pouvons éprouver ce plaisir. Mais graduellement.

On pourrait comparer notre carte érotique à un système de géolocalisation, communément appelé GPS. Parce que cette carte installée dans notre mémoire va contenir les repères qui vont nous guider sur les plans amoureux et sexuel. Autrement dit, la carte érotique inscrite dans notre mémoire fournit les repères pour distinguer ce qui est attirant et ce qui ne l'est pas. Par exemple, une personne peut nous attirer parce qu'elle a la douceur de la peau ou la voix de notre mère, la couleur des yeux ou l'expression du visage de notre premier amour d'enfant, le physique de la personne qui, la première, nous a apporté du plaisir. Notre carte érotique va ainsi permettre de dessiner le portrait-robot du partenaire idéal. Sans carte érotique, nous ne pourrions désirer personne en particulier ou, pire sans doute, nous serions attiré par tout le monde. Ce n'est pas le cas, parce que le petit GPS qu'a fabriqué notre cerveau pour décider puis repérer ce qui est attirant ou excitant fonctionne en permanence et finit par éliminer beaucoup de routes que nous n'emprunterons jamais.

J'ai lu que c'est l'odeur des autres qui provoquerait notre intérêt sexuel. Qu'en penses-tu ?

Une hypothèse souvent reprise par les médias dit que nous serions surtout attiré par l'odeur que dégagent des glandes situées sous les aisselles et autour des organes génitaux, des substances appelées phéromones. Or, si les odeurs jouent souvent un rôle important dans la sexualité animale, la plupart des humains se lavent régulièrement, emploient des antisudorifiques, se parfument plus ou moins abondamment et n'offrent pas à tout venant à humer leurs aisselles et leurs organes génitaux... Autrement dit, l'odeur naturelle que nous sécrétons tous et toutes ne peut jouer un rôle central dans l'attirance entre personnes qui ne se connaissent pas encore, et surtout pas très intimement. Une fois que nous avons partagé l'intimité de quelqu'un, il est bien possible que son odeur corporelle nous émoustille, mais c'est alors notre mémoire qui associe une odeur à une personne, une fois que nous avons connu cette dernière au sens biblique du terme.

Si ce n'est pas seulement la biologie qui décide des désirs, comment les expliquer ?

Selon la psychologie et la sociologie, ce sont en grande partie nos expériences de vie qui nous amènent à éprouver inconsciemment du désir envers certaines personnes selon leurs caractéristiques physiques (la taille, la silhouette, le visage, etc.) ou psychologiques (la façon d'être, les manières, les qualités). Notre désir est en ce sens non seulement sélectif mais électif : sur les quelques milliards d'êtres sur terre, un nombre assez restreint va nous apparaître désirable. La plupart des autres vont nous laisser froid, et un grand nombre va carrément nous inspirer du dégoût.

Et la beauté, ça joue ?

Nous entendons souvent dire que c'est la beauté qui nous attire. Le problème, c'est que la beauté se trouve en grande partie dans l'œil et surtout dans la tête de celui ou celle qui regarde. Ce n'est pas tellement l'autre qui nous attire, mais ce que cette personne dégage. C'est bien la raison pour laquelle les goûts sexuels sont si diversifiés : combien de fois une fille va dire à sa meilleure amie, avec qui elle a pourtant tout en commun : « Mais qu'est-ce que tu lui trouves, à ce gars-là ? » Il paraît fade ou pas attrayant du tout pour l'une, mais craquant pour l'autre. Parce qu'elles ne le voient pas de la même façon.

Si on ne choisit pas nos désirs, ils sortent d'où ?

Il y a énormément de choses qui se passent dans notre cerveau, dont nous ne sommes ni responsable ni même conscient. Ce serait le cas pour le bricolage – c'est le mot le plus juste que je trouve – de nos désirs, qui se produit sans notre participation consciente. Selon la psychologie et la sociologie, le désir pourrait se développer de plusieurs façons à l'intérieur de notre cerveau. Quelques-unes de ces explications sont particulièrement intéressantes.

Une première théorie est la suivante : ce qui paraît « exotique », et en ce sens rare, précieux ou inaccessible, peut devenir désirable. Plein de films, de téléséries et de romans à succès reposent d'ailleurs sur cette idée-là. C'est l'arrivée du bel étranger ou de la belle étrangère qui va tout changer, comme dans *Le Survenant*, de Germaine Guèvremont, qui fut un des romans les plus populaires de toute l'histoire du Québec. Des films comme *Titanic* ou *Avatar* reprennent le même scénario.

Aujourd'hui, il est bien possible que les rencontres virtuelles, l'accessibilité et la multiplication des voyages à l'étranger nourrissent plus que jamais l'attrait pour ce qui nous semble exotique. Qui ne connaît pas un ou une touriste qui, en vacances dans un pays chaud, a connu une aventure aussi torride qu'imprévue ? Le mystère et l'exotisme qui entourent une personne inconnue peuvent d'autant plus exciter notre imagination et susciter notre désir que tout semble un instant possible avec elle. Sa rencontre apparaît comme une page de vie vierge, sur laquelle on pourrait écrire n'importe quelle belle histoire.

On dit souvent que les contraires s'attirent. C'est ça que ça veut dire ?

Oui et non. Oui parce que le désir serait provoqué par un grand sentiment de manque. « On court toujours après ce que l'on n'a pas », dit-on. Mais, attention, cette impression de manque est subjective : on peut manquer de ce que l'on n'a pas autant que de ce que l'on possède déjà, mais insuffisamment, de notre point de vue. C'est la portion « non » de ma réponse. Certaines qualités que nous possédons nous-même peuvent aussi nous sembler attirantes. Une femme très féminine peut aussi bien trouver son complément autant dans un homme hyper masculin que dans un homme plutôt androgyne. On peut avoir soi-même beaucoup de féminité ou de masculinité, mais estimer qu'on a besoin d'en importer de partenaires amoureux ou sexuels pour se sentir comblé. La vieille idée de la complémentarité érotique n'est pas bête, loin de là. C'est le fait que la complémentarité implique obligatoirement des personnes qui n'ont rien en commun qui est discutable. Est complémentaire physiquement et sexuellement ce que nous estimons l'être, c'est aussi simple que ça.

Nous savons aussi que, malgré les possibilités de rencontres offertes par le Web, nous avons plutôt tendance à choisir comme éventuel partenaire une personne qui nous ressemble sur certains aspects : éducation, revenu, milieu social, champs d'intérêt, etc. Même si nous ne sommes plus, comme avant, obligé de regarder pas trop loin autour de nous pour trouver un amoureux ou une amoureuse, ce que nous appelons l'homogamie, qui consiste à favoriser des personnes qui nous ressemblent un peu, persiste toujours. On veut de la différence, mais pas trop…

J'ajouterais que le désir comporte souvent une certaine admiration pour des qualités perçues chez l'Autre. Il est difficile de désirer durablement une personne que l'on méprise. Au contraire, pour désirer vraiment quelqu'un, il faut en général que cette personne présente des qualités dont on a envie de se rapprocher afin de se sentir plus complet. Ça peut être des qualités physiques (la beauté), psychologiques (la gentillesse) ou relationnelles (l'humour), mais aussi des choses comme la réussite sociale, valorisée par plusieurs femmes à mesure qu'elles vieillissent, par exemple. Ainsi, l'ado le plus impopulaire de sa classe risque finalement de surpasser en succès ceux qui étaient les favoris des filles s'il devient aux yeux de ces dernières un « bon parti » au fil du temps.

Enfin, des chercheurs pensent que nos désirs seraient influencés par un certain conditionnement. Nous aurions tendance à nous tourner vers des personnes qui nous sont présentées comme complémentaires. Autrement dit, on apprendrait inconsciemment à désirer à partir de ce qui nous est montré comme désirable. Ainsi, les désirs des autres pourraient indirectement inspirer les nôtres, et ce serait encore plus vrai aujourd'hui avec l'omniprésence des réseaux sociaux et des images érotiques ou même pornographiques. Selon que l'on appartient à un groupe culturel, ethnique ou religieux donné, on subira des influences et des conditionnements un peu différents. Nous ne sommes pas tous soumis aux mêmes influences, et ces dernières n'ont probablement pas les mêmes effets sur tout le monde, mais nous sommes tous sous influence, même si ça ne se passe pas consciemment.

Moi qui ai beaucoup entendu, vu et écrit d'histoires d'amour et de sexe, je peux te dire que le désir, c'est souvent compliqué... C'est comme s'il était rarement là au bon moment.

Beaucoup de scénaristes et d'écrivains ont, comme vous, bien compris que le désir naît souvent d'une tension, ce que l'on appelle justement la tension érotique. Tout le monde l'a constaté dans sa propre vie : le désir n'est jamais si intense que lorsqu'il est contrarié. Comme dans *Roméo et Juliette*, un tas de situations peuvent séparer deux êtres qui s'aiment. Pour ma part, j'irais jusqu'à dire que Roméo et Juliette ne sont pas attirés l'un par l'autre MALGRÉ le fait que leurs familles soient ennemies, mais PARCE QUE leurs familles sont ennemies. Les barrières sociales, morales, religieuses, géographiques ou autres qui existent entre deux personnes peuvent avoir l'effet contraire : attiser leur désir, parfois même le faire naître.

Une chose est sûre : une certaine frustration est nécessaire pour que le désir survienne. Nous ne désirons pas, ou pas longtemps, ce qui nous tombe dans les bras. Au contraire, entre la voisine qui s'offre et celle qui semble pour le moment peu disponible ou indifférente, il y a plus de chances que ce soit la seconde qui suscitera le plus de désir. Avoir accès à ce dont on se sent privé est un des moteurs du désir. Dans le domaine de la sexualité comme dans celui de l'économie, ce qui est perçu comme peu disponible, donc rare et précieux, prend de la valeur. Mais, encore là, c'est plutôt dans notre inconscient que cela se passe. Ce qu'on n'a pas, ce qu'on n'a pas eu, ce qu'on n'a plus ou qu'on risque de perdre attise la convoitise. C'est valable non seulement pour le désir sexuel, mais pour toute autre forme d'appétit, soit dit en passant.

Pendant longtemps, dans la sexualité, presque tout était interdit. Est-ce à dire qu'on se désirait encore plus ?

Les interdits, petits et grands, peuvent constituer des barrières, mais parfois aussi des incitations. C'est après tout l'histoire d'Adam et Ève, curieux de manger le seul fruit qui leur était défendu... L'interdit peut rendre la chose proscrite fascinante. La littérature amoureuse ou érotique est très parlante sur ce plan-là. Il y a souvent un obstacle quasi infranchissable à vaincre avant que les tourtereaux se retrouvent à la fin pour « être heureux et avoir beaucoup d'enfants »...

Les grandes histoires d'amour et d'érotisme sont toutes basées sur la contrariété et l'adversité. Pensez à *Roméo et Juliette* ou *Tristan et Iseult*, que tout séparait ! Cette séparation entre les amants entretenait d'ailleurs le mystère de l'Autre, ce jardin secret qui a pour ainsi dire disparu de nos jours ; on veut tout, tout de suite. Cela fait en sorte qu'après relativement peu de temps il n'y a plus rien à découvrir, donc qu'on peut se lasser plus rapidement de l'Autre...

Peu de domaines de la vie ont fait l'objet d'autant d'interdits que la sexualité. Toutes les cultures, sans exception, imposent des règles à ce sujet. Freud croyait même que ces restrictions n'avaient d'autre but que de soutenir le désir entre hommes et femmes. Un sentiment de transgression peut devenir source d'excitation. Qu'il s'agisse du choix de partenaire, du type d'activités sexuelles pratiquées ou du contexte dans lequel cela se passe, les occasions ne manquent pas d'avoir l'impression de goûter à quelque chose de « pas permis ».

Mais il y a des désirs pas permis, délinquants même, qui provoquent beaucoup de problèmes. On a vu les effets des agressions sexuelles, des viols... Il y a des

gens qui ne contrôlent pas du tout leurs désirs, qui les imposent aux autres.

Il y a des interdits qui sont utiles parce qu'ils nous protègent de la violence. Si les désirs des gens ne sont pas des choix, ce qu'ils en font est tout à fait conscient et doit être assumé. Par exemple, une personne qui commet une agression en est pleinement responsable. Vous avez bien raison de le souligner : ce que nous faisons consciemment implique une responsabilité. Par exemple, le désir ou même l'obsession pour une personne ne saurait en aucun cas excuser un abus de pouvoir ou un viol. Dans la sexualité comme ailleurs, nous sommes responsable de nos actes. Les attirances ne sont pas des choix, mais les façons de les vivre le sont très certainement. Il y a des gens qui prétendent à tort que leurs désirs seraient incontrôlables et qui se servent de cette prétention pour violenter les autres.

Oscar Wilde a écrit : « Il y a deux tragédies dans la vie : l'une est de ne pas satisfaire son désir et l'autre, de le satisfaire. » L'idée que tous nos désirs doivent être réalisés est un malheureux héritage de la révolution sexuelle. Or, pour un certain nombre d'entre eux, ce n'est pas possible, ou pas souhaitable, tout simplement. Les autres ne sont pas les esclaves de nos désirs, et je connais bien peu de gens qui ne se sont jamais fait dire non à leurs avances. C'est normal. Vivre avec la liberté des autres et leur droit de dire non, ça fait partie de l'apprentissage de base de la sexualité civilisée.

Et si on en parlait, des fantasmes, maintenant ? C'est quoi la différence entre un désir et un fantasme ?

Je sais que vous avez un potager, madame Bertrand. Alors disons qu'un désir, c'est une plante qui peut pousser n'importe où, n'importe comment. Pas besoin de l'avoir semée, elle apparaît, elle est là, on n'a pas le choix. Au contraire, le fantasme, c'est une plante qu'on a soigneusement entretenue après qu'elle est sortie de terre. Une fois que nous l'avons aperçue, elle nous a plu, et nous avons décidé d'en prendre grand soin. Le fantasme, c'est un désir cultivé dans notre jardin secret. Nos désirs peuvent parfois nous étonner, mais pas nos fantasmes, qui sont le fruit de notre imagination. Personne ne choisit ses désirs, mais chacun bricole patiemment ses fantasmes (du moins ceux que nous avons lorsque nous sommes éveillés, car il arrive aussi que notre inconscient fabrique des fantasmes qui vont apparaître sous forme de rêves durant notre sommeil).

Tout le monde en a, des fantasmes ?

Presque la totalité des hommes ont des fantasmes, la majorité des femmes aussi, environ 80 %. C'est dans le nombre de fois qu'ils en ont que la différence est la plus marquée : selon les études disponibles, les hommes auraient des idées de nature érotique ou sexuelle quatre fois plus souvent que les femmes, c'est-à-dire plusieurs fois par jour pour une majorité d'hommes, comparativement à une fois ou deux, et certains jours pas du tout, chez les femmes, en moyenne.

Est-ce que l'on sait à quoi ça sert, un fantasme ?

Grosso modo, les fantasmes peuvent servir à trois choses : à se remémorer ou à réparer le passé, à mieux composer avec le présent ou à le corriger, en se défoulant en quelque sorte, ou encore à se projeter dans l'avenir en anticipant ce qui pourrait arriver. Dans tous les cas, on réalise en imagination des choses qui ne peuvent avoir lieu dans la réalité, quelle qu'en soit la raison : inhibition, interdit, indisponibilité ou refus anticipé des partenaires mis en scène, par exemple. Le fantasme prend racine dans des frustrations, et pas que sexuelles, parfois dans des traumatismes, que l'on cherche à exorciser en les transformant en plaisir dans notre imagination.

Les fantasmes sont sans doute le propre des êtres humains, car c'est à partir de ces fantasmes que se sont développées la littérature et les images érotiques ou pornographiques. Cela nous rappelle que la sexualité humaine n'est pas qu'affaire de biologie, mais aussi d'imagination et de créativité. Dans un fantasme, tout est possible, y compris et surtout l'impossible... Durant un instant, les contraintes de la réalité n'existent plus. C'est probablement ce qui le rend si agréable.

Comment se forment nos fantasmes ?

Nos fantasmes sont montés un peu à la façon d'un puzzle. Ils rassemblent en un petit scénario tous les morceaux requis pour déclencher en nous de l'excitation sexuelle. Chaque personne a son puzzle favori, parfois plusieurs. Fabriqué à partir de notre imagination, le fantasme utilise à la fois des éléments tirés de choses vécues et des éléments complètement imaginaires. Il vise le plus souvent à corriger une réalité insatisfaisante ou frustrante en mettant en scène, mais uniquement dans notre imagination, une courte histoire de sexe – parfois, il y a aussi de l'amour – qui se terminera pour nous dans un *happy end* célébré par l'orgasme.

Les fantasmes sexuels incluent ce qu'on pourrait appeler en anglais les cinq W : *who, what, when, where, why* ? Autrement dit, avec qui je me retrouve, faisant quoi, à quel moment, à quel endroit et dans quelles circonstances ? Ces scénarios sont si précis et détaillés qu'ils ne supportent aucune contrariété. Pour atteindre l'excitation et ultimement l'orgasme à l'aide du fantasme accompagné de masturbation, tout doit se dérouler comme prévu. Contrairement à la réalité, le fantasme ne déçoit jamais !

À tout moment de notre vie, il existe un fantasme préféré qui dépasse en intensité tous les autres. En y réfléchissant un peu, nous pouvons y trouver des traces d'événements, de situations ou de types de personnes qui nous ont marqué sur les plans émotif ou affectif. Au fil de notre existence, de nouveaux scénarios sexuels peuvent prendre forme afin de répondre à des besoins, à des frustrations et à des états d'esprit différents. Par exemple, l'attrait que nous éprouvions, adolescent, pour telle vedette de cinéma va s'estomper au profit d'une personne que nous avons croisée ou d'une autre vedette… Le matériel érotique, ou pornographique, avec lequel on a été en contact peut aussi ajouter des ingrédients à nos fantasmes dans la mesure où l'on y pige des éléments de scénarios qui conviennent à nos goûts et à nos besoins du moment.

La porno n'influence-t-elle pas trop les fantasmes des gars, justement ?

C'est difficile à dire, parce qu'on ne sait pas si la porno reflète ce que les gars désirent ou encore leur fait désirer des choses auxquelles ils n'auraient pas songé sinon. Pour ma part, je crois qu'il y a un peu des deux. Pour vendre, la porno offre ce que ses consommateurs veulent ; simultanément, elle les influence en leur présentant en série des scénarios sexuels préfabriqués. Elle présente en particulier des histoires de domination, voire de vengeance, qui placent la frustration inassouvie au cœur de cette sexualité.

Puisqu'il est appelé à corriger le réel en le déformant, le fantasme semble avoir sa logique propre. L'important est de se rendre compte que le fantasme, surtout s'il contient des éléments vraiment déshumanisants, dégradants ou violents, n'a pas à être réalisé. J'ajouterais que réaliser tous nos fantasmes, si jamais une telle chose était possible, reviendrait à les sortir de notre imaginaire, donc à les tuer. Si jamais vous tenez à vos fantasmes, vous êtes aussi bien de ne pas les réaliser, du moins pas complètement.

Parce qu'il peut y avoir des fantasmes destructeurs...

Tout le monde a des fantasmes, avouables ou pas. C'est à chacun et chacune de décider ce qu'il ou elle fait avec ça. La vie en société impose certaines limites. Il faut reconnaître que tous les fantasmes ne sont pas destinés à être réalisés. Parce qu'ils impliqueraient le non-respect des autres ou de lois, par exemple, certains fantasmes gagnent à demeurer entre les deux oreilles. D'ailleurs, il n'y a aucune raison de croire que réaliser tous nos fantasmes nous rendrait plus heureux. Hélas, ce n'est pas ce que nous enseigne la société de consommation, dont la logique déborde sur notre vie amoureuse et sexuelle. On croit que la privation ou la frustration, même minime, ce n'est pas acceptable. Comme le montrent certains hommes de pouvoir peu portés à se restreindre, l'idée que l'on ne doit jamais être contrarié, y compris sexuellement, semble encore avoir un avenir devant elle…

Selon toi, il ne faudrait pas réaliser tous nos fantasmes ?

Vouloir réaliser à tout prix ses fantasmes, c'est appliquer à sa vie une façon de penser calquée sur la logique porno de la satisfaction immédiate, et non pas sur la logique de l'érotisme, pour qui l'attente ou même la sublimation sont de mise.

Le plus grand danger qu'encourt le fantasme quand on tient à tout prix à le réaliser, c'est que la réalité a des limites et peut s'avérer finalement très décevante. L'amant et l'amante imaginaire sont parfaits, mais pas le vrai monde… Ça explique sans doute pourquoi de plus en plus de gens, surtout les jeunes générations, incorporent de la réalité virtuelle dans leur sexualité. Par exemple, des jeux en ligne sur le Web permettent d'avoir des partenaires virtuels, comme dans le film *Avatar*. Il y a des gens qui changent leur identité lorsqu'ils participent à des activités en ligne. Ce qui fait en sorte que beaucoup de femmes que vous rencontrez sur le Web sont en fait des hommes, et de jeunes personnes, des vieux. Sur Internet, il y en a pour tous les goûts, ce qui ouvre grand la porte à tous les fantasmes, mais encore faut-il être conscient que c'est du virtuel, soit le contraire de la réalité incarnée. Chacun reste dans sa tête, finalement.

Au moins, celles et ceux qui lisent ce livre pourront faire la différence entre amour, désir et fantasme, ce qui est souvent confus dans la tête des gens. Si cela les aide à mieux se comprendre, tant mieux…

3

Sortir de l'ignorance sur la sexualité des jeunes

Je suis vraiment étonnée, Michel. Les jeunes d'aujourd'hui ont à leur portée tous les moyens technologiques pour acquérir des connaissances, mais semblent presque aussi désemparés et ignorants par rapport à la sexualité que je l'étais dans mon jeune temps. Il n'y a qu'à lire leurs questions sur le site de Tel-jeunes, par exemple. La grande préoccupation des adolescents, c'est encore la longueur du pénis, et celle des filles, la peur de la grossesse. J'aimerais qu'un chercheur comme toi m'éclaire. Qu'est-ce qui se passe ?

C'est vrai que les jeunes ont accès à plus d'informations que jamais, mais beaucoup de ces informations sont contradictoires, et même carrément fausses. On peut aujourd'hui visualiser en quelques clics tout ce qu'on devait avant imaginer, mais personne ne nous explique comment interpréter ce qu'on voit. Il y a, bien sûr, d'excellents sites dédiés à une éducation sexuelle de qualité, mais pour un site intéressant combien de pages web cultivent le sensationnalisme, la désinformation ou même les fausses nouvelles en matière de sexualité ? En particulier, la pornographie est présentée et surtout perçue comme une référence en matière de sexualité, ce qu'elle n'est pas, les adultes s'en doutent un peu, mais les jeunes ont encore leur naïveté…

Pour peu que vous soyez crédule, et on l'est tous plus ou moins quand on est jeune, les pièges qui vous sont tendus sont nombreux. Et il n'y a pas grand monde pour vous aider à les éviter ou pour vous en déprendre.

J'avais l'impression que les parents et leurs ados, filles et garçons, communiquaient, se parlaient des vraies choses. Après tout, c'est la génération la plus éduquée de l'histoire du Québec. Pourquoi les parents hésitent-ils tant à parler de sexualité avec leurs ados, et pourquoi les ados ne posent-ils pas plus de questions sur le sexe à leurs parents ?

L'éducation à la sexualité est, ou devrait être, une responsabilité partagée. Comme le dit un vieux proverbe africain : « Il faut tout un village pour élever un enfant. » C'est plus que jamais vrai sur le plan de la sexualité, qui implique aussi des valeurs et des choix qui vont bien au-delà de ce que dicte la biologie. Ce n'est pas parce que l'on a atteint la puberté que l'on va savoir comment gérer les désirs qui nous assaillent. Sur ce plan-là, on n'a pas vraiment avancé.

Mais beaucoup de parents ne se sentent pas à l'aise, pas suffisamment renseignés pour aborder la sexualité – et pourtant, ils sont passés par là, eux aussi – ou encore ils reportent ça, jusqu'à ce que leurs enfants soient entretemps devenus des adultes. On s'en remet donc beaucoup à l'école, qui elle-même soutient que l'éducation à la vie amoureuse et sexuelle ne devrait pas être uniquement sa responsabilité.

Curieusement, le développement rapide des réseaux sociaux et du « tout sur le Web » amène certains parents à se croire dépassés. Chaque génération étant plus habile sur ces plateformes que la précédente, cela pourrait être une occasion de discussion et d'échanges. Mais les relations parents-enfants ont des hauts et des bas, on le sait, surtout à l'adolescence alors que l'on cherche à s'affirmer et à s'affranchir de la tutelle parentale. Le juste équilibre entre être à l'écoute, ouvert au dialogue, et imposer ses vues comme parent n'est pas facile à atteindre. Aborder les questions les plus délicates et intimes que se posent les jeunes suppose un bon climat familial, qui, pour toutes sortes de raisons, n'est pas toujours au rendez-vous.

J'ai toujours pensé qu'il fallait répondre simplement et franchement aux questions des enfants si on veut créer un climat de confiance propice aux échanges, et surtout employer les vrais mots. Adieu « quéquette » et « minou »...

Heureusement, il y a des experts, notamment des organismes et des sites comme Tel-jeunes ou Interligne, et des livres comme ceux de la sexologue Jocelyne Robert. Ce sont des outils intéressants pour aider les jeunes à trouver des réponses à leurs questions existentielles sur la sexualité. Mais encore faut-il que les jeunes connaissent ces ressources et leur fassent confiance. La crainte de se faire juger ou sermonner peut garder bon nombre d'ados dans le silence, seuls avec leurs questionnements.

Qu'est-ce qu'on peut faire ? C'est à qui de renseigner nos enfants ? La sexualité fait partie de la vie. Il est important de connaître un peu la vie avant de s'y lancer. En raison de leur ignorance, des jeunes prennent des risques, et les parents se tourmentent.

De tout temps, les parents se sont inquiétés, vous savez. « Nos jeunes aiment le luxe, ont de mauvaises manières, se moquent de l'autorité et n'ont aucun respect pour l'âge. » Vous savez qui a écrit ça ? C'est Socrate, il y a près de deux mille cinq cents ans ! Parce qu'ils oublient leurs propres bévues – ou ne s'en souviennent que trop bien ! –, les parents sont d'éternels inquiets.

La question à se poser est la suivante : est-ce que les jeunes sont aujourd'hui si différents de leurs parents ou même de leurs grands-parents ? Actuellement, les inquiétudes des parents sont entretenues par certains mythes sur la sexualité des jeunes, mythes qui reposent beaucoup plus sur des préjugés que sur des faits.

Quels sont ces mythes ?

Un premier mythe est la prétendue diminution de l'âge des premiers rapports sexuels. Or les données disponibles montrent qu'il n'y a pas eu, et depuis longtemps, de diminution de l'âge du premier rapport sexuel. Au Québec, seule une petite minorité de jeunes, environ 10 %, ont leur premier rapport sexuel avant quatorze ans. Plus encore, les filles semblent être un peu moins précoces que l'étaient leurs mères et leurs grand-mères... Elles attendent pour la plupart à la fin de l'adolescence, donc vers dix-sept ans, pour avoir des rapports sexuels comme tels.

Une autre crainte des parents concerne l'augmentation du nombre de partenaires sexuels chez les jeunes et la diversification des pratiques sexuelles qui s'ensuivrait. Sans compter bien sûr l'angoisse de la grossesse chez leurs adolescentes. Les recherches actuelles montrent toutefois qu'il n'y a pas vraiment d'augmentation du nombre de partenaires sexuels chez les jeunes, encore moins des grossesses non désirées. Chez les jeunes de quatorze ans et plus, le nombre moyen de partenaires amoureux ou sexuels est resté relativement stable depuis au moins vingt ans. Les données disponibles montrent qu'il n'y a pas non plus de grande différence en ce qui concerne les pratiques sexuelles. On entend souvent dire que les jeunes sont davantage sexualisés que leurs aînés, mais, dans la réalité, les événements qui font la manchette des journaux sont le plus souvent des actes isolés et non pas des modes de vie. Bien sûr, les jeunes aiment montrer et se prouver qu'ils peuvent séduire, mais c'est typique des jeunes générations, quelles que soient les époques !

Oui, mais j'entends des gens dire que les filles se sentent forcées de faire des fellations ou d'avoir des

relations anales pour ne pas perdre leur *chum*, en attendant la « relation complète ». J'ai même entendu une fille de quinze ans affirmer qu'il n'y avait aucun danger de devenir enceinte lors d'une première relation…

Encore là, il n'y a rien de nouveau là-dedans, sauf que les garçons sont moins gênés d'exiger des rapports sexuels et que certaines filles sont plus réticentes à refuser, ayant l'impression que tout le monde le fait et qu'elles vont passer pour des arriérées si elles s'abstiennent. L'accès sans précédent à des scènes érotiques et même pornographiques fait en sorte que, oui, les jeunes en savent plus sur les techniques sexuelles que les autres générations, mais est-ce que dans l'ensemble les jeunes sont plus délurés ? Aucune donnée scientifique ne permet encore de tirer cette conclusion.

Qu'il y ait un déclin de la moralité et une perte soudaine de valeurs chez les jeunes demeure donc un mythe. Plus de 80 % des relations sexuelles se déroulent toujours dans le cadre d'une relation amoureuse, et l'importance à leurs yeux de former un couple et une famille reste stable, à plus de 90 %. Il y a certainement eu ces dernières années une évolution à propos de ce qui est considéré comme acceptable ou pas dans le domaine de la sexualité, mais le plus souvent c'est en faveur d'une tolérance et d'une acceptation des différences autrefois confinées à la marginalité, comme l'homosexualité et la bisexualité, ce qui est un plus.

Il faut rappeler que les contenus explicitement sexuels existent depuis longtemps, sauf qu'ils étaient moins facilement et rapidement accessibles. Alors, oui, les jeunes semblent plus décomplexés, mais pas moins préoccupés par leur « normalité ». Si leur contexte de vie a un peu changé, les jeunes ont sensiblement les mêmes préoccupations que les générations précédentes. Oui, ils ont accès à plus de contenus érotiques et même pornographiques, mais leurs références, ce sont encore les modèles qu'ils voient autour d'eux, à commencer par leurs parents. Pour le meilleur ou pour le pire, d'ailleurs, car on sait que les jeunes couples qui ont des problèmes de violence, par exemple, en ont le plus souvent été témoins chez leurs propres parents.

Quelles sont aujourd'hui les plus flagrantes erreurs des jeunes hommes et des jeunes filles en matière de sexualité ?

Ce sont les mêmes que celles de toutes les générations précédentes, et c'est bien pourquoi ils se plaignent des mêmes choses : avoir agi trop tôt… ou compris trop tard. Voir des choses, y compris les plus crues sur le sexe, ne renseigne pas les jeunes sur leur signification, encore moins sur la façon de savoir si c'est pour eux ou pas.

Comme toutes les générations précédentes, les jeunes expérimentent par essais et erreurs. On peut avoir vu tous les films pornos de la terre et rester malhabile, ou en profond questionnement, dans sa propre sexualité. Et on peut très bien savoir faire l'amour techniquement, mais retirer peu de satisfaction des rapports sexuels et des relations amoureuses. On peut même avoir beaucoup de gens avec qui baiser, si on souhaite le faire, mais très peu avec qui dialoguer et se sentir vraiment bien…

Les premières relations sexuelles sont décevantes la plupart du temps : souvent, on a bu, on a pris du pot…
Les premières relations sexuelles excitent autant qu'elles font peur. Alors on se désinhibe par l'alcool ou la drogue, par exemple. Mais encore là, ce n'est pas nouveau. « Sexe, drogue et rock-and-roll », c'est un slogan qui date d'assez longtemps, non ? Les jeunes d'aujourd'hui n'ont rien inventé. Au contraire, ils semblent aussi désorientés que leurs parents et grands-parents l'étaient lors de leurs premières relations. C'est que l'éducation sexuelle, elle, n'a pas beaucoup, ou pas suffisamment, fait de progrès. Le résultat en est que la vaste majorité des filles ne sont pas satisfaites, ni physiquement ni psychologiquement, de leur toute première relation sexuelle. Les garçons le sont davantage, mais dans des pourcentages variant entre 50 et 60 %. Ils avaient hâte, mais sont souvent déçus…

Souvent, la première fois est décevante, justement à cause du contexte spontané et du manque de préparation. Est-ce que ça marque les jeunes de se comparer avec ce qu'ils ont vu dans la porno, qui est à des années-lumière de leur performance à eux ?
Beaucoup de jeunes témoignent en effet qu'ils regrettent leur première relation sexuelle parce que ça ne s'est pas du tout passé comme ils l'avaient imaginé. Ça peut autant créer des inhibitions – ils vont y penser deux fois avant la

prochaine relation – que faire en sorte qu'ils aient le goût de recommencer au plus vite, question de se prouver qu'ils sont bien « normaux », et de transformer cette mauvaise expérience en une simple erreur de parcours.

Chacun, chacune fait ses expériences et en tire ses propres conclusions, mais il est certain que nos toutes premières relations sexuelles peuvent être marquantes parce que ce sont nos premiers apprentissages de la sexualité. Et si on tient à copier la porno, on risque de déchanter, parce que la vraie vie et ce cinéma-là, ce sont deux choses bien différentes.

C'est pour ça qu'on n'est jamais trop bien préparé pour « la première fois », qu'on idéalise toujours. On peut toujours apprendre de ses erreurs, mais si on peut les éviter, c'est encore mieux, non ?

La sexualité, c'est un long apprentissage. On a beau avoir un corps, des organes sexuels, des hormones, bref, tout ce qu'il faut pour avoir une vie sexuelle et aimer ça, on part tous de zéro.

Dès notre plus jeune âge, nous apprenons à réagir aux événements et à leur donner un sens par les émotions ressenties : de la joie, de la douleur, de la curiosité, etc. La longue période de l'enfance et de l'adolescence des êtres humains sert précisément à apprendre, pour ne pas dire apprendre à apprendre, bien que l'on continue évidemment de le faire jusqu'à la mort, il faut le rappeler.

Chez les humains, aucune situation ou stimulation n'est sexuelle avant d'être interprétée comme telle par le cerveau. Par exemple, une main qui nous caresse va en général provoquer des réactions différentes selon que cette main appartient à quelqu'un que nous aimons ou que nous détestons, qui nous attire ou qui nous dégoûte. La caresse comme telle a moins d'effet que les émotions et les interprétations qui lui sont associées. Il y a bien sûr un aspect biologique et mécanique dans la sexualité, qui fait en sorte que stimuler nos zones érogènes risque de déclencher une certaine réaction. Mais cette réaction-là va aussi passer par notre cerveau. Autrement dit, les interprétations et les émotions que les caresses nous font ressentir vont jouer un rôle important dans le fait que nous allons les classer « À répéter » ou « À fuir ».

Ma grande peur quand j'étais jeune était de ne pas être normale. Toutes les filles de mon âge me paraissaient plus délurées que moi, plus libres sexuellement. Elles avaient l'air d'avoir plus de *fun* que moi. Ce souci d'être comme les autres, c'est encore là ?

Tout comme les générations précédentes, les jeunes ont une curiosité légitime de voir et de savoir, ne serait-ce que pour se comparer entre eux : sont-ils normaux ? Pour répondre à cette question, et comme l'ont fait leurs parents avant eux, ils explorent forcément par eux-mêmes. Ils ont aujourd'hui, grâce au Web, un bassin sans fond dans lequel puiser des informations. Mais, pour beaucoup de jeunes, il n'y a personne pour les aider à donner du sens à ce qu'ils lisent ou voient sur la sexualité. Il y a là un manque à combler. Malgré la présence sur le

Web de sites de qualité pour répondre aux interrogations des jeunes, encore faut-il que les jeunes s'y rendent.

Je te pose une question directe, Michel. Que fait un père ou une mère qui trouve son adolescent en train de visionner de la porno ? Il s'assoit et regarde avec lui la porno comme si c'était un clip d'un groupe de musique ? Il menace de lui enlever son téléphone intelligent ou son ordi, ou même de bloquer Internet ? Il commente ce qu'il voit et remet les pendules à l'heure ?

D'abord, les jeunes ont leur jardin secret : peu de parents risquent de les surprendre à regarder de l'érotisme ou de la pornographie, parce que cette activité est liée de près à la masturbation. Or, s'il y a une chose que les jeunes veulent éviter à tout prix, et on les comprend, c'est que leurs parents les surprennent en train de se masturber ! C'est pourquoi épier ses enfants sur le plan sexuel ne me semble pas du tout une bonne idée. Ils ont droit à leur intimité. Vous les surprenez par inadvertance en train de voir ou de faire des choses ? Refermez la porte, excusez-vous : vous n'avez pas à imposer votre présence dans leur vie sexuelle. Vous aurez tout le temps par la suite de revenir sur le sujet de la sexualité ou de la porno. Mais comme parent éducateur, pas comme ami pour regarder de la porno ensemble et créer ainsi un trouble ou une confusion de rôles. Vous pouvez évidemment parler de vos limites, voire de vos craintes si vous en avez, mais dans le respect de votre enfant et de son développement à lui ou à elle. Son éducation est votre responsabilité ; sa sexualité lui appartient. Si les valeurs de respect de soi et des autres sont déjà transmises par votre propre exemple, vous n'avez pas à vous inquiéter. Vous savez, avant Internet, le matériel porno que dénichaient les garçons était souvent celui caché par leur propre père… qui se retrouvait mal placé pour donner des leçons. Le plus gros danger dans les mises en garde exagérées contre la sexualité est de créer un climat négatif, comme si la sexualité était quelque chose de mal en soi, ou encore de perdre toute crédibilité aux yeux de vos enfants.

Les jeunes ne sont plus aussi ignorants qu'auparavant des pratiques sexuelles, quoique souvent désemparés quant au sens à leur donner. Mais ils ne veulent pas, à bon droit, se faire juger, se faire disputer ou se faire faire la morale. Chaque génération effectue ses propres expériences, dans son propre contexte. On a beau soupirer « Si jeunesse savait… », c'est la particularité de la jeunesse d'être en état d'apprentissage. Ce qui ne veut pas dire qu'on ne peut pas, comme parent et éducateur, leur simplifier l'existence, leur parler des choses de la vie. On peut certainement donner des informations et des conseils, mais pas mener leur vie à leur place…

Tu vois quand même des changements dans le comportement des jeunes générations ?

Les jeunes générations ont une vie sexuelle un peu moins axée sur la recherche d'un ou d'une partenaire à long terme, et à tout prix. Elles seraient un peu plus en mesure que leurs aînées de différencier désir et amour. Il existe même une expression pour désigner un type de relation qui ne vise pas à former des couples : les « *fuck friends* », c'est-à-dire les amis ou amies avec qui on a des relations sexuelles sans engagement. Ayant grandi entourées de parents et de grands-parents qui ont connu le divorce, les jeunes générations savent qu'on est tantôt célibataire, tantôt en couple, tantôt dans un entre-deux.

Les jeunes ont aussi un rapport différent à l'intimité : les réseaux sociaux avec lesquels ils ont grandi font en sorte que la notion même d'intimité n'existe à peu près plus. Ce qu'on appelait la pudeur semble chose du passé. Sous prétexte d'être honnête et authentique, on raconte et on montre tout de soi, y compris sa vie la plus intime. Il y a même un nouveau mot, on l'a vu, pour décrire cette réalité : l'« extimité », qui traduit la volonté de rendre visibles des choses de soi-même auparavant considérées comme intimes. Les mots « exhibitionnisme » et « voyeurisme » ne veulent plus dire la même chose maintenant que tant de monde s'y adonne.

Le problème que les jeunes ne réalisent pas toujours, c'est que les écrits et les photos qu'ils placent sur le Web sont difficilement effaçables. Une info ou une image envoyée dans le cyberespace risque d'y demeurer longtemps, probablement pour le restant de votre vie. C'est comme les tatouages dont raffolent les jeunes générations : c'est tripant sur le coup, mais essayez de vous en débarrasser quand vous n'en voulez plus… Ce n'est pas seulement la façon de voir l'intimité qui a changé, mais la façon de voir le passage du temps. À une époque où tout semble éphémère ou jetable, à commencer par les appareils qui nous mettent en communication les uns avec les autres, nous avons de plus en plus de difficulté à penser à long terme, nous vivons sans doute plus dans le moment présent qu'auparavant.

Enfin, et on aura certainement l'occasion d'y revenir, les jeunes ont aujourd'hui plus tendance que jamais à se penser et à se montrer dans leur singularité, donc dans leurs différences. Les identités liées au sexe, au genre ou aux préférences sexuelles, par exemple, sont multiples : au moment où l'on se parle, il y a plus de soixante-dix façons de définir son identité et son orientation sexuelles sur Facebook !

Sur les réseaux sociaux, les jeunes se dévoilent au propre comme au figuré. Ils se montrent plus que jamais, et à tout un chacun, dans des postures de séduction. On dit qu'ils sont hypersexualisés. Qu'est-ce que tu en penses ?

Dire que les jeunes sont hypersexualisés peut être une manière de les juger ou de les blâmer. Je suis prudent à ce sujet. Parce que les modes vestimentaires qui exigent que l'on dévoile le plus possible son corps sont pensées et mises en marché par des adultes, qui sont ceux à qui ça rapporte, ne l'oublions pas. Si problème il y a, la responsabilité en incombe surtout aux adultes, du moins à ceux-là. Remarquez que la mode a toujours un petit quelque chose à voir avec la séduction puisqu'elle consiste à mettre les corps en valeur par les vêtements.

C'est le regard des autres qui sexualise. Les jeunes et les moins jeunes qui sont fiers de leur corps s'en servent comme outil de séduction. On croit que ce serait aujourd'hui trop précoce et trop ostentatoire. Possible. Mais en blâmant démesurément les jeunes filles, on oublie qu'elles ne font qu'imiter leurs aînées, mères et grands-mères comprises, comme les jeunes filles ont toujours fait. Toutes veulent suivre la mode... dictée le plus souvent, j'insiste là-dessus, par des couturiers et des marchands de fringues à grand renfort de défilés et de publicité. Sans compter les stars de la musique, qui, depuis l'avènement des clips vidéo, jouent à qui se déshabillera le plus. Je suis mal à l'aise que l'on blâme les jeunes, et uniquement les jeunes, pour les excès des adultes, quand excès il y a.

Tu n'as pas l'impression que la pudeur, ça n'existe plus ?

Le partage sur les réseaux sociaux de son intimité avec tout un chacun modifie le rapport que les jeunes ont avec leur corps. Qui a peur de se montrer passe pour quelqu'un qui a quelque chose à cacher ! Puis toute cette mode des tatouages, certains plus stratégiquement placés que d'autres, disons, fait en sorte que le corps est plus que jamais un objet d'exposition publique et de curiosité. Qui ne veut pas montrer son dernier tatouage, peu importe où il se trouve ?

Et parce que les jeunes se croient appelés à se montrer de la tête aux pieds, leurs exigences de beauté deviennent tyranniques. Les filles ne se considèrent jamais comme trop minces, et les garçons, jamais comme trop musclés ! L'anorexie guette les unes, et la bigorexie – un nouveau mot pour décrire la compulsion à développer sa musculature –, les autres. À force de se comparer avec les beautés idéales, souvent retouchées, vues sur le Web, beaucoup de jeunes ne se sentent pas très bien dans leur corps. Les interventions esthétiques et même chirurgicales pour le modifier sont en demande croissante dès l'adolescence, chez les filles en premier lieu, mais aussi chez les garçons. Bref, il n'est pas du tout certain, loin de là, que les jeunes soient de nos jours beaucoup mieux dans leur peau que leurs aînés, quoique pas pour les mêmes raisons. Les aînés portaient le poids de la religion et des interdits de toutes sortes qui faisaient du corps une occasion de perdition ; les jeunes craignent de ne pas trouver de salut hors de la beauté parfaite.

Il faut dire que le moindre écart aux standards que se donnent les jeunes entre eux – avoir la bonne apparence, les bons vêtements des marques les plus *in* – risque de leur attirer des ennuis : être ridiculisés, exclus, intimidés même, parce que « pas comme les autres ». Chaque jeune veut être unique, mais en même temps chacun veut avoir le sentiment de faire partie de la gang. Pas facile à réaliser.

Les jeunes voient des corps nus plus que jamais, ils montrent parfois un peu trop le leur, mais à un

moment donné ils veulent aller plus loin. Je me demande pourquoi, aujourd'hui comme hier, les jeunes hommes veulent tant baiser alors que les filles veulent plutôt être amoureuses et sortir avec un gars.
Je ne suis pas certain que les différences soient toujours aussi tranchées entre garçons et filles : il y a des gars hyper romantiques et des filles qui le sont très peu. Toutefois, il est vrai que les garçons ont plus tendance à finir par aimer les filles qu'ils désirent alors que les filles ont plus tendance à finir par désirer les garçons qu'elles aiment.

Voilà, Michel. Tu exprimes bien ma pensée : les hommes et les femmes sont égaux mais parfois différents, si différents...
Certains prétendent que c'est notre biologie qui veut ça ; je crois plutôt que notre culture y contribue beaucoup. Par exemple, les romans d'amour, les téléséries et les films s'adressant aux jeunes filles accordent énormément de place au romantisme, beaucoup plus qu'aux activités sexuelles comme telles. Et les garçons ne lisent à peu près pas de romans d'amour : ils préfèrent les histoires orientées vers l'action. Les images jouent un rôle déterminant dans leur érotisme. Preuve en est que les descriptions des annonces masculines de recherche de partenaires mettent presque toujours l'accent sur des caractéristiques physiques, alors que celles des filles et des femmes parlent surtout de caractéristiques de personnalité et de qualités humaines, ce qui est très différent.

Cela dit, je pense que les jeunes apprennent à désirer à partir des modèles qu'on leur présente. Et là-dessus, il y a encore deux poids, deux mesures. Le jeune homme conquérant et don Juan a de tous les temps eu la cote, alors que la jeune fille qui fait de même demeure plutôt mal vue. Je dirais même que les garçons ont avantage à faire les fanfarons, et les filles à se faire plus discrètes, vu le risque de ternir leur réputation. Comme chacun sait, il n'y a pas de féminin à don Juan : un garçon n'a jamais trop d'aventures sexuelles, il en tire même une fierté. Alors que les filles ouvertement actives sur ce plan-là se font traiter de tous les noms... y compris par les garçons qui en ont profité : les gars ne veulent pas d'une fille qu'ils estiment « facile » comme partenaire durable.

Mais c'est du sexisme, Michel ! J'espérais qu'au Québec la révolution sexuelle et la révolution féministe l'avaient tué. Je me rends compte qu'il est bien vivant.

Le sexisme n'est pas mort : dès les débuts de la vie amoureuse et sexuelle, il fait des ravages. Un garçon actif sexuellement devient un héros ; une fille qui fait la même chose est considérée comme une traînée par les autres jeunes... Autre exemple pour illustrer ces deux poids, deux mesures : un gars qui montre fièrement son physique sur le Web, on trouve ça normal, il va se faire de nouveaux amis ; la fille qui agit ainsi risque plutôt d'en perdre ! J'ajouterais que les jeunes, en particulier les garçons, sont à la recherche de sensations fortes, c'est connu, et c'est la raison pour laquelle c'est la catégorie d'âge qui a le plus d'accidents. On est jeune, rien ne peut nous arriver…

Comme les grossesses non désirées ?

Vous saviez que le nombre de grossesses non désirées a beaucoup baissé chez les adolescentes depuis l'an 2000 ? Trois adolescentes sur cent avaient vécu une grossesse en 2000 ; elles n'étaient plus que deux sur cent en 2015. En facilitant un peu plus l'accès des jeunes à la contraception par voie orale, on a inversé la tendance qui faisait en sorte qu'un sommet statistique avait été atteint à la toute fin du siècle dernier. De 1998 à aujourd'hui, le nombre de naissances chez les jeunes filles de moins de vingt ans a baissé du tiers.

Les filles ont encore très peur de devenir enceintes, et je suis surprise de voir le nombre de questions posées là-dessus sur des sites comme Tel-jeunes. En contrepartie, les gars ont peur de s'engager…

Chez les jeunes filles, une majorité de grossesses se terminent par un avortement, qui peut aussi être un événement traumatisant sur les plans physique et psychologique. Celles qui optent pour garder l'enfant, et qui le font sans conjoint pour les soutenir, devront traverser des difficultés et s'armer de courage. J'ai des étudiantes qui ont vécu ça et qui se sont rendues à l'université, mais non sans mal. Il est difficile à un jeune âge – et en étant seule de surcroît – de mener plusieurs vies de front : être mère célibataire, faire des études, travailler. Certaines vivent de la détresse, surtout si elles sont ou se sentent socialement isolées. Et un défi de plus se pose pour trouver un nouveau partenaire.

Les garçons, quant à eux, hésiteraient plus que jamais à s'engager, du moins à le faire tôt. En effet, les jeunes d'aujourd'hui sont, ou seront, célibataires pendant plus de temps que leurs aînés. Les mariages se font huit ans plus tard que dans les années 1970, vers trente-deux ans pour les femmes et à plus de trente-trois ans pour les hommes, en moyenne.

Même ceux et celles qui sont en couple ne sont pas pour autant pressés de cohabiter, encore moins d'avoir des enfants. Ils ont hérité des générations qui ont fait la révolution sexuelle d'une certaine distanciation par rapport à la sexualité, axée essentiellement sur la récréation et non plus sur la procréation. Ils ont aussi appris que tous les couples ne sont pas destinés à durer. La facilité apparente – et je souligne le mot « apparente », car c'est une illusion – de pouvoir trouver des partenaires grâce au Web et aux réseaux sociaux rend les jeunes générations probablement plus intolérantes envers les petites mésententes ou divergences dans le couple. On se dit que ce sera si simple de rencontrer quelqu'un d'autre…

En attendant, les jeunes filles subissent quand même beaucoup de pression pour plaire et avoir un amoureux à tout prix. Ça peut les rendre vulnérables aux abus, non ?

La séduction ne devrait jamais servir à excuser l'exploitation, les mauvais traitements et les agressions de toutes sortes, on ne le dira jamais assez. À tout moment, chaque partenaire doit pouvoir dire : « Là, on arrête, c'est assez pour moi. Ça, je ne veux pas. Non ! » Et cette volonté doit être respectée. Mais la pression des pairs, le fait de vouloir passer pour *cool* et plein d'autres raisons, bonnes ou pas bonnes, font en sorte que le moment de dire non est parfois repoussé. Je ne blâme pas les victimes. Je dis seulement que ceux qui abusent de leur partenaire profitent parfois d'une situation pas claire. Encore une fois, une éducation à la sexualité qui apprend, aux gars surtout, à reconnaître les signes que l'Autre ne veut pas s'impose. Il y a sur le Web un merveilleux clip sur le sujet du consentement sexuel, que tout le monde devrait voir : https://tv.uqam.ca/consentement-pas-si-complique-finalement.

En résumé, le narrateur compare astucieusement le fait d'offrir une relation sexuelle au fait d'offrir une tasse de thé. Il se peut que la personne à qui vous en offrez dise non ; alors ne la forcez pas à boire votre thé. Il se peut aussi qu'elle ait dit oui mais qu'elle ait changé d'idée pendant que vous prépariez le thé. Ne la forcez pas à en boire. Il est possible qu'elle laisse sa tasse de côté parce qu'elle est prise d'un malaise et même perde conscience : ne la forcez pas à terminer la tasse de thé, préoccupez-vous plutôt de sa sécurité et de sa santé ! Il se peut qu'elle ait déjà dit oui à une tasse de thé dans le passé : ça ne signifie pas qu'elle est obligée de dire oui aujourd'hui ou d'en boire chaque fois que vous lui en offrez ! Proposer une relation sexuelle n'est pas l'imposer. Garçons et filles doivent apprendre à parler de leurs envies et de leurs besoins sans jamais les imposer, y compris à l'intérieur d'une relation amoureuse. Par définition, une relation à deux ne devrait-elle pas être axée sur une recherche de respect et de bien-être mutuels ?

Comment est-ce possible qu'un jeune puisse de nos jours se dire qu'un non signifie oui et probablement penser « Elle doit être comme ma mère. À force de l'achaler, elle va finir par accepter... » ? Il semble que certains jeunes gars ne comprennent pas bien la notion de consentement.

Tenter d'expliquer la violence, en particulier la violence sexuelle, est un défi qui dépasse de beaucoup le cadre d'un ouvrage comme celui-ci. Mais on peut certainement donner des pistes de réflexion. Je préciserais en passant que tenter d'expliquer ne signifie en aucun cas excuser. Je rencontre parfois ce problème avec mes étudiants : certains croient qu'expliquer un problème revient à le banaliser ou à l'excuser. Ce n'est pas le cas. Tenter de trouver les origines d'un problème, c'est au contraire vouloir contribuer à le régler. Cela dit, le problème de la violence sexuelle est complexe et requiert plusieurs explications.

Dans notre culture, la sexualité a très longtemps été associée à des interdits. Et encore aujourd'hui, il y a beaucoup plus de choses interdites que de choses permises, quand on y pense bien. Certaines personnes en sont probablement venues à lier sexualité et interdit. Autrement dit, pour elles, plus c'est interdit, plus c'est vu comme excitant. La résistance même de ceux ou celles qu'elles envisagent comme partenaires les stimule au lieu de les arrêter.

Tu me rappelles une phrase que j'ai entendue d'un employeur alors que je repoussais ses avances : « Arrête de me dire non, tu m'excites. »

Le non qui constitue une barrière pour la plupart des gens représente pour d'autres une incitation, ce qui trouble leur relation à la sexualité et les amène à ne pas tenir compte du consentement de l'Autre, qui, de leur point de vue, ne peut que dire non de toute façon.

Il y a aussi des gars qui se considèrent comme irrésistibles. Ils ne comprennent pas du tout que l'on puisse leur dire non. Pire, ça les fâche et les rend violents. Ils n'acceptent pas que l'on puisse contrarier leurs désirs. Malgré les avancées du féminisme, certains hommes croient encore que les femmes leur appartiennent : pour eux, les agressions sexuelles, l'inceste, le viol, ça ne les concerne pas parce qu'ils se croient tout permis. Surtout s'ils sont en position de pouvoir, petit ou grand, sur la femme (ou l'homme) qu'ils convoitent.

Quand j'ai travaillé en protection de la jeunesse avec des jeunes ou des adultes qui avaient agressé des enfants, le raisonnement qu'ils tenaient était souvent le même : ce n'était pas leur faute, c'était normal, c'était une initiation, c'étaient leurs gènes ou leurs hormones qui les poussaient à agir malgré eux, etc. Les hommes n'apprennent pas beaucoup à négocier leurs relations sexuelles et à être à l'écoute des autres sur ce plan-là. Il n'y a pas si longtemps, ni les parents ni l'école n'enseignaient cela. La loi du plus fort est encore la seule que certains hommes ont dans la tête. Il y a là un manque non seulement d'éducation sexuelle mais d'éducation tout court et de sensibilité. Pour vivre en société, il faut accepter que nos désirs soient contrariés, en particulier nos désirs sexuels, qui, pour se réaliser, ont besoin de l'accord et de la collaboration d'autrui.

Enfin, il ne faut jamais oublier que les relations sexuelles visent à répondre à des besoins qui ne sont pas uniquement d'ordre sexuel. Un grand psychanalyste américain, Robert Stoller, a écrit : « [...] l'être humain n'est pas très porté à aimer – surtout quand il fait l'amour. C'est bien triste ! » Il constatait en effet que beaucoup de gens ont des sentiments d'hostilité et de vengeance quand ils ont des fantasmes ou des relations sexuelles. Plus encore, ces sentiments négatifs contribueraient à leur excitation. Le plaisir sexuel pur et joyeux se rencontre plus souvent dans les romans que dans la réalité, déplorait Stoller. Parce que les qualités qui suscitent l'amour envers une personne ne sont pas forcément les mêmes que celles qui provoquent le désir. C'est la raison pour laquelle beaucoup de gens, jeunes et moins jeunes, peuvent « faire l'amour » sans aucun amour, si j'ose dire, ce qui leur permet de ne pas se préoccuper de leurs partenaires, qui ne sont plus que des objets à leurs yeux.

Lors des premières relations consenties, souhaitées par les deux partenaires, comment se fait-il que la plupart des filles ne jouissent pas et fassent semblant ?
Parce que les filles ont tendance à érotiser l'amour et à vouloir l'entretenir. Toute notre culture, depuis des siècles, amène les femmes à croire que leur devoir est de satisfaire l'homme de leur vie. Même après des décennies de féminisme, il y a tout un conditionnement à briser et un effort à faire pour offrir aux filles des modèles différents. On a aussi à se préoccuper d'éduquer les garçons à être plus à l'écoute de leurs partenaires. Et là encore, les modèles manquent : ce n'est pas dans la porno qu'ils vont voir des hommes soucieux des sentiments et des émotions de leur partenaire.

Je trouve que les attentes des filles et des garçons sont aux antipodes lors de leurs premières relations. Le garçon veut « scorer », et la fille veut être caressée doucement. Le garçon doit jouir pour se prouver qu'il est un homme, et la fille veut être aimée.
Le meilleur moyen d'être déçu est de ne pas se parler de ce qu'on veut vivre ensemble. Ce que l'Autre veut et ressent, on ne peut pas le savoir si on ne le lui demande pas…

Je n'arrive pas à comprendre pourquoi, à l'ère de la communication, les jeunes ne parviennent pas à se dire ce qu'ils aiment et ce qui leur déplaît. Ils subissent en silence en croyant que le temps va arranger les choses.

Avec les réseaux sociaux, on peut avoir des milliers d'amis, mais rarement rencontrer en chair et en os qui que ce soit. Avec certaines applications de rencontres rapides, on peut laisser tomber la drague sans problème, car on peut rencontrer quelqu'un en quelques instants. Il est possible que la faculté de développer des relations, de négocier ses besoins et d'être à l'écoute de ceux de l'Autre en souffre. Ce que l'on appelle le flirt, le temps que l'on consacre à se faire la cour, à se parler, donc, ce n'est pourtant pas du temps perdu…

De plus, beaucoup de jeunes, et de moins jeunes aussi, croient naïvement que, si on est vraiment faits l'un pour l'autre, on n'aura pas à se dire quoi que ce soit, que tout va aller tout seul, comme par magie et comme si on lisait dans les pensées l'un de l'autre. C'est évidemment improbable. Mais le mythe persiste, même si la plupart des jeunes vont découvrir que les premiers rapports sexuels sont souvent décevants précisément parce qu'on n'a pas pris le temps d'être sur la même longueur d'onde.

En plus, les filles ne connaissent pas beaucoup leur corps. Aujourd'hui encore, le sexe des femmes demeure un mystère et un sujet tabou.

Contrairement aux hommes, dont les organes sont extérieurs, les femmes doivent aller à la découverte de leur génitalité. Et, vous savez, pendant très longtemps, même dans la médecine et dans l'art, il n'y avait pas de représentation réaliste des organes sexuels féminins !

Michel, il n'y avait même pas d'images de vagin ni de clitoris dans les manuels de biologie et de médecine !
Étant supposément au service des hommes et de la procréation, la sexualité féminine était largement méconnue. Le rattrapage à ce sujet s'est fait avec les chercheures féministes, assez récemment. Tenir les filles ignorantes de leur sexualité était, consciemment ou pas, une façon de les contrôler, il faut bien le dire.

Quand j'étais jeune, on se fréquentait pendant des années sans qu'il y ait pénétration. Ce n'était pas une affaire de vertu, mais de danger de grossesses non désirées. On se permettait tous les préliminaires : des baisers, des touchers, des caresses. Nous découvrions nos zones érogènes. J'ai l'impression que les jeunes maintenant couchent d'abord et se découvrent après. Est-ce mieux ?
Les jeunes ne sont pas beaucoup plus précoces que leurs aînés. Mais ils ont certainement un rapport différent au temps et à l'intimité. Avec les technologies actuelles de communication rapide, l'attente est une réalité à laquelle les jeunes générations sont moins habituées.

Très paradoxalement, les jeunes se montrent et se racontent en long et en large sur les réseaux sociaux, mais éprouvent un déficit d'attention dans leurs relations incarnées, en face de quelqu'un. Ils ont de la difficulté à se concentrer sur une chose à la fois, trop habitués à pitonner et à passer d'un écran à l'autre. Ils communiquent probablement mieux virtuellement que devant une personne en chair et en os… Alors que le développement d'une intimité de couple exige tout de même de pouvoir se concentrer sur l'Autre… et de prendre le temps voulu.

À quel âge au juste, Michel, on ressent ses premiers émois sexuels ? Et sont-ils vécus de la même façon par les filles et les garçons ?

Lorsqu'on les interroge pour savoir quand ils ont ressenti leurs premiers désirs, la majorité des gens disent que c'était entre onze et quatorze ans, donc au début de l'adolescence. Encore que certaines personnes disent que c'était bien plus tôt, dès l'enfance, ou beaucoup plus tard, dans quelques cas. Une attirance diffuse peut être ressentie avant l'adolescence, et c'est souvent le cas, mais c'est lorsque le désir provoque de l'excitation sexuelle qu'il devient plus que jamais évident.

Il y a des signes qui ne trompent pas, mais qui peuvent surprendre des ados dont l'éducation sexuelle est défaillante. Par exemple, les garçons vont être surpris par leurs éjaculations nocturnes, qui peuvent être dues à des rêves érotiques, dont ils se souviennent ou pas, mais aussi à une stimulation purement physiologique causant une érection. C'est alors plutôt l'érection qui provoque des réactions dans le cerveau, ce dont le garçon endormi ne sera pas conscient. Avec la puberté, le sperme qui commence à s'emmagasiner finit par sortir d'une façon ou d'une autre. C'est pourquoi les garçons qui ne se masturbent pas encore ont plus tendance à avoir ce que l'on appelle en anglais des *wet dreams*. Un phénomène similaire existe chez les filles, ce qui est moins connu. Elles peuvent aussi avoir de la lubrification vaginale et des orgasmes durant leur sommeil, que cela soit accompagné de rêves érotiques ou pas.

Nos désirs peuvent donc dans un premier temps nous apparaître plus ou moins consciemment dans notre sommeil. Mais, tôt ou tard, ils vont s'imposer quand nous serons éveillé et conscient. Ce qu'on appelle la vasodilatation survient quand une personne nous attire. Comme on sait, chez les garçons, le pénis se gonfle de sang ; chez les filles, le vagin se lubrifie. Chez tous, des muscles se contractent, le rythme cardiaque et la pression sanguine augmentent, les mamelons pointent (oui, chez les hommes aussi, pour la plupart). Bref, il y a des réactions qui peuvent sembler bizarres les toutes premières fois, mais qui sont vite associées au plaisir.

Et le plaisir sexuel, c'est par définition excitant, dans tous les sens du mot ! C'est pourquoi on va chercher à le stimuler, par exemple par la masturbation accompagnée de fantasmes, qui débute en moyenne dès le début de l'adolescence (onze ans chez les garçons, treize chez les filles), ou par des activités sexuelles. Ces dernières commencent vers quatorze ou quinze ans avec des baisers, des caresses, de la masturbation mutuelle, etc., la première relation sexuelle avec pénétration ayant lieu vers dix-sept ans, en moyenne.

Dis-moi, l'érotisme de la fille est-il, comme je le pense, différent de celui du garçon ?

Toutes les enquêtes montrent que dès l'adolescence l'érotisme des filles et celui des garçons ne suivent pas forcément la même logique. Certains disent que c'est biologique, d'autres pensent plutôt que c'est culturel. Quoi qu'il en soit, les garçons ont plutôt tendance à érotiser des parties du corps. On pourrait presque dire qu'ils sont fétichistes ! La poitrine, les fesses, les hanches, etc. Les hommes de tous les âges confient que ce qui les stimule le plus, ce sont des parties du corps. Alors que les femmes érotisent plutôt l'ensemble de la personne et ses caractéristiques non seulement physiques, mais psychologiques et relationnelles.

Deux hommes qui parlent des femmes qui les attirent sont très descriptifs : « As-tu vu ses seins ? » Les hommes sont plutôt visuels dans leur érotisme : c'est l'apparence qui compte le plus pour la plupart d'entre eux. Alors que les femmes seraient, dès l'adolescence, plus sensibles à ce qu'est l'Autre dans son ensemble. C'est la personnalité de l'Autre qui les intéresse, son visage, son regard, sa façon d'être. Attention, je ne dis pas que les femmes sont insensibles au physique (que ce soit celui des hommes ou des autres femmes), mais ce dernier est un élément parmi d'autres. Je ne dis pas non plus que les hommes ne tiennent pas compte de la personnalité de leurs partenaires, mais ils ont plutôt tendance à tomber amoureux des personnes qu'ils ont d'abord désirées.

Est-ce que le désir entraîne l'amour ou est-ce plutôt l'amour qui apporte le désir ?

Les deux chemins sont possibles, même si, comme on vient de le voir, les hommes sont plutôt portés à s'attacher à des personnes qu'ils désirent, et les femmes à développer du désir pour des personnes qu'elles aiment en raison de leurs qualités. Le désir peut donc autant apporter l'amour que l'inverse : l'amour peut nourrir le désir. Autrement dit, c'est souvent parce que nous nous sentons attiré par une personne, quelles qu'en soient les raisons, que nous sommes disposé à tomber amoureux d'elle.

C'est là, le problème. Bien souvent, le jeune homme va se dire : « Je dois l'aimer car j'aime coucher avec elle. » Tandis que la femme conclut : « Il m'aime car il aime faire l'amour avec moi. »

Puisque l'amour-passion sert de baromètre aux relations amoureuses, surtout quand on est jeune, le désir occupe alors une grande place dans la relation, en effet. L'amour-passion agit d'ailleurs un peu comme une drogue : on ne peut se passer de l'Autre, on en a besoin en permanence, ou presque.

C'est un état second, qui hélas ne dure pas... Quelquefois, j'ai l'impression que les jeunes prennent facilement le désir pour de l'amour et se forcent à aimer quelqu'un de pas très aimable, mais très désirable...

Oui, ces histoires-là ne manquent pas. On désire une personne qui n'est, à l'évidence, pas la meilleure pour nous comme partenaire, du moins à moyen ou à long terme. Mais il y a des raisons à cela : la vie amoureuse et sexuelle nous sert souvent, inconsciemment, à régler des choses avec notre passé. Nous choisissons comme partenaire quelqu'un qui ressemble au père ou à la mère qui nous a mal aimé, à l'amoureux ou l'amoureuse qui nous a quitté, en nous disant que cette fois nous allons réécrire l'histoire et qu'elle va bien se terminer… Dans *La Mémoire du désir*, j'explique dans le détail cette dynamique-là, très courante et non moins souffrante, surtout si on ne s'en rend pas compte.

Au cours de ma longue vie, j'ai souvent constaté que les gars étaient plus pressés, pour ne pas dire obsédés, d'avoir leurs premières expériences sexuelles. D'où vient cette obsession ? De leurs hormones ?

À ce sujet, les hormones masculines ont bon dos, comme si elles étaient les seules responsables des comportements des jeunes hommes. Je crois plutôt que beaucoup de pression est mise sur les garçons afin de prouver leur virilité à leurs propres yeux et à ceux de leurs pairs. Et la conquête sexuelle est vue comme un bon moyen d'y parvenir. L'abstinence sexuelle avant le mariage n'est jamais exigée des hommes, pour qui l'expérience sur le plan sexuel est toujours vue comme un plus. Alors que, pour les filles, c'est plutôt le contraire. Le vieux préjugé sexiste qui veut qu'une bonne jeune fille doive faire cadeau de sa virginité à son époux, il existe encore dans la tête de certaines personnes.

La virginité, ce n'est pas une valeur dépassée ?

En tout cas, l'idée que la sexualité des femmes appartient à leur futur conjoint officiel est certainement en désuétude. Il faut dire que la virginité et la fidélité exigées des femmes étaient liées au fait que les hommes voulaient s'assurer de la paternité de leurs enfants. Grâce à la recherche génétique, on sait aujourd'hui qu'environ 4 % des enfants ne sont pas issus de leur père biologique supposé (bien que ce pourcentage puisse varier d'un pays à l'autre). Féminisme aidant, le corps des femmes leur appartient. On a moins de difficulté à le reconnaître de nos jours. Mais il y a encore des hommes qui pensent, comme leurs ancêtres, que les femmes sont là pour leur plaisir uniquement.

J'aimerais qu'on revienne plus en détail sur la question de la porno, parce que ça m'inquiète. Mon père me parlait souvent de ses années de célibat, à l'époque où les femmes portaient des jupes longues et des bottines. Ses amis et lui s'agglutinaient aux arrêts de tramway pour apercevoir, peut-être, lors de la montée des marches d'une passagère, un petit bout de peau recouvert de soie. Ils en avaient pour la semaine à rêver (le mot « fantasme » ne faisait pas partie du vocabulaire). Dans ce temps-là, un rien suffisait à provoquer l'imagination, à exciter. Alors qu'aujourd'hui, avec la nudité partout, la pornographie, il n'y a plus rien de laissé à l'imaginaire...

Avant d'entrer dans le sujet de la porno, on va faire des distinctions pour ne pas confondre nudité, érotisme, pornographie et obscénité, qui sont des réalités différentes.

La nudité est notre état naturel. Comme disait la *drag-queen* RuPaul : « Nous naissons nus, tout le reste n'est que travestissement. » Des corps nus, par exemple dans un camp de naturisme ou à l'hôpital pour être examinés par le médecin, ça n'est pas érotique, encore moins pornographique. Il y a des contextes où la nudité est banale. Les jeunes voient certainement davantage de nudité que leurs ancêtres, mais ce n'est pas en soi un problème. Au contraire, si cela leur permet d'avoir un rapport à leur corps moins culpabilisant. Il faut se rappeler que beaucoup de nos ancêtres en couple ne se voyaient jamais nus tellement ils avaient honte de leur corps !

L'érotisme, c'est déjà autre chose, puisque c'est l'art subtil de suggérer. Votre père, d'après l'histoire qu'il racontait, trouvait érotique le mollet des jeunes femmes. L'érotisme n'a pas besoin de nudité, au contraire. Parce que l'érotisme laisse beaucoup de place à l'imagination et aux fantasmes. L'érotisme, c'est l'art de dévoiler, mais pas trop, afin de laisser de la place pour l'imagination.

La pornographie, c'est différent : elle laisse très peu de place à l'imagination. Ce sont des actes sexuels montrés le plus crûment possible, et en gros plan, au point que la vedette de ces films-là, ce ne sont pas les acteurs et actrices, mais certaines parties de leur corps, en particulier leurs organes génitaux. J'ajouterais qu'il existe un type de pornographie qui va encore plus loin parce que son but, c'est de choquer plus que d'exciter. On appelle cela l'obscénité. C'est de la porno qui est axée principalement sur la transgression : on montre des choses que la majorité des gens, même des amateurs de porno, ne voudraient normalement pas voir. Ce qu'il est très interdit de voir ou même difficile à imaginer, le matériel obscène va vous le proposer.

Qui regarde la porno ?

On sait que les hommes sont plus amateurs de porno que les femmes, pour la raison que l'on a déjà expliquée : puisqu'ils ont tendance à érotiser des parties du corps, la porno s'inscrit davantage dans la logique de la sexualité masculine. La caméra s'attarde sur les parties du corps, sur les organes génitaux, sur les actes sexuels comme tels. Alors que l'érotisme féminin est en général plus englobant : c'est la personne entière et le contexte de la relation qui vont être considérés comme excitants. Ça ne veut pas dire qu'il n'y a pas de femmes qui apprécient la porno, ni qu'elles n'en regardent pas.

Il faut préciser qu'il existe différents types de porno, de la plus chic à la plus *trash*, et qu'il y en a pour tous les goûts. Quelles que soient vos préférences en matière de sexualité, il existe un créneau de porno qui vous cible. C'est pourquoi, si la porno visant des hommes hétérosexuels est la plus courante, il en existe également pour les personnes bisexuelles ou homosexuelles, pour les personnes attirées par les transgenres, pour les personnes adeptes du sadomasochisme, pour les fétichistes ; la liste serait infinie si on voulait qu'elle soit complète. Il n'y a probablement pas une variation de la sexualité qui n'ait pas son marché de la porno.

Par qui est-elle faite, la porno ?

Avec la venue du « tout sur le Web », le marché de la porno a beaucoup changé et n'est plus réservé aux « professionnels », comme c'était le cas auparavant, quand le matériel porno se vendait clandestinement ou dans des arrière-boutiques de magasins de vidéos. Les « amateurs », c'est-à-dire n'importe qui muni d'une caméra, auraient même la cote parce qu'on croit leurs ébats plus « vrais », en tout cas moins simulés que dans la porno professionnelle. Faire de la porno ne demande aucune expérience et aucune formation. Certains le font par plaisir, pour satisfaire une tendance à l'exhibitionnisme, d'autres par attrait de l'aventure ou pour l'argent. Parfois un peu des trois. Internet a permis l'arrivée de personnes de tous les sexes, tous les âges et toutes les conditions physiques qui fabriquent de la porno maison. Aujourd'hui, les entreprises établies de cette industrie doivent même offrir de fausses vidéos amateures pour rester concurrentielles !

Ce n'est pas un domaine très réglementé...

Il y a des lois, bien sûr, en particulier pour lutter contre la pornographie infantile ou juvénile, qui exploite des enfants et des adolescents, filles et garçons. Elle existe pourtant et circule surtout par l'entremise de réseaux clandestins, mais organisés. Ce qui fait que, lorsque la police arrête un producteur ou un diffuseur de ce type de porno, elle arrive en général à démanteler tout un réseau. D'ailleurs, c'est là que la porno fait le plus directement mal aux jeunes : quand ils sont sollicités ou forcés d'en faire.

Par exemple, on sait que la prostitution juvénile organisée par les gangs de rue est souvent aussi liée à la production de pornographie. J'ai parlé de leur façon de procéder dans *Jeunes filles sous influence*. Lorsque la fille est mise en esclavage par son proxénète, elle est obligée de faire tout ce qu'on lui demande : se prostituer, au rythme de plusieurs clients par jour, mais aussi produire du matériel porno. Hormis les séquelles psychologiques, qui sont souvent graves, les séquelles physiques sont à craindre. Vous imaginez bien que les pratiques sécuritaires par rapport aux infections sexuellement transmissibles, ça n'a aucune importance pour ces gars-là, ni pour leurs clients. Même si c'est du cinéma, la porno est tournée par de vrais êtres humains, qui peuvent beaucoup en souffrir, il ne faut pas l'oublier.

J'ai l'impression que la porno remplace les parents ou l'école dans l'apprentissage de la sexualité chez les jeunes, et ça me fait peur.

Je suis d'accord avec vous : c'est de l'éducation sexuelle par défaut. Or la pornographie est une mauvaise caricature de la sexualité. Avec ses gros plans, elle surexpose les organes génitaux ; avec son absence de scénario amoureux ou même érotique, elle caricature la sexualité. La porno a les mêmes effets sur les esprits que les stéroïdes sur les corps : elle surdimensionne au point de déformer même ce qu'elle entend montrer. D'ailleurs, le visionnement de matériel porno peut tout autant exciter que choquer – et c'est souvent le cas, en particulier chez des jeunes filles.

La porno, c'est en général de la sexualité triste : les acteurs et actrices ne sourient pas beaucoup et ne s'amusent pas vraiment. Lorsqu'il y a un plaisir apparent, il est le plus souvent feint ou même sadique. Dans ses scénarios, la porno inclut souvent de la domination, de la vengeance, de la violence. C'est là que son message devient le plus dangereux : lorsqu'il enlève toute humanité aux partenaires, qui ne sont plus que des machines à faire du sexe, jusqu'à ce que cela fasse mal, à la limite. C'est justement ce côté cru, sinon cruel, de la porno qui inquiète : qu'est-ce que les jeunes vont comprendre et surtout apprendre de ce matériel quand ils vont, tôt ou tard, tomber dessus ?

S'ils peuvent à son égard développer un esprit critique, une fois leur curiosité passée, les adolescents vont souvent s'apercevoir par eux-mêmes de ce qu'est la porno : une mauvaise caricature de la réalité, qui n'a pas grand-chose à voir avec la vie de tous les jours. Je compare cela avec la télé haute définition : ce n'est pas parce que c'est montré en plus gros et plus dans le détail que c'est plus intéressant.

Regarder d'autres personnes faire l'amour, ou plutôt faire du sexe, ça donne quoi ? Je me demande ce que devient l'intimité là-dedans, dans cette sexualité sans amour. Tu ne crois pas que ça peut perturber ?

Il est difficile d'établir un lien entre ce qu'on a vu et ce que l'on fait sur le plan sexuel. Tant d'influences interviennent dans le développement de notre sexualité, dès l'adolescence, que bien malin qui pourrait prédire l'avenir. Les recherches démontrent une seule conséquence évidente : la violence manifeste dans la porno risque parfois de produire une désensibilisation ou une accoutumance. Autrement dit, on la banalise, ou encore on a besoin d'en consommer toujours davantage pour ressentir les mêmes émotions fortes.

Certains affirment qu'au lieu d'encourager la violence la porno l'exorciserait plutôt. En d'autres mots, ce que l'on voit, on ne va pas tenter de le reproduire, parce que l'on sait que ce n'est pas réaliste. Le hic, c'est que les actrices et acteurs qui ont joué dans cette porno ont probablement vraiment souffert, eux, on ne le dira jamais assez. La porno, c'est un métier plutôt dangereux. Les acteurs et actrices font semblant que c'est excitant, mais ça ne l'est pas forcément. Au contraire. Parce que, en raison d'une concurrence et d'une surenchère qui font en sorte que le client en veut toujours plus, la porno comporte de plus en plus d'actes dangereux, dégradants et douloureux. Par exemple, le pénis qui passe directement du rectum à la bouche de sa ou de son partenaire, ou encore des pénétrations orales, vaginales ou anales répétées et simultanées, par plusieurs partenaires, utilisant parfois des objets qui font penser à des instruments de torture.

Le matériel porno devrait afficher le même avertissement que les émissions de télé de type *Jackass* : « N'essayez pas de faire la même chose à la maison. » Peu de gens aiment avoir des relations sexuelles sur commande, avec des partenaires inconnus, sans intimité aucune, et souvent dans des conditions sanitaires et sécuritaires plus que discutables. La porno, c'est de la sexualité extrême. Et tout comme les sports extrêmes, seuls les gens bien entraînés et préparés arrivent à soutenir son rythme, sans se blesser moralement ou physiquement, si une telle chose est possible. Pas étonnant que le public amateur de porno soit surtout masculin, comme le public sportif avide d'émotions fortes.

Qu'est-ce que ça fait aux jeunes garçons de regarder la porno ?

Je me garderais ici de généraliser : si la majorité de ses adeptes sont des gars, tous les gars ne sont pas adeptes de porno. La curiosité sexuelle trouve parfois sa limite lorsqu'elle est satisfaite… ou déçue. La pornographie, c'est finalement du *fast-food* engraissé aux hormones, raison pour laquelle ça peut plaire à des jeunes hommes dans un premier temps. Mais, trop, c'est parfois pire que pas assez. D'où les indigestions, plus fréquentes qu'on ne le croit. Après le festin vient la nausée.

Le jeune qui cherche activement de la porno va finir par en trouver mais ne s'attardera pas sur ce qui ne l'intéresse pas. Ce n'est pas parce que vous tombez par hasard sur la photo d'un âne montant une ânesse que vous allez soudainement vouloir devenir zoophile. Voir des choses qui vous déplaisent ne les rendra pas plus attrayantes, mais va, au contraire, plutôt confirmer votre aversion.

Même si cela peut parfois se produire, tout le monde ne devient pas accro de porno. C'est une forme de dépendance, pas plus courante qu'une autre. De plus, la porno ne sert pas forcément de remplacement à la sexualité incarnée, avec une vraie personne. Beaucoup d'hommes en couple, actifs sexuellement, en consomment.

En étant banalisée, la porno est devenue un élément de la vie sexuelle. Mais ce n'est pas parce que vous en voyez de temps à autre que vous allez devenir accro. Si vous n'avez pas le profil pour développer une dépendance, et celle-là en particulier, il serait étonnant que la porno fasse de vous un esclave volontaire.

Des parents m'avouent qu'ils ne savent pas quoi faire : « Si je lui défends de regarder de la porno dans sa chambre, il ira en voir chez ses amis, il le fera en cachette. » Que peuvent faire les parents devant la pornographie ?

Ils peuvent travailler à rendre les jeunes critiques par rapport aux représentations de la sexualité. C'est pourquoi l'éducation à la sexualité est le meilleur contrepoids à la pornographie, parce qu'elle permet de saisir de quoi il s'agit, à quel point c'est peu réaliste et souvent rempli de stéréotypes, parfois de violences, subtiles ou pas.

Essayer à tout prix de faire pareil peut être risqué, et pas que physiquement…

Un garçon qui regarde beaucoup de porno faite par des acteurs choisis pour leur pénis surdimensionné et dont l'érection ne faiblit jamais peut développer des complexes, non ?

Pas s'il comprend que c'est beaucoup plus de la fiction que de la réalité, comme la plupart des films. Dans la porno, les gars ne sont, le plus souvent, que des pénis sur deux pattes et les filles, des récipients à sperme, pour dire les choses crûment.

Et une adolescente, après avoir vu des filles toujours consentantes et toujours prêtes à tout faire, jouissant sans arrêt en plus, que peut-elle penser ?

La porno est une mauvaise éducation sexuelle par défaut pour les jeunes, faute de réponses autres à leurs questions légitimes sur la sexualité. Surtout avec Internet, qui est une encyclopédie ouverte dans laquelle on trouve le meilleur et le pire, il faut donner aux jeunes des clés pour comprendre ce qu'ils finiront de toute façon par voir un jour. Aider à comprendre que la sexualité est et peut être autre chose que ce que la pornographie montre et enseigne, voilà ce qu'on peut faire pour que les jeunes ne la prennent pas comme modèle.

Michel, sais-tu ce qui m'attriste dans la porno ? C'est le pas en arrière dans la lutte pour l'égalité hommes-

femmes. C'est un retour à la femme soumise, qui fait semblant de jouir pour ne pas déplaire. La porno, pour moi, c'est le produit d'une société qui refuse d'attribuer une pleine valeur aux femmes. Quand est-ce que l'on va finir par régler ça ?

Je comprends votre point de vue. Il faut cependant reconnaître que la porno n'est pas seulement hétérosexuelle et que l'analyse que vous en faites ne s'applique pas forcément à la porno gaie ou queer, par exemple. On dit « la porno », mais on devrait plutôt dire « LES pornographies », car c'est un univers diversifié et complexe, dans lequel tous les goûts sexuels possibles et imaginables (et même quelques-uns non imaginables) se retrouvent. Et il existe assurément des pornos beaucoup plus inquiétantes encore que d'autres, ne serait-ce que sur le plan de la violence même vécue par les actrices et les acteurs.

Quant à la question de savoir si la pornographie va finir par disparaître, il est difficile d'y répondre. Peut-on changer les fantasmes et restreindre la curiosité sexuelle des gens ? Je le répète, on peut rendre ces derniers plus critiques, mais c'est le plus que l'on puisse faire, hormis, bien sûr, interdire l'exploitation sexuelle, ce à quoi nos lois s'appliquent déjà. Les discours antipornographie n'ont apparemment pas grand effet sur le désir des gens d'en regarder. Encore faut-il s'entendre sur ce que sont la porno et l'exploitation du sexe ; le consensus sur ce plan-là n'est pas facile à obtenir. C'est pourquoi on se retrouve finalement à décider par soi-même ce qui serait bon pour soi.

Toute ma vie, depuis que je suis toute jeune, je me suis posé une question : qu'est-ce que je veux ? Et je me suis écoutée. Quand il s'agit de sexualité, il faut savoir ce qu'on veut et quelles sont nos valeurs, celles auxquelles on tient vraiment. Ça aide à prendre des décisions.

4

Sortir de l'ignorance sur la sexualité des célibataires

Avant, on passait presque de l'adolescence au mariage. Aujourd'hui, on s'unit ou se marie plutôt dans la trentaine. On est célibataire beaucoup plus longtemps. Ça change quoi dans la vie sexuelle ?

Tout se passe comme si l'adolescence se prolongeait jusque dans la trentaine. On a même inventé un mot pour ça : les « adulescents ». La phase de l'adulescence irait de la fin de l'adolescence au début de la trentaine. On est un adulte, mais on pense et se comporte encore comme un ado. Ce qui fait qu'on se donne la permission d'explorer, de poursuivre son apprentissage de la sexualité et de procéder par essais et erreurs avant de faire des choix en principe plus définitifs en ce qui concerne un partenaire de vie.

Ça fait beaucoup de jeunes célibataires ?

Il y a aujourd'hui environ 30 % de célibataires dans l'ensemble de la population. Et ce nombre augmente à 45 %

si on compte les séparés, les divorcés et les veufs. Les gens vivant en couple ne sont plus qu'une petite majorité. Même si près de la moitié des célibataires sont à la recherche de partenaires, il faut le souligner.

Avant, si tu n'étais pas marié à plus de vingt-cinq ans, tu devenais un « vieux garçon » ou « une vieille fille », à moins d'entrer en religion...

Oui, et dans les deux cas tu étais en principe condamné à l'abstinence. Aujourd'hui, célibat et abstinence ne sont plus des synonymes. Au contraire, la recherche de partenaire n'étant plus une course contre la montre, cela devient presque un *hobby* ou un loisir pour certains célibataires, en particulier ceux et celles qui utilisent les médias sociaux et les sites de rencontres sur le Web. Paradoxalement, trouver la perle rare, comme on dit, est plus difficile quand il y a une apparente abondance de choix. En effet, plus on a de choix possibles, plus on risque d'être indécis...

On est moins pressé d'être en couple et on se marie moins. Pourquoi ?

Il y a plusieurs raisons à la popularité du célibat. Depuis la révolution sexuelle des années 1960 et 1970, on vit en union libre AVANT de prendre la décision de se marier, ou pas. Et la religion occupe beaucoup moins de place dans la vie des gens : la pratique religieuse courante concerne de 10 à 15 % des gens, tout au plus, au Québec. Or la religion faisait beaucoup pression en faveur du couple stable et du mariage. Enfin, le féminisme a amené beaucoup de femmes à ne plus vouloir être en couple simplement pour être en couple. Le mariage quasi obligé, pour faire comme tout le monde ou pour ne pas perdre sa réputation, c'est pour ainsi dire terminé.

Tout cela fait en sorte que, lorsqu'on n'en a pas envie, qu'on ne se sent pas prêt, qu'on n'est pas sûr d'avoir trouvé la bonne personne, on reste célibataire. C'est pourquoi, lorsque les gens se marient, c'est presque dix ans plus tard qu'il y a cinquante ans, c'est-à-dire dans la trentaine plutôt que dans la vingtaine.

Le célibat, ce n'est plus un pis-aller, c'est devenu un mode de vie qui peut être passager, transitoire, prolongé ou permanent. Chose certaine, aujourd'hui, beaucoup de gens passeront par là à plusieurs reprises au cours de leur vie. Et certains y resteront après y avoir pris goût. L'idée que les célibataires sont de pauvres malheureux ou malheureuses qui n'ont pas trouvé leur douce moitié est complètement dépassée.

Il y a une différence dans la vie sexuelle de célibataire selon que tu es un homme ou une femme ?

Oui, parce que les hommes qui restent célibataires ont une vie sexuelle active plus longtemps que les femmes. La majorité des femmes célibataires déclarent avoir une sexualité moins active passé trente ans, alors que chez les hommes c'est plutôt après cinquante ans. Pas surprenant que les hommes aient en moyenne plus de partenaires que les femmes. Non seulement ils sont plus encouragés en ce sens-là, être séducteur étant plutôt bien vu, mais leur *carrière sexuelle*, comme on dit en sociologie, se prolonge davantage.

Pourtant, les femmes atteindraient, en moyenne, leur sommet sur les plans sensuel et sexuel autour de quarante ans, quand leur fertilité commence à décliner, alors que, pour les hommes, c'est plutôt au tournant de la vingtaine. Une femme de quarante ans et un homme de vingt ans peuvent donc être très bien assortis, du moins sur ces plans-là. Il y a des gens qui expliquent la tendance masculine vers des partenaires plus jeunes en évoquant le fait que les femmes cessent d'être fertiles plus tôt que les hommes cessent de produire une semence viable – encore que de récentes recherches montrent que la qualité du sperme des hommes baisse à compter de la fin de la vingtaine et connaîtrait, dans tous les groupes d'âge, un déclin (sans qu'on sache vraiment pourquoi les spermatozoïdes se font aujourd'hui moins nombreux). Cela dit, la plupart des relations sexuelles ne visant pas à procréer, et les couples infertiles bénéficiant de soutien pour pallier le problème, l'âge des partenaires dans un couple adulte est beaucoup moins déterminant qu'auparavant, même pour ceux et celles qui veulent avoir des enfants.

Avant, les hommes célibataires qui voulaient à tout prix des relations sexuelles se tournaient vers la prostitution. Beaucoup de jeunes hommes avaient leurs premières relations sexuelles de cette façon.

On disait qu'une femme expérimentée allait les préparer à être de bons amants et maris…

Faute d'éducation sexuelle de base, des jeunes de cette époque ne connaissaient pas beaucoup de façons de s'initier à la sexualité et faisaient comme leurs aînés avant eux : se tourner vers la prostitution. C'est une époque révolue, qui traduisait bien le profond sexisme de ce temps-là.

Cela dit, bien que la prostitution féminine existe encore, sa clientèle est très diversifiée, au point qu'il serait difficile de créer un profil du client typique. Penser que seuls les hommes esseulés font affaire avec les travailleuses du sexe est une erreur : il y a des hommes qui ont femme et maîtresses (notez le pluriel) et qui sont des clients assidus de la prostitution.

Est-ce que des célibataires abstinents, ça existe encore ?

Jusque dans les années 1960, deux tiers des femmes et un tiers des hommes avaient leur toute première relation sexuelle le jour de leur mariage ! Aujourd'hui, célibat ne rime pas forcément avec abstinence puisque plus de la moitié des femmes célibataires de moins de trente ans et des hommes célibataires de moins de cinquante ans ont, plus ou moins régulièrement, des relations sexuelles « complètes » avec pénétration – je n'aime pas cette idée qu'une relation est complétée seulement s'il y a pénétration ; c'est l'héritage d'un passé plutôt macho alors que seul un pénis pénétrant un vagin était perçu comme un « vrai » rapport sexuel. Je cite ici des statistiques.

Cela dit, oui, on peut dire que des célibataires abstinents, ça existe, mais que ce n'est plus autant une abstinence forcée par les conventions sociales, la religion ou la peur du qu'en-dira-t-on, comme ce fut longtemps le cas par le passé. Selon ce que nous en savons par les enquêtes à ce sujet, de 20 à 25 % des célibataires en Amérique du Nord sont en pratique abstinents, c'est-à-dire qu'ils n'ont pas ou très peu de rapports sexuels.

Il y a des jeunes gens qui n'ont pas du tout de rapports sexuels ?

Oui, bien sûr, et chaque personne a, à différents moments de sa vie, des besoins sexuels qui peuvent fluctuer. Certains ressentent tantôt une pulsion quasi irrépressible, tantôt le calme plat. Certains ne ressentent jamais, ou alors très peu, d'attirance sexuelle. C'est leur nature qui est comme ça. C'est beaucoup plus le jugement des autres qui les dérange que leurs propres émotions : l'abstinence volontaire, surtout chez les jeunes, est à tort vue comme une maladie honteuse aujourd'hui. C'est comme si on devait tous ressentir du désir et vouloir être en couple. Or beaucoup de gens s'accommodent très bien de leur absence de désir ou de la faiblesse de ce dernier. De plus, ça ne les empêche pas de former des couples. Parfois, l'appétit vient en mangeant, comme on dit ; deux personnes qui ressentent peu de désir peuvent aussi s'estimer complémentaires, d'autant que l'amour n'a pas forcément besoin du désir pour s'épanouir. Tout comme il arrive de désirer quelqu'un qu'on n'aime pas, du moins pas amoureusement.

Ce que tu viens de dire, Michel, me fait penser à ce qu'on appelle des *fuck friends*, des amis qui ont ensemble des relations sexuelles sans être amoureux. C'est courant ?

Les célibataires ont en général plus de temps à consacrer à l'amitié. Parmi ces relations amicales peuvent se développer des amitiés amoureuses. Ce n'est pas tout à fait de l'amour, nous ne ressentons pas la même fougue, mais la personne est précieuse à nos yeux et très présente dans notre vie. Il y a des amis et des amies dont on arrive difficilement à se passer ! Parce qu'on est bien ensemble, on se dit tout, on a une complicité que bien des couples envieraient… S'il existe un peu d'attirance entre les personnes concernées, certaines relations peuvent à un moment inclure des rapports sexuels. Cette pratique est assez courante chez des célibataires qui veulent combler leur solitude physique ou sexuelle en attendant de trouver un « vrai » partenaire amoureux. C'est une formule de dépannage, si on peut dire, qui fait en sorte qu'une relation amicale puisse momentanément remplacer une relation amoureuse, y compris sur le plan sexuel. Parfois, une amitié amoureuse se transforme en amour par la découverte de l'Autre qu'a permise ce rapprochement intime. Mais il est rare que cela se transforme en passion, parce que nos amis ne présentent pas à nos yeux l'exotisme et le mystère, voire les interdits, qui comptent tellement dans le désir.

Il y a plusieurs années, j'ai inventé dans un journal du dimanche la première agence de rencontres par

correspondance au Québec. Une initiative qui a eu un immense succès. Je croise encore des gens qui se sont trouvés et se sont mariés grâce à ça. Mon idée a fait des petits, à ce que je vois, parce que les sites de rencontres pour célibataires sont devenus très populaires. On sait ce que ça donne ?

Toutes les façons peuvent être bonnes, ou mauvaises, de rencontrer un ou une partenaire. Tout dépend de ce que l'on cherche. Chose certaine, les sites de rencontres, plus accessibles que jamais, ne sont pas une garantie de succès. D'autant que, dans la réalité virtuelle, chacun, chacune se décrit au mieux, quitte à mentir un peu, parfois beaucoup, sur son profil, son apparence ou ses intentions pour réussir à attirer l'attention et la conserver.

Les femmes se disent beaucoup plus souvent déçues que les hommes, surtout quand cela se termine plus ou moins abruptement, qu'il y ait eu sexualité ou non. Elles trouvent que les hommes accordent trop d'importance au sexe. Alors que ces derniers pensent exactement l'inverse, c'est-à-dire que les femmes n'y accordent pas assez d'importance.

Il faut dire que la rencontre sexuelle entre inconnus qui n'ont pas forcément les mêmes attentes et les mêmes expériences passées est un coup de dés : il peut se produire le meilleur comme le pire. Les recherches montrent qu'un homme sur quatre et une femme sur deux regrettent leurs aventures d'un soir. Plus les gens mettent de gros espoirs dans la recherche de partenaires, plus ils risquent d'être déçus. Ce qui explique probablement pourquoi les femmes, qui s'attendent davantage à une relation qui ne soit pas que sexuelle, ou du moins pas trop rapidement, se retrouvent plus souvent désenchantées que les hommes, qui pour la plupart voient plutôt positivement un *one-night stand*.

On en revient encore aux différences entre les hommes et les femmes concernant leur sexualité. Les attentes ne sont pas les mêmes, ce qui complique les relations. Les femmes regrettent donc beaucoup plus que les hommes les aventures d'un soir ?

C'est en fait plus compliqué qu'il n'y paraît. L'une des sources de mésententes les plus courantes dans un couple, qu'il soit très temporaire ou ancien, est le désir non réciproque en intensité : l'un veut faire l'amour quand l'autre n'en a pas vraiment ou pas du tout envie. Dans une entrevue traitant notamment du couple, alors en partie censurée par Radio-Canada (c'était en 1959), Simone de Beauvoir affirmait que lorsque le désir n'est pas réciproque, on arrive à quelque chose qui ressemble à de la prostitution.

Beaucoup de femmes résistent à l'idée du sexe sans lendemain. Persiste encore chez elles la question suivante : « Pourquoi je n'ai pas envie d'avoir un rapport sexuel avec ce partenaire qui me plaît pourtant ? » Pour elles, le désir n'est pas toujours immédiatement au rendez-vous, ce que leurs compagnons comprennent et acceptent plus difficilement.

Certains célibataires mâles font du chantage pour avoir des relations sexuelles. Par exemple, si la fille

refuse, ils vont lui dire qu'elle n'est pas normale, ou qu'elle est lesbienne. Et si elle refuse des relations anales, la chose étant présentée comme de la contraception, ils vont dire : « T'es la seule qui ne veut pas. » Ou encore : « Si tu m'aimes, prouve-le-moi. »

Le chantage émotif est beaucoup lié à la sexualité forcée. Il permet au gars qui a insisté de se dédouaner. La fille a finalement « accepté » parce qu'elle tenait à lui, parce qu'il a été convaincant et suffisamment « séducteur ». Ce n'en est pas moins une forme d'abus, voire d'agression ! Insister au point que l'autre personne n'a d'autre choix que de dire oui ne prépare pas de beaux lendemains à la relation, c'est le moins qu'on puisse dire. Dans l'expression « relation sexuelle », le mot « relation » est très important. S'il n'y a pas de relation véritable, ce ne sont que deux personnes qui ont du sexe ensemble, qui se masturbent dans, sur ou avec l'autre, tout au plus. Les relations sexuelles sont parfois très insatisfaisantes ou désagréables parce que, justement, ce ne sont plus des échanges, il n'y a pas de réciprocité.

Beaucoup de filles ont peur de perdre leur amoureux en disant non, au point qu'elles acceptent parfois l'inacceptable.

Nous vivons dans une culture où, malgré toute la place que prennent les célibataires, le couple demeure le modèle le plus valorisé. Si vous n'êtes pas en couple, on va encore avoir tendance à vous plaindre ou à croire que vous avez un défaut caché qui vous rendrait inutilisable. Beaucoup de gens vont faire l'impossible pour ne pas attirer cette forme de pitié, quitte à se retrouver avec une personne qui ne leur convient pas du tout, voire qui ne les respecte pas.

Les jeunes femmes vivent dans le rêve, le romantisme. Elles se disent : « Quand je vais tomber sur le bon, celui qui est fait pour moi, je vais savoir que c'est lui. » Elles ont raison ?

Si seulement c'était si simple... Qu'on soit homme ou femme, on tombe en amour ou « en désir » avec ce que l'autre nous inspire, donc avec des apparences. Or, il arrive souvent que la réalité soit tout autre, les apparences étant trompeuses. C'est pourquoi les premières rencontres et les premières relations sont si souvent décevantes. On imagine ce que seront la personne et la relation sexuelle avec elle, mais les choses se passent rarement comme prévu.

Le pire, c'est que tout ce beau monde ment sur sa vie sexuelle. Les hommes comme les femmes se vantent de leurs exploits ou exagèrent. Michel, je rencontre beaucoup de célibataires qui ne savent pas faire la différence entre le désir, la passion et l'amour véritable. Les filles croient encore beaucoup à la passion éternelle... et les gars pensent que le sexe, c'est de l'amour.

Les contes pour enfants qui ont bercé notre imaginaire se terminent là où en réalité les problèmes commencent. « Ils vécurent heureux et eurent beaucoup d'enfants. » En fait, ce n'est pas comme ça que ça se passe dans la vraie vie. D'abord parce qu'on a beaucoup moins d'enfants, ensuite parce que la passion initiale ne garantit pas une relation ou un bonheur durables. De plus, beaucoup d'hommes célibataires ne sont pas du tout pressés de se retrouver en couple, ils ont tendance à voir la sexualité comme un *hobby*, un sport ou un loisir. Alors que les femmes en général cherchent davantage, et plus tôt dans leur vie, un certain engagement. Cela peut créer des frictions entre les attentes de chacun.

Je dis souvent que la porno des filles et des femmes, ce sont les romans d'amour. Elles s'imaginent que c'est la vraie vie…

La porno nourrit l'imaginaire des garçons surtout, qui en sont les principaux consommateurs, alors que l'érotisme doux des romans d'amour nourrit plutôt l'imaginaire des filles, qui en sont les grandes lectrices. Ce ne sont pas les mêmes références ! Ça ne veut pas dire qu'il n'existe pas d'hommes romantiques ni de femmes qui ne le sont pas, bien sûr, mais la culture masculine et la culture féminine n'encouragent pas les mêmes attentes et réactions. Le psychologue Rollo May disait que les Victoriens – il parlait manifestement des hommes surtout – cherchaient à se procurer l'amour sans tomber dans la sexualité, alors que la tendance aujourd'hui serait plutôt de chercher à avoir de la sexualité sans tomber dans l'amour.

Alors que faire quand on est célibataire et qu'on veut sérieusement former un couple ?

On prend le temps de découvrir et d'apprivoiser l'Autre. Encore faut-il être disposé à le faire. On vit dans un monde où tout va très vite, où on a l'impression que le passage du temps s'accélère. On se sent pressé par le temps, et la vie amoureuse n'y échappe pas. Les jeunes générations sont sollicitées de toute part par des messages et des images en continu sur leurs portables. J'enseigne depuis quarante ans et je remarque que les jeunes générations ont plus de difficulté à se concentrer. Les jeunes sont de plus en plus nombreux à demander des accommodements en raison du trouble de l'attention, problème qui semble avoir explosé ces dernières années. Quand vous avez de la difficulté à vous concentrer sur vous-même, vous concentrer sur l'Autre n'est pas plus facile. Développer une bonne communication et une certaine intimité entre deux individus exige des efforts, du temps et surtout une grande attention mutuelle. Le désir peut apparaître à l'improviste, mais l'amour sincère et profond dans un couple ne se développe pas tout seul et demande à être entretenu jour après jour.

Les si populaires sites de rencontres fabriquent en fait leur propre clientèle. Il semble tellement facile aujourd'hui de rencontrer quelqu'un de nouveau que les gens deviennent intolérants à la moindre contrariété provoquée par la personne rencontrée. On se dit qu'il y en a tant d'autres qui nous attendent… C'est un piège : si, parmi des dizaines ou même des centaines de personnes, aucune n'a réussi à vous plaire, il est douteux que cela se produise un jour. Ou vos attentes sont déraisonnables, ou vous ne vous investissez pas suffisamment dans la relation.

Dans tous les cas, puisqu'une relation à deux va devoir se négocier, chacun devra alors être à l'écoute de l'autre. C'est à ce moment-là que les rêves et les attentes peuvent se heurter au mur de la réalité : on ne s'entend pas sur ce que va être la relation. Que ce soit un rapport sexuel d'un soir ou une relation suivie n'y change pas grand-chose. Toute relation qui se veut égalitaire se construit à deux.

Avec toutes ces façons de rencontrer quelqu'un et la facilité à passer au suivant, les jeunes célibataires ont-ils plus de partenaires sexuels qu'avant ?

Pas vraiment, non. Il y a plus de flirts, puisque la période pour échanger baisers et caresses se prolonge, mais pas forcément plus de partenaires avec qui ils auront des relations sexuelles. Cela dit, les garçons ont tendance à avoir plus de partenaires que les filles, deux à trois fois plus, en fait. Au moment d'écrire ces lignes, on sait que les hommes ont, en moyenne, une douzaine de partenaires durant leur vie, alors que les femmes en ont moins de la moitié (ce qui semble étrange sur le plan statistique : c'est comme si certaines filles étaient beaucoup plus actives que les autres). Les hommes sont en moyenne plus actifs que les femmes, et plus enclins aussi, il ne faut pas se le cacher, à exagérer quand vient le temps de donner le nombre de leurs partenaires sexuels. Pour les femmes, c'est l'inverse. Quand on interroge des couples vivant ensemble depuis longtemps, les hommes rapportent presque toujours plus de rapports sexuels avec leur conjointe que cette dernière ne le fait ! On ne sera pas surpris qu'en vertu de cette tendance les hommes qui aiment les hommes aient encore plus de partenaires que les hommes hétérosexuels, et que les femmes qui aiment les femmes en aient, en moyenne, un peu moins que les autres femmes.

Quand on parle du nombre de partenaires, je pense à la protection par rapport aux infections transmises par des rapports sexuels. C'est une question qui préoccupe les célibataires ?
Je crois que, dans les enquêtes à ce sujet, les gens ont tendance à vouloir se montrer vertueux : la vaste majorité dit se protéger convenablement la plupart du temps. Ce sont justement les exceptions qui n'entrent pas dans « la plupart du temps » qui inquiètent.

Oui, mais justement, si de jeunes célibataires ont de la difficulté à négocier quelque chose d'aussi simple que le condom, comme me le confirme le Dr Réjean Thomas, spécialiste des infections transmises sexuellement, je me demande comment ils vont s'entendre sur le reste, par exemple sur ce qu'ils vont faire, ou pas, rendus dans le lit ?
L'idée déraisonnable que si on est « faits l'un pour l'autre », tout va aller tout seul, sans qu'on ait besoin de dire un seul mot, cause beaucoup de ravages. Parce que ce n'est pas du tout comme ça que ça se passe dans la majorité des cas. Si vous taisez vos désirs et vos besoins sur les plans affectif et sexuel, sans oublier vos réticences et vos restrictions, à votre partenaire, il est très peu probable

que cette personne les devine ! Sans compter le risque que l'autre interprète mal les signaux que vous lui avez envoyés. Par exemple, combien de gars croient encore que la réticence à avoir des rapports sexuels serait simplement une stratégie de séduction ? Toute la question du consentement éclairé lors des relations sexuelles revient pourtant à affirmer que vous devez et pouvez en tout temps dire oui ou non, et préciser vos attentes et vos limites.

On parle beaucoup de la culture du viol, qui fait en sorte que le consentement des femmes n'est pas considéré, ou du moins pas pris au sérieux par beaucoup d'hommes. Tu en penses quoi ?

Le viol est surtout un problème d'hommes qui ne savent pas ou ne veulent pas contrôler leur sexualité. Il y a une éducation à la sexualité, pour ne pas dire une éducation tout court, qui ne s'est pas faite. Malgré toute la conscientisation effectuée par le féminisme, certains hommes pensent encore qu'il y a des circonstances atténuantes à une agression sexuelle. Or, que la victime soit jeune ou vieille, belle ou laide, vêtue ou nue, séductrice ou pas, à jeun ou soûle, ça n'a rien à voir ! Non, c'est non. Suggérer à des femmes que leurs façons de se comporter, de se vêtir (ou se dévêtir – il y a très peu de viols dans les camps naturistes, soit dit en passant), ou encore leur beauté, seraient des causes d'agressions subies me semble contribuer à la banalisation du viol. Je ne vois aucune circonstance qui puisse excuser un viol. Les victimes n'en sont pas responsables. Il faut absolument cesser de leur faire porter la honte qui devrait revenir à ceux qui les ont agressées.

J'ouvrirais ici une parenthèse pour dire que, si la majorité des auteurs d'agressions sexuelles sont des hommes, il y a aussi des femmes et des couples. Et aussi des victimes de sexe masculin, en général des enfants, des adolescents ou de jeunes adultes. Néanmoins, le *pattern* est toujours le même : la personne qui a agressé a profité de la vulnérabilité, de quelque nature qu'elle soit, de sa victime, qui se retrouve piégée. Celle-ci n'a pas à se sentir coupable de cela.

Être victime de viol, c'est un accident tragique. Si vous êtes victime d'un accident de voiture, par exemple, vous n'aurez aucune honte à porter plainte. Il devrait en être de même pour les victimes d'agressions sexuelles. Elles n'ont rien à se reprocher, même pas d'avoir été « au mauvais endroit, au mauvais moment », comme on l'entend fréquemment, d'autant que l'auteur de l'agression est souvent une personne connue de la victime, qui l'a sciemment piégée. Si on veut combattre le viol, il faut cesser de culpabiliser les victimes, fût-ce indirectement, et plutôt se tourner vers les auteurs d'agressions et le contexte qui encourage leurs exactions.

On enseigne aux filles et aux femmes comment ne pas se faire violer ; on n'enseigne guère aux hommes à ne pas violer. Il faudrait leur dire quoi, aux hommes ?

D'abord, il faut contrer le discours pseudo-scientifique qui prétend que le sexe, c'est plus fort que soi et, à la limite, incontrôlable. Parce que si vous pensez ainsi, non seulement vous n'allez pas comprendre que vous pouvez vous contrôler, mais vous n'allez pas comprendre non plus que les autres résistent à votre irrépressible pulsion et vous disent non.

Chez certains hommes, la sexualité est perçue comme un sport de performance, pour ne pas dire un sport de compétition – je n'ose dire de combat. Or tout sport possède ses règlements ; ça, tous les hommes le savent et l'acceptent. Toutefois, dans la sexualité, il n'y a pas d'arbitre présent pour vous les rappeler, ni pour vous faire sortir de la partie si vous ne respectez pas les règles établies. Les hommes doivent donc apprendre à s'auto-contrôler, et le plus tôt possible.

Les parents ont ici leur rôle à jouer. Combien j'ai vu de mères et de pères, très fiers de leur fils séducteur, fermer les yeux sur ses frasques ! Ce sont les parents qui doivent montrer à leur garçon à respecter les filles, dès son plus jeune âge. C'est mon point de vue. En effet, l'éducation à la sexualité devrait débuter dès le plus jeune âge, parce que c'est durant l'enfance et au début de l'adolescence que se dessinent les premiers fantasmes et scénarios sexuels. Et c'est le moment d'apprendre ce qui est de l'ordre du jeu et de la découverte mutuelle, ce que font la plupart des enfants, et de l'ordre de l'agression physique ou sexuelle. La sexualité qu'on aura adulte, elle se prépare plus tôt qu'on ne le pense par les idées et les comportements que l'on va développer. C'est pourquoi, vous avez bien raison, une éducation adéquate devrait débuter très tôt, à la maison, à l'âge où les enfants sont le plus disposés à écouter les conseils de leurs parents !

On connaît tous et toutes des femmes qui ont été agressées, et souvent par une relation ou un proche, mais beaucoup plus rarement des hommes qui ont été agressés…

Oui, c'est un tabou. Pourtant, *ça arrive aussi aux garçons*, pour reprendre le titre d'une recherche que j'ai menée et publiée à ce sujet. Selon ce que l'on sait, un homme sur six à un homme sur dix a été victime d'agression sexuelle. La plupart d'entre eux n'en parlent jamais. Encore là, ça montre que la honte et le sentiment de culpabilité ne se trouvent pas où il faudrait. L'agression passe encore trop souvent pour un malentendu, d'où le silence qui l'entoure.

Des viols par quelqu'un en qui on avait confiance, ça arrive souvent, hélas. De jeunes femmes se demandent : « Comment ce garçon que j'aimais a-t-il pu me violenter ? »

Une relation sexuelle consensuelle signifie que toutes les personnes présentes consentent, tout en étant aptes à consentir, bien sûr. Elles ont alors toutes leurs facultés, tant physiques que mentales, plus l'âge légal requis, et il faut qu'à tout moment elles soient libres de partir, de dire non. Qu'une personne vous aime, ou du moins le prétende, ne l'autorise pas à vous forcer à avoir des relations sexuelles avec elle. Au contraire, nous pourrions raisonnablement nous attendre à ce que quelqu'un qui nous aime ait de l'empathie pour nous et ne nous fasse aucun mal, physiquement ou psychologiquement.

Les filles sont-elles trop tolérantes et idéalistes face aux garçons ?

Croire aux autres et en la nature humaine n'est certainement pas un défaut. On ne peut pas aller vers les autres si on n'a pas un minimum de confiance en eux. Et il n'y a hélas pas de relations humaines possibles sans courir le risque d'être déçu. Mais ce n'est évidemment pas une raison pour accepter l'inacceptable. Les filles ont volontiers de l'empathie pour les autres, allant parfois jusqu'à excuser l'inexcusable, alors que beaucoup de garçons en manquent cruellement. On voit bien que les deux n'ont pas été éduqués de la même manière. Les façons de voir les choses sont parfois si différentes qu'un dialogue s'impose pour qu'une vraie relation soit possible ; encore faut-il en reconnaître l'utilité.

Il y a des gens, des jeunes femmes surtout, qui disent que l'on aime qu'une fois... Elles feraient n'importe quoi pour ne pas laisser passer cette occasion-là...

On a tous et toutes au moins un scénario amoureux ou sexuel idéal que l'on va tenter de matérialiser. Et on est à la recherche de la bonne personne pour le faire. C'est ce à quoi on fait allusion quand on dit qu'une personne est de notre type : on sait qu'elle pourrait figurer dans nos plus excitants scénarios amoureux ou sexuels, déjà bien ancrés dans notre tête. La plupart du temps, ça nous mène à ce que l'on appelle un coup de foudre… Pour le meilleur et pour le pire…

Parlons-en, du coup de foudre. C'est un coup de cœur ou de sexe ?

Contrairement à ce que l'on croit, le coup de foudre se prépare depuis longtemps dans le cerveau. C'est comme si on attendait cette personne-là, comme si on la reconnaissait, en fait. Parce qu'elle semble avoir tout ce qui est désirable à nos yeux. Je dis bien « semble avoir », parce que le coup de foudre, c'est parfois trompeur. L'Autre n'est pas forcément comme on le croit. Une personne peut nous donner une impression qui ne correspond pas, ou du moins pas complètement, à ce qu'elle est véritablement. Ce n'est pas qu'elle nous ment. C'est que nous sommes aveuglé par notre espoir qu'elle soit la personne parfaite pour nous, capable de combler à la fois notre cœur et nos sens.

Le coup de foudre, Michel, on dit que ça arrive comme l'éclair, quand on ne s'y attend pas. C'est vrai ?

On a en général un coup de foudre quand on a besoin de changement dans notre vie, quand ça ne va pas à notre goût. Par exemple, on se sent immensément seul, ou encore on a vécu une rupture qui fait mal et on cherche à l'oublier. On est alors plus disponible que jamais à être frappé par la foudre amoureuse. Le hasard des rencontres joue, bien sûr, mais le coup de foudre est aussi provoqué par notre ouverture à ce qu'il se passe quelque chose. Autrement dit, ce n'est pas uniquement la vision d'une personne qui provoque le désir, mais un état de manque dans lequel nous nous trouvons qui rend désirable ce que représente cette personne à nos yeux. Le coup de foudre consiste finalement à se convaincre qu'une personne est à ce point attirante et attrayante qu'on ne peut plus vivre sans elle, du moins sans l'espoir de s'en rapprocher.

Comment on sait qu'on a un coup de foudre ?

Pas moyen de le rater quand on en a un ! On devient soudainement obsédé par une personne, on pense, on parle et on rêve d'elle tout le temps. On est à la fois troublé et fasciné, presque hypnotisé, sans toujours savoir exactement pourquoi. Le coup de foudre nous plonge dans un état second, qui distorsionne la réalité. On devient presque quelqu'un d'autre, en état de grâce et de manque tout à la fois. L'instant d'avant, tout allait comme d'habitude, jusqu'à ce que l'apparition de cette personne-là crée un sentiment de rupture : le seul fait qu'elle existe vient de changer votre vie. C'est du moins ce que l'on croit et espère.

Quand on a un coup de foudre, c'est comme si on était drogué, on a besoin de l'Autre en permanence, on se sent en manque en son absence. On peut même avoir les mêmes symptômes physiques qu'une personne en manque d'une drogue créant de l'accoutumance. Mais cette soudaine dépendance, c'est nous qui la créons en nous persuadant que cette personne-là est tellement faite pour nous et que nous ne pouvons plus vivre sans elle.

C'est encore courant, le coup de foudre ?

Heureusement ! Ça met un peu de folie dans notre vie, même si ça la désorganise en même temps. Le problème, ou la bonne nouvelle, c'est qu'une petite dose de réalisme va finir par s'imposer. Le coup de foudre nous consume de l'intérieur, mais le feu va finir par se calmer.

De plus, un coup de foudre, ce n'est pas toujours réciproque. Et être amoureux de quelqu'un qui ne vous aime pas, ça peut devenir très douloureux. On devra se faire une raison, tôt ou tard. Il y a des gens qui, cela dit, tombent plus volontiers amoureux de l'Amour que d'une personne incarnée. Ils se cramponnent à leur coup de foudre avec obstination et entêtement, maudissant l'Autre de ne pas partager leur passion ou de ne pas être à la hauteur de leurs attentes. Ce type de coup de foudre là n'est pas très sain, si on me permet de le dire.

Je connais des gens qui ont peur de souffrir du coup de foudre, qui choisissent le célibat et qui ne veulent surtout pas en sortir.

Plus les célibataires prennent de l'âge, plus le célibat apparaît comme un mode de vie acceptable et même comme un choix. Environ la moitié des célibataires ne cherchent pas vraiment à être en couple, qu'ils aient des relations sexuelles passagères ou pas. Ils tiennent à leur célibat. Les célibataires par choix expliquent notamment le fait que leurs tentatives d'être en couple ont été peu concluantes, ou qu'ils sont devenus exigeants à un tel point que vivre avec autrui pose problème, qu'ils préfèrent leur indépendance. Selon les études dont nous disposons, environ la moitié des célibataires sont très heureux de leur sort. Le pourcentage est d'ailleurs un peu plus élevé chez les femmes que chez les hommes.

Là, on va aborder un sujet encore tabou, dont presque personne ne parle : la masturbation. C'est un préjugé que les célibataires s'y adonnent plus que les autres ?
Oui. La masturbation est pratiquée à tous les âges de la vie, et pas beaucoup plus chez les célibataires – qui ont, comme on l'a vu, des partenaires occasionnels – que chez les gens en couple. Il y a en effet beaucoup de tabous et même de culpabilité à ce sujet, parce que l'on part de très loin… La religion depuis très longtemps et la médecine depuis trois cents ans ont répété que c'était mal, que ça rendait malade. C'est entré dans les esprits.

Il y a encore beaucoup de préjugés et de moqueries selon lesquels la masturbation, c'est malsain, infantile, narcissique, un pis-aller faute de partenaire… Contrairement à ce que l'on pense, c'est une activité sexuelle qui se pratique de l'enfance à la vieillesse, que l'on soit seul ou en couple, et dans ce dernier cas parfois en présence ou avec la participation de l'Autre. Toutefois, la masturbation reste pour la majorité des gens une pratique secrète, parfois honteuse.

Je suis surprise que la masturbation ait encore mauvaise réputation. Ça vient d'où, ce tabou ?

Dans la Bible, Dieu punit Onan pour avoir gaspillé sa semence. En fait, ce n'est pas une histoire de masturbation, mais plutôt d'éjaculation hors du corps de la femme, puisque Onan retire son pénis au dernier moment, ne voulant pas que la conjointe de son frère décédé, avec qui son père lui avait ordonné de coucher pour poursuivre sa lignée, porte son propre enfant. Ce « crime », c'est-à-dire le retrait avant l'éjaculation, fut puni de mort par Dieu, ce qui montre l'extrême tabou que cela représentait pour les auteurs de la Bible. Les curés parlaient très tôt aux jeunes du péché d'impureté, et on ne savait même pas ce que ça voulait dire... On serait surpris du nombre de jeunes qui ont découvert la masturbation à force de se faire mettre en garde contre elle !

Les parents ont toujours craint la masturbation chez leurs enfants. Pourquoi ?

Peut-être parce que c'est encore lié à la notion de péché ou de maladie. On croit, à tort, que ça va les vider de leur énergie vitale ou les amener à développer de vilaines habitudes. Jouer avec son corps, ce serait pire que jouer avec la nourriture... Alors que ça ne peut que les calmer. La masturbation peut même être vue comme une façon de développer son autonomie : on est en mesure de se donner soi-même des gratifications physiques, du plaisir. C'est aussi une manière d'aimer son corps. Après tout, se masturber, c'est un peu faire l'amour avec soi, non ?

Beaucoup de filles pensent qu'elles ont absolument besoin d'un homme pour leur apporter du plaisir, que seul un pénis pourra les faire jouir. Les filles se masturbent-elles moins que les garçons ?

Selon les enquêtes sur la sexualité, environ 90 % des hommes rapportent se masturber ; les deux tiers des femmes en font autant. Certains écrits féministes ont beaucoup fait pour banaliser et réhabiliter la masturbation chez les filles et les femmes, en la présentant comme un moyen de découvrir ou de mieux connaître leur corps et ses réactions physiologiques. Au lieu d'être le « vice solitaire », ça devenait une façon de gagner en autonomie. Connue pour ses reparties à double sens, et un brin grivoises, la comédienne Mae West disait : « La sexualité, c'est comme le bridge, si tu n'as pas un bon partenaire, t'es mieux d'avoir une bonne main… »

La masturbation sert à se donner du plaisir soi-même, essentiellement. Mais aussi, par la même occasion, à se relaxer, à calmer des tensions psychologiques ou sexuelles, à pallier ou à compenser une réalité décevante, à faire en pensée ce qui ne se ferait pas dans la réalité, que ce soit en raison d'interdits, de non-disponibilité ou de non-consentement de partenaires qu'on désire, par exemple. Il y a une infinité de motifs qui font en sorte que la masturbation apparaît comme une activité possible et agréable. Et cela peut se produire, répétons-le, à tous les âges de la vie.

En quoi la masturbation des femmes est-elle si différente de celle des hommes ?

Pour s'exciter sexuellement, chacun, chacune développe sa propre méthode, qui peut différer beaucoup entre femmes et hommes, bien sûr, mais aussi d'une femme à l'autre et d'un homme à l'autre. Il y a des personnes pour qui ça se passe plutôt dans la tête. Alors le fantasme qui s'y déroule est très important. Ce serait le cas pour la majorité des gens, pour qui la stimulation physique suit, et non précède, le fantasme. Il y a d'autres personnes pour qui la stimulation purement physique est déterminante, que ce soit par frottement ou massage des organes génitaux. Les femmes ont plus tendance à se caresser le corps, notamment les seins, et pas seulement les parties génitales, et à utiliser des jouets sexuels, tels un godemiché ou un vibromasseur. Ce que font aussi certains hommes, hétérosexuels comme homosexuels. Chez les deux sexes, la région anale peut être stimulée, surtout si le fantasme qui accompagne la masturbation inclut des relations anales. Hommes et femmes peuvent aussi accompagner leurs activités masturbatoires par le visionnement de matériel érotique ou pornographique. Servir de soutien à la masturbation semble être sa fonction principale.

C'est vrai que l'ignorance de ses propres organes génitaux, de ses zones érogènes et de celles de son ou de sa partenaire est la cause de beaucoup d'insatisfaction une fois que les gens sont en couple.

C'est pourquoi la masturbation n'est pas, contrairement au vieux préjugé populaire, une nuisance à la vie de couple. Au contraire, connaître son corps et ses réactions est primordial pour arriver à avoir du plaisir avec une autre personne. À la condition bien sûr de partager nos connaissances : « Je te dévoile mes sensibilités, tu me dévoiles les tiennes. »

Quel homme peut me décrire un clitoris, cet organe destiné à procurer du plaisir aux femmes ? La menace que les femmes puissent se passer des hommes est si grande que des millions de filles sont excisées chaque année, donc privées d'orgasme. Qu'on cesse de propager l'idée que le vagin est le seul lieu de jouissance, pour la simple raison que le pénis peut y entrer !

Vous avez raison de souligner à quel point le corps et la sexualité des femmes ont été asservis ou violentés afin d'être au service des hommes uniquement. C'est un lourd héritage.

« Il n'y a pas de femmes froides, il n'y a que des hommes maladroits », m'ont dit des femmes.

Maladroits parce que pas à l'écoute, centrés uniquement sur leur propre plaisir et non pas sur le partage de plaisirs. Il y a dans la sexualité une façon de jouir qui s'appelle le partage vicariant. Ça veut simplement dire que la jouissance de l'Autre augmente ou même provoque la nôtre. Une personne trop centrée sur elle-même va passer toute sa vie à côté de ce plaisir-là.

Tu parles d'être un peu trop centré sur soi. Justement, y a-t-il des inconvénients à la masturbation ?

Prendre le temps de se découvrir et de se connaître soi-même n'empêche pas d'aller vers autrui. Au contraire. Si on est arrivé à être bien avec soi sur le plan sexuel, on a plus de chances d'être bien aussi avec quelqu'un d'autre. Le mythe persistant de la masturbation effrénée vient du fait que les institutions qui combattaient ce prétendu vice donnaient à penser que se masturber était si agréable qu'une fois essayé ça ne pouvait que devenir compulsif !

On sait aujourd'hui que non seulement ce n'est pas néfaste, la masturbation, mais que ça peut être bénéfique à divers points de vue. Par exemple, se masturber régulièrement réduit les risques de cancer de la prostate chez les hommes et d'endométriose chez les femmes, un problème qui affecte les tissus tapissant l'utérus. La masturbation développe aussi l'imaginaire sexuel, puisque souvent accompagnée de fantasmes. La relaxation qui suit l'orgasme ainsi obtenu permet à des personnes de combattre l'insomnie. Et puis c'est un moyen contraceptif quand on la pratique à deux dans une relation homme-femme.

Parce que la masturbation peut aussi se passer en couple, bien sûr, et même en groupe. Pour contrer l'épidémie du sida, des gays voulant éviter la transmission du VIH organisaient des rencontres festives, appelées *jack off parties*, afin de se masturber en solo, en duo ou en groupe. Comme quoi la masturbation peut aussi être un mode de prévention du VIH.

Enfin, les professionnels qui font un suivi avec des personnes ayant un risque de commettre des agressions sexuelles vous diront que ce peut être aussi un moyen d'éviter ces dernières. Quand je faisais de la consultation, il m'est arrivé d'entendre des auteurs d'agressions sexuelles dire que le viol était moins pire que la masturbation... Vous savez, quand vous travaillez avec des auteurs d'agressions sexuelles, vous cherchez avant tout à réduire leurs risques de récidive. Qu'un homme ait des fantasmes de viol n'est vraiment pas une situation idéale, mais l'important est qu'il ne passe pas aux actes. En se tournant vers la masturbation uniquement, il ne fait pas de victimes, au moins. Ça ne veut pas dire que ses fantasmes, qui ne sont pas à encourager, ne peuvent pas évoluer autrement – c'est souvent une démarche que les sexologues, les psychologues et les psychiatres vont faire avec cette clientèle –, mais un fantasme qui en reste là est certainement préférable à un crime.

Si on parlait maintenant d'Internet. Tu crois que ça change beaucoup de choses dans la sexualité des célibataires ?

Une tendance se dessine : il se peut qu'on inclue dans notre sexualité de moins en moins de personnes en chair et en os, mais de plus en plus d'expériences, de sensations. Comme je le raconte dans mon ouvrage *La Sexualité spectacle*, les relations désincarnées ou à distance font partie de la vie des gens maintenant. Vous n'avez qu'à regarder comment fonctionne Facebook :

vous avez des tonnes d'amis, mais vous en connaissez vraiment combien ?

Néanmoins, quand vos amis à distance cliquent qu'ils aiment ce que vous dites ou faites, vous êtes content. Et puis Internet permet non seulement d'étendre son réseau social, mais aussi de se procurer des sensations nouvelles. Vous savez, il y a maintenant de petits gadgets vibrants qui vous permettent de recevoir des caresses et même de faire l'amour à distance. Avant, les amoureux séparés par la distance pouvaient s'écrire ou se téléphoner. Ils peuvent désormais se voir dans les postures les plus intimes, et même se toucher avec des gadgets qui permettent de caresser l'Autre à distance. Au moins le tiers des jeunes incluent l'utilisation de la caméra de leur téléphone portable dans leur vie sexuelle, par exemple pour prendre des photos ou des vidéos d'eux-mêmes et de leurs partenaires.

On sait les problèmes que créent les images volées ou utilisées pour se venger d'ex-partenaires. Des jeunes, des filles surtout, se sont suicidés après la mise en ligne de photos ou de vidéos qui pouvaient détruire leur réputation.

Pouvoir tout photographier et filmer où que l'on soit, ça ouvre de nouvelles possibilités pour les amoureux, mais ça crée en effet de nouveaux problèmes. Gérer sa vie sexuelle n'est sûrement pas plus facile aujourd'hui qu'hier, parce que des traces très intimes de nos anciennes amours peuvent nous suivre longtemps, et parfois tragiquement. Ce qui était auparavant intime ne semble plus l'être. Partager son intimité avec quelqu'un est devenu un risque à gérer, du moins quand la personne en question, par vengeance ou méchanceté, se sert ensuite de cela pour nous nuire. Bien sûr, la bêtise, la jalousie et le désœuvrement amoureux ont toujours existé, mais les outils de communication actuels facilitent beaucoup le chantage qui peut en découler.

Michel, tu as écrit dans un de tes ouvrages, *La Mémoire du désir,* que le désir et même l'amour partagés, c'est la rencontre de deux traumatismes. Par exemple, la fille qui a souffert de l'alcoolisme de son père va choisir un partenaire alcoolique en se disant que, celui-là, elle va réussir à le changer… et qu'il va le faire par amour pour elle. Changer l'autre peut être un fantasme ou du moins un espoir démesuré, tu ne crois pas ?

La rencontre de deux partenaires, c'est aussi la rencontre de leurs histoires de vie respectives. Nous cherchons un type de personne sans comprendre pourquoi c'est elle et seulement elle que nous voulons. Mais quand nous nous creusons un peu la tête pour savoir pourquoi, nous comprenons : ce n'est pas dû au hasard. Nous tentons de revivre, en leur donnant une fin heureuse, les histoires d'amour qui ont le plus marqué ou bouleversé notre vie. Après une rupture amoureuse, nous allons vouloir reproduire plus ou moins la même histoire. C'est pourquoi nous poursuivons souvent la même relation, celle que nous croyons idéale pour nous, mais avec des partenaires différents. Ils ont tous en commun de nous donner l'impression de pouvoir réécrire notre vie en revivant ou corrigeant pour le mieux le passé.

Ce que nous réalisons encore moins, c'est que l'Autre aussi a son passé et ses comptes à régler. Or deux histoires de traumatismes qui se rencontrent, ça peut en provoquer de nouveaux ! Évidemment, ce choc, pour ne pas dire cette collision, peut, par miracle, ressouder au bon endroit des morceaux fracturés de notre équilibre. Mais aussi nous blesser davantage. Les personnes qui ont la faculté de nous apporter les plus agréables sensations sont souvent celles qui peuvent nous apporter les plus grandes déceptions. Malheureusement, quand on est sous l'emprise d'un coup de foudre, on ne pense pas à ça.

On aurait donc des *patterns* en amour. Explique-moi comment ça se passe.

Curieusement, ce qui nous a fait souffrir est souvent ce qui nous attire le plus. Pas parce que nous sommes masochiste, mais parce que, pour parvenir au bonheur, nous essayons inconsciemment de réparer le passé qui l'a empêché. Des relations qui nous ont frustré, parfois même traumatisé, nous allons tenter de les revivre à l'envers, si j'ose dire, en changeant la fin de l'histoire. La petite amie va avoir quelque chose de la mère froide que vous avez eue, le petit ami, les mêmes problèmes à se contrôler que votre père, et c'est justement pour ça que vous les avez choisis. Parce que vous vous dites, plus ou moins inconsciemment, que l'amour que vous éprouvez pour cette personne (et, idéalement, qu'elle éprouvera aussi pour vous) va vous permettre de la transformer afin que cette relation-là se termine bien, enfin.

On peut facilement se retrouver déçu quand notre *pattern* ne marche pas.

Nous croyons que la vie amoureuse et sexuelle est une solution. Elle peut aussi devenir un problème. À vouloir revivre autrement ce qui nous a blessé, nous risquons de revivre nos souffrances au lieu de nous en défaire. Nous connaissons tous des hommes et des femmes qui ont sacrifié des années de leur vie à idolâtrer des partenaires qui ne les aimaient pas, qui ne les méritaient sans doute pas, qui les méprisaient même. Pour être désirés par la personne qu'ils estimaient pouvoir les sauver, ils l'ont couverte d'amour et d'attentions, mais n'ont apparemment rien récolté en retour, ou si peu. Ce faisant, ils n'ont fait que revivre, une fois de plus, les frustrations ou les traumatismes auxquels ils cherchaient précisément à se soustraire par cette relation.

Comment se sortir de ce *pattern* nuisible ?

En étant conscient de la chose. En cherchant à régler nos comptes avec le passé grâce à notre sexualité, nous jouons parfois avec le feu. Tout se passe comme si les traumatisés d'amour que nous sommes s'arrangeaient pour revivre toujours la même histoire, celle qui nous a le plus bouleversés. Parfois pour la terminer de nouveau sur un constat d'impasse ou d'échec. Sans comprendre que « plus de la même chose » n'est probablement pas la meilleure solution.

Je raconte que le romancier à succès Georges Simenon, célèbre pour ses innombrables aventures féminines, qu'il a un jour évaluées à plus de dix mille, avait eu une mère très distante. En séduisant toutes les femmes, ou presque, qu'il croisait, sans doute tentait-il de remplacer celle qui avait longtemps le plus compté pour lui tout en lui étant indifférente. En effet, sa mère lui préférera toujours un autre fils. Même une fois qu'elle fut décédée, Simenon a porté à jamais ce traumatisme du fils mal aimé, cherchant sans relâche et insatiablement l'attention et l'affection féminines. Rien ne permet de dire si sa fuite en avant lui a été profitable. Ses divorces, le suicide de sa fille unique, l'amertume de ses derniers jours donnent à penser que le « remède » a finalement été aussi terrible, sinon plus, que le mal qu'il combattait.

Notre soif d'être aimé et désiré nous rend bien vulnérable…

Notre désir nous rend vulnérable parce qu'il est lié à notre histoire de vie, à nos manques et nos souffrances. Le passé nous conditionne, mais ne nous enchaîne pas dès que nous en devenons conscient, précisons-le. Nous pouvons au moins tirer des leçons de nos échecs et nous ouvrir à de nouveaux types de personnes et à de nouvelles expériences. Toujours reproduire un *pattern* qui ne marche pas ne mène nulle part.

J'entends des histoires de filles et de gars qui se plaignent de toujours « mal tomber », justement : « Je suis belle, mince, je gagne bien ma vie, j'ai vingt ans, pourquoi je ne *pogne* pas ? » Ou encore : « Je suis un bon garçon, pourquoi je tombe toujours sur des filles qui se moquent de moi ? »

Je répondrais de la même façon dans les deux cas. Peut-être que vous ne cherchez pas au bon endroit ou que vous ne prêtez pas suffisamment attention à ceux et celles qui s'intéressent à vous. Notre radar amoureux ou sexuel est très sélectif. Parfois, élargir légèrement notre horizon peut nous permettre de découvrir des partenaires potentiels que nous aurions autrement ignorés. Si le même *pattern* malheureux se reproduit toujours dans notre vie amoureuse, il y a des questions à se poser.

Qu'est-ce qui fait qu'on est sexy, ou pas, et attirant pour quelqu'un d'autre ?

Contrairement à ce que l'on croit, ce n'est pas tellement une question de beauté, de ce que vous portez, ou pas, comme vêtement, parfum, maquillage ou coiffure. La célèbre comédienne Sophia Loren a dit : « Le sex-appeal, c'est pour 50 % ce que vous avez, et pour 50 % ce que les gens pensent que vous avez. » C'est donc quelque chose de très subjectif. Ce n'est pas ce que l'on a ou ce que l'on fait, mais ce que l'on donne à penser à propos de qui on est. La séduction repose beaucoup sur l'art de suggérer. Vous devenez attirant pour quelqu'un à partir du moment où cette personne-là peut vous imaginer dans un de ses fantasmes, dans un scénario amoureux ou sexuel qu'elle a dans la tête. Et cela ne dépend pas de vous.

Puisque vous avez beaucoup travaillé avec des acteurs, madame Bertrand, je dirais que la plupart des gens règlent leur vie amoureuse comme un producteur de films ou un directeur de théâtre. On a en tête une bonne idée du scénario qu'on souhaite réaliser et on passe des auditions pour le rôle principal. On se demande qui sera à la hauteur de nos attentes. Qui sera crédible ? Qui va nous faire vibrer d'émotion ?

Cependant, dans la vie amoureuse tout comme au théâtre ou au cinéma, on n'a pas toujours le choix des gens qui auditionnent. Par exemple, il y a des acteurs ou actrices qu'on verrait bien dans notre scénario, mais qui ne sont pas disponibles ou pas intéressés. Il faut faire une croix dessus. On doit alors se rabattre sur des seconds choix, surtout si on tient à tout prix à réaliser notre scénario. Et puis, là, un miracle se produit : l'acteur – ou l'actrice – auquel on n'avait pas vraiment songé initialement nous épate ! Notre ouverture d'esprit nous a amené à découvrir un talent méconnu, qui livre très bien sa performance dans le rôle que nous lui avons donné à jouer.

Il arrive aussi que, avec un acteur ou une actrice différent de celui ou celle qu'on espérait, on va corriger ou réécrire le scénario afin que ça lui colle davantage à la peau. Eh bien, c'est aussi comme ça dans la vie amoureuse et sexuelle. On a un plan, élaboré à partir de nos besoins et de nos fantasmes, mais il est possible de le modifier un peu afin de nous adapter à des situations et à des circonstances différentes.

Le plus souvent, les gens qui se plaignent de ne pas « pogner » sont trop exigeants et intransigeants dans leur audition pour obtenir le premier rôle à jouer dans leur vie amoureuse. Élargir leurs horizons pourrait les aider grandement. Si vous n'êtes aucunement disposé à faire le moindre compromis, vous risquez de demeurer à jamais célibataire.

Mais si les scénarios des filles et ceux des gars sont trop différents, comme c'est souvent le cas, qu'est-ce qu'on peut faire pour trouver la personne qui nous convient ?

Deux personnes qui se rencontrent pour possiblement former un couple, ce sont toujours deux scénarios différents qui cherchent à se réaliser. On peut évidemment espérer que les deux histoires vont finir par se rejoindre, et que la personne que je vois dans le rôle de la personne de ma vie me verra aussi dans le rôle de la personne de sa vie. C'est une question de hasard, mais aussi de compromis : qu'est-ce que je suis prêt à changer dans mon scénario idéal pour conserver cette relation-là, si j'y tiens ?

D'accord, mais quand on a enfin trouvé la personne de nos rêves, il faut la séduire, et la garder. Dans la drague, il y a souvent un malaise : est-ce qu'on en fait trop ou pas assez ? Des filles reprochent aux garçons

d'être trop insistants, et des garçons reprochent aux filles d'être trop hésitantes.

Il est certain que la culture masculine et la culture féminine diffèrent quant à ce que serait la drague idéale, disons. Encore que je connaisse des Européennes qui estiment que les hommes québécois ne sont pas assez démonstratifs. On voit bien que la question de culture est importante ici. Ce qui est considéré comme de la galanterie en France – par exemple dire à une inconnue croisée dans la rue qu'elle est jolie – est plutôt considéré comme de l'effronterie, voire du harcèlement, au Québec. Les sensibilités et par conséquent les codes de conduite ne sont pas les mêmes.

Maintenant, la séduction très appuyée ne passe plus. Quelqu'un vous plaît ? Faites-le-lui savoir discrètement et gentiment, mais n'insistez pas si la réponse n'est pas celle que vous espériez. Un des principaux problèmes dans la drague est que des gens gèrent très mal le fait de se faire dire non. La plupart des gars, et des filles aussi, vivent cela comme une humiliation. Or l'autre personne peut avoir un tas de motifs pour ne pas répondre à vos avances : elle n'est pas disponible, vous n'êtes pas du tout son type, elle n'a pas la tête à ça, elle tient à son indépendance, etc.

Les raisons pour lesquelles une personne vous écarte de ses scénarios amoureux ou sexuels tiennent à ce qu'elle est et désire – et non pas à ce que vous êtes. Vous n'avez pas à vous sentir humilié, rabaissé ou diminué, encore moins à avoir des complexes à cause de ça.

Vous ne l'inspirez pas, du moins pas suffisamment, à ce moment-là et dans ces circonstances-là. C'est tout. Cela n'enlève absolument rien à vos qualités, que d'autres, en particulier vos amies ou amis (qu'ils soient à l'occasion des *fuck friends* ou pas), apprécient déjà.

Quand on vous examine comme partenaire possible, on évalue votre « capital » amoureux ou érotique, c'est-à-dire la faculté que vous avez de plaire non seulement à la personne concernée, mais à ses proches. Qui ne veut pas être fier de son ou sa partenaire ? Votre capital amoureux ou érotique, ce sont les qualités physiques, psychologiques, intellectuelles, plus les caractéristiques en matière de champs d'intérêt, d'emploi, de revenus, de position sociale que vous semblez avoir. Tout comme nous le faisons nous-même pour autrui, nos partenaires évaluent notre valeur sur le marché de la séduction. C'est ça, le capital érotique. Ceux et celles qui aspirent à une relation de couple jaugent notre valeur à moyen et à long terme : sommes-nous un « bon parti » ?

J'ai, tout comme vous, des amis acteurs qui me disent à quel point c'est difficile pour l'*ego* et le moral de passer une audition pour un rôle et de ne pas être choisi. Eh bien, ne pas être retenu pour le premier rôle dans la vie de quelqu'un qui vous attire, c'est un peu la même chose. Vous devriez y réagir de la même façon : avec philosophie. Pour la bonne raison que ce n'est probablement pas parce que vous êtes une mauvaise personne, mais parce que vous ne correspondez pas, ou pas suffisamment, au personnage recherché.

C'est plus facile à dire qu'à faire, accepter de se faire rejeter. Certains hommes ont de la misère avec ça. Soit ils tournent leur colère contre eux-mêmes, en déprimant, soit ils deviennent violents parce qu'ils n'acceptent pas qu'on les contrarie… Il y a parfois de la violence même dans les premiers flirts.

Les hommes n'apprennent pas beaucoup à gérer leurs émotions. C'est pourtant une chose essentielle dans les relations avec les autres, en particulier dans les relations amoureuses et sexuelles. Encore là, l'éducation à la sexualité, pour ne pas dire l'éducation à la vie, fait cruellement défaut.

Heureusement, de nos jours, les filles prennent davantage les devants quand elles désirent un gars. Mais le danger est encore là qu'elles passent pour des filles faciles ou des nymphomanes, simplement parce qu'elles affirment leurs désirs comme le font depuis toujours les hommes.

Si on accepte l'égalité des sexes comme principe, on doit aller jusqu'au bout du raisonnement et reconnaître qu'il n'y a aucun motif pour que les femmes attendent qu'un prince charmant daigne les regarder et descendre de son cheval pour leur adresser enfin la parole. Quels que soient notre sexe et notre genre, nous devons pouvoir exprimer nos besoins et nos désirs, dans le respect des autres, bien évidemment.

C'est, de mon point de vue, un signe de confiance en soi que de pouvoir signaler gentiment son intérêt à quelqu'un, que l'on soit homme ou femme. Et un autre signe, encore plus fort, de confiance en soi est d'accepter sa réponse, quelle qu'elle soit. Si je veux que mes besoins et mes désirs soient compris et respectés, je dois pouvoir prêcher par l'exemple en acceptant que les besoins et les désirs des autres puissent ne pas m'inclure dans leur programme de la soirée…

5

Sortir de l'ignorance sur la sexualité des couples

J'ai lu que l'espèce humaine est sur terre pour se reproduire et que la sexualité, l'amour, le couple, le mariage ne serviraient en somme qu'à la reproduction. Dis-moi, Michel, tu crois que c'est vrai ?

Il y a plusieurs mythes à défaire sur la sexualité quand on parle de sa « programmation », comme si elle était orientée vers un but, et un seul. La plupart des spécialistes du comportement humain préfèrent dire que les humains sont programmés… pour se programmer eux-mêmes. Chez les organismes vivants les plus simples, qui n'ont pas les énormes capacités du cerveau humain, presque tous les comportements relèvent directement des gènes. Mais plus un organisme vivant est complexe, comme c'est notre cas, plus la part de ses gènes dans les comportements se réduit. Nos gènes nous procurent un potentiel, tout au plus des prédispositions ; cependant, c'est nous qui développons ce potentiel, dans un sens ou dans un autre. Par exemple, notre héritage génétique fait en sorte que nous pouvons avoir un langage, mais les langues que nous allons parler, c'est nettement une question d'apprentissages, qu'ils soient faits avec nos parents, nos proches, à l'école ou dans notre milieu de vie.

Bien sûr, si vous pensez que le sort de l'univers est préprogrammé par une puissance supérieure et que vous avez un rôle prédéterminé à jouer dans l'histoire de l'humanité, vous allez probablement avoir tendance à imaginer que vous êtes là pour transmettre des gènes et votre ADN, donc vous reproduire, coûte que coûte. Mais si vous croyez que l'aventure humaine est plutôt une histoire ouverte au hasard, pleine de rebondissements inattendus, vous allez être enclin à penser que votre vie n'est pas réglée d'avance, et même qu'elle vous appartient.

Le sens de la vie, c'est à chacun et à chacune de le trouver dans ses propres expériences, croyances et valeurs. Et c'est aussi vrai pour notre vie personnelle que pour notre vie de couple. Il y a peu de gens aujourd'hui, en Occident du moins, qui croient que la seule raison d'être du couple est la reproduction. Preuve en est que des gens infertiles ou ayant dépassé l'âge d'avoir des enfants se marient sans provoquer le moindre étonnement ou scandale. Une vaste majorité est persuadée que l'amour et la recherche du bonheur sont les principales raisons d'être du couple.

À l'évidence, la plupart des relations sexuelles ne sont pas orientées vers la reproduction, mais plutôt vers le plaisir ; l'un n'empêche pas l'autre, cela dit, et ce n'est probablement pas un hasard. La majorité des unions entre hommes et femmes ont lieu à des moments ou même à des âges qui ne sont pas propices à concevoir des enfants. Dans les rapports sexuels, il y a très souvent la poursuite d'autres objectifs, tels que la valorisation ou l'estime de soi, la sécurité affective ou matérielle, le défi de conquérir quelqu'un, de prouver sa masculinité ou sa féminité, ou même le sentiment de posséder l'Autre. Les motifs pour avoir des relations sexuelles sont très diversifiés et peuvent aller des plus positifs aux plus négatifs, il faut le reconnaître.

Que sexualité égale reproduction, c'est terminé ?

Seul un tout petit nombre des rapports sexuels mène à la reproduction. La sexualité a bien sûr permis à l'espèce humaine de se reproduire et de s'adapter à son environnement en engendrant des descendants toujours différents de leurs parents. Elle a aussi permis aux individus de notre espèce de donner et de recevoir du plaisir, de se lier entre eux et, ce faisant, de développer des liens amoureux et familiaux.

Vous savez, le lien logique entre les actes sexuels et les naissances, c'est tout de même assez récent dans l'histoire de l'humanité : dix mille ans environ. Cette découverte a sans doute encouragé, plus que jamais, la vie en couple et en famille puisque les hommes ont été plus enclins à prendre soin de leur progéniture. Avant, les humains vivaient plutôt en petits groupes composés de plusieurs femmes, hommes et enfants, et les rapports entre adultes n'étaient pas forcément conçus sur le modèle du couple permanent, protecteur de ses enfants. Hommes et femmes pouvaient avoir plusieurs partenaires, et les enfants être élevés non pas par leurs parents biologiques, mais par le groupe ou du moins par certains de ses membres. Il en va toujours ainsi dans certaines cultures.

Ce qui a le plus contribué à dénouer ici le lien entre sexualité et reproduction a été l'arrivée des contraceptifs et, plus récemment, la diversification des moyens possibles pour avoir un enfant, y compris sans aucun rapport sexuel. Qu'on pense par exemple à la reproduction médicalement assistée ou encore à la gestation pour autrui, qu'on appelle communément les mères porteuses. La sexualité et la reproduction ne sont plus liées et, ça, c'est une révolution.

Maintenant qu'on peut très bien avoir une vie sexuelle active en restant célibataire, pourquoi vit-on en couple ?

La recherche de sécurité et de bien-être est le motif numéro un des personnes qui choisissent de vivre en couple. Cela dit, il y a d'un côté ceux et celles qui perçoivent le couple comme une fin en soi. Chez ces personnes, vivre le grand amour la vie durant, c'est un des motifs, et souvent le principal, pour former un couple. Être heureux à deux, c'est pour elles le bonheur parfait, ou presque. Elles ne demandent pas plus – en fait, c'est déjà beaucoup… Et d'un autre côté, il y a ceux et celles qui voient plutôt le couple comme un moyen. « Quand je serai en couple, je pourrai faire ceci et cela », se disent-ils.

Pour eux, le couple n'est donc pas une fin mais plutôt un tremplin, qui va leur permettre de se réaliser – par exemple avoir et élever des enfants.

J'ajouterais une troisième catégorie, que j'appellerais les couples de convenance. Au moins un des deux partenaires est en couple simplement pour remonter son estime de lui-même, se prouver et montrer aux autres qu'il peut être en couple, qui plus est avec une personne qui lui sert de faire-valoir. Ce type de couple ne porte pas de projet autre que celui de faire apparemment comme tout le monde, ce qui le fragilise.

Évidemment, ces trois types de couples ne rencontreront pas les mêmes problèmes de croissance, si j'ose dire. Parce que les attentes ne seront pas les mêmes. Lorsque vous avez un partenaire pour qui le couple est une fin et un autre pour qui c'est un moyen, ça peut créer des conflits. Pire encore est la situation de la personne qui se retrouve dans un couple pour satisfaire l'*ego* de son ou sa partenaire, et qui s'en aperçoit trop tardivement.

« Aimer, [...] c'est regarder ensemble dans la même direction », écrivait Saint-Exupéry. Si vous ne le faites pas, votre couple sera tôt ou tard en péril. C'est comme si vous n'aviez pas signé le même contrat. Vous n'allez donc pas l'honorer de la même façon. Hélas, beaucoup de gens ne pensent pas à vérifier si leurs attentes mutuelles sont similaires lorsqu'ils se lancent dans une vie de couple. Pourquoi on est en couple ? Ça nous sert à quoi d'être en couple ? Les réponses à ces deux questions ne sont pas toujours évidentes.

Former un couple, ça implique quand même de faire un certain choix. On les choisit comment, nos partenaires, parmi ceux ou celles qui seraient possibles ?

Sur le marché de la séduction, vous devrez échanger votre valeur contre celle de l'Autre. Vous allez vous demander : « Est-ce que cette personne est digne de moi ? » Bien évidemment, la personne que vous avez en vue va avoir le même raisonnement. Elle va se demander si vous êtes un bon coup ou, mieux, un bon parti pour elle à moyen ou à long terme. Pour qu'un couple se forme, chaque partenaire doit penser que l'Autre est un choix judicieux. En ce sens-là, nos choix de partenaires sont « stratégiques ». Il y a un certain calcul de notre part. Qu'est-ce que je vaux en tant que personne ? Qu'est-ce que l'Autre vaut ? Quels sont les gains et les pertes pour moi si je le choisis ? Et, si toutefois je suis assez empathique pour me mettre à sa place, quels gains fait l'Autre de son côté en me choisissant ?

Et l'amour-passion, Michel ? Et le romantisme ?

Ce n'est pas très romantique, c'est vrai, mais notre façon de choisir nos partenaires est souvent dérivée de la logique commerciale qui prédomine dans l'ensemble de la société. Chacun gère sa valeur ou, dit plus crûment, son « capital » amoureux ou érotique de façon à maximiser les gains et à minimiser les pertes. C'est l'une des raisons, on y reviendra sans doute, pour lesquelles on change de partenaires : on croit alors que l'on vaut mieux que celui ou celle avec qui on était.

Ce qui pousse les gens à être en couple, ça semble quand même fort. Comment il se fait, par exemple, que des jeunes ayant beaucoup souffert de la séparation de leurs parents se mettent aussi en couple malgré tout ?

Comme nous l'avons vu dans le précédent chapitre, quand on se projette dans l'avenir sur le plan amoureux, on a tendance à vouloir réparer le passé, y compris parfois celui de notre famille. On se dit, plus ou moins consciemment, que l'on va faire mieux que nos parents. C'est bien sûr un risque à courir, surtout quand on n'a pas eu de bons modèles ou de bons apprentissages en ce qui concerne les rapports amoureux, mais après tout on peut très bien apprendre à partir d'erreurs, que ce soit les nôtres ou celles de nos proches.

Les humains sont-ils programmés pour s'aimer et former des couples qui durent ?

Chez les êtres humains, l'amour est souvent associé à la sexualité. On nous y encourage beaucoup d'ailleurs. Je ne suis pas sûr que même l'omniprésence de la porno réussisse à faire contrepoids au romantisme des chansons, des romans et des scénarios de théâtre ou de films qui font en permanence la promotion de l'amour, en particulier de l'amour-passion.

Il faut admettre cependant que le couple romantique et l'union fondée sur l'amour, tels que nous les connaissons, sont plutôt récents dans l'histoire de l'humanité : un peu plus de mille ans, quand la monogamie est devenue la règle majoritaire, du moins en Occident, sous l'influence de l'Église notamment. Le mariage civil existait déjà, bien sûr, mais c'était plus un pacte entre familles qu'autre chose. On se transmettait des biens en s'alliant avec une autre famille, dont on épousait le fils ou la fille. Ce contrat permettait aussi de combattre l'adultère, le concubinage et surtout la naissance d'enfants et d'héritiers illégitimes. On se mariait rarement par amour : on espérait tout au plus que l'amour viendrait par surcroît, une fois marié, quand on était assez fou pour espérer une telle chose. Chez les pauvres, le mariage était surtout destiné à assurer la survie, les enfants procurant une main-d'œuvre gratuite et abondante : c'est ainsi qu'ont longtemps survécu les familles rurales québécoises.

Que les épousés s'attirent sexuellement n'était pas une chose prévue, ni toujours bien vue, à vrai dire, d'où l'expression « faire son devoir conjugal », qui suggère clairement qu'y prendre plaisir n'était pas très légitime. Pour nos ancêtres, le plaisir sexuel était plutôt de l'ordre du péché, ce qui a longtemps laissé des traces. L'amour romantique ne va apparaître véritablement dans la population générale qu'à partir de la diffusion des romans d'amour, soit aux XVIIIe et XIXe siècles. Le public qui lit ces livres souhaite connaître cette émotion qui semble si extraordinaire : l'amour-passion, qui va graduellement faire pâlir les avantages du mariage de raison.

On se marie moins aujourd'hui. Pourtant, le mariage a longtemps été obligatoire pour les couples. Pourquoi ?

Le mariage est lentement devenu important pour l'Église afin de mieux contrôler la sexualité des gens. L'acte sexuel étant impur, mieux valait le canaliser. Ce qui importait pour l'Église lorsqu'elle s'est résignée à faire entrer le mariage dans le cadre de ses activités, c'était d'en définir les bases, par exemple l'âge des mariés, le fait qu'ils ne soient pas apparentés, qu'ils soient de sexes différents, qu'ils soient relativement consentants, etc. Parce que le mariage, par la promesse de fidélité qu'il impose, limite en théorie les occasions de pécher. C'est du moins son ambition…

Du côté de la chrétienté, le mariage n'a pas toujours eu la cote, loin de là, soulignons-le : il fut le dernier et septième sacrement, intégré dans la liste par les papes entre 1184 et 1204, décision ensuite officialisée par le concile du Latran, en 1215. Ce n'est qu'après d'infinies réticences que l'Église a accepté de célébrer des unions appelées mariages. Elle s'est décidée à le faire surtout pour lutter contre l'impureté, contre le concubinage et pour empêcher les prêtres de se marier et d'avoir une progéniture, ce qui pouvait dépouiller l'Église de biens laissés en héritage à leurs enfants éventuels. Pour la chrétienté, l'idéal était la chasteté, raison pour laquelle elle est encore exigée des prêtres catholiques, très attachés à la tradition. C'est parce qu'elle est nécessaire à la reproduction que l'union charnelle entre hommes et femmes a finalement été considérée comme un moindre mal, à encadrer strictement à défaut d'obtenir la chasteté. L'islam et le judaïsme, plus pragmatiques, ont toujours vu le mariage d'un bien meilleur œil : leurs célébrants du culte sont d'ailleurs mariés, pour la plupart.

Ce que craignait l'Église, c'est la passion !

La passion, c'est un sujet méconnu sur ce que c'est vraiment et surtout sur la façon dont ça évolue.

Alors parlons-en, ça m'intéresse. Qu'est-ce qui fait qu'on tombe amoureux par-dessus la tête, au point d'en perdre la raison ? Explique-moi.

Il faut savoir que la passion, c'est une émotion forte, ce qui explique pourquoi on est plus enclin à ressentir de la passion à l'adolescence que dans la vieillesse, encore que… Ressentir du désir à fleur de peau pour une personne et en être amoureux passionnément, ça change en fait notre façon de réfléchir et de fonctionner. La passion est contraire à la raison, et c'est d'ailleurs de cette façon-là qu'on la reconnaît : quand on est passionné, on n'est plus soi-même, mais quelqu'un d'autre, prêt à tout, y compris à souffrir – ce qui ne manquera pas d'arriver – pour l'objet de notre passion…

L'amour-passion procure, au début du moins, une sensation d'euphorie, raison pour laquelle c'est si prisé. Ne parle-t-on pas de l'ivresse de l'amour ? Étrangement, cette exaltation ressemble à ce qui se passe quand on prend certaines drogues, comme des stimulants. On a un incroyable gain d'énergie, on a moins besoin de se nourrir et de dormir. Ce n'est pas un hasard si on dit que les amoureux passionnés peuvent vivre seulement d'amour et d'eau fraîche : c'est vrai ! Bref, la passion agit comme une drogue sur notre cerveau, en libérant sous l'effet de cette émotion des substances stimulantes sur les plans psychique et physique, qui nous donnent littéralement des ailes. Quand on est passionnément amoureux, rien ne nous semble impossible !

La passion est aussi le résultat d'une autosuggestion. Parce qu'elle répond à nos critères de sélection de partenaires, nous nous convainquons que cette personne-là est l'amour de notre vie et nous ferions tout, ou presque, pour elle, ou du moins pour être en sa présence. « Je ne suis rien sans toi », dit la chanson, car il y a dans la passion une volonté de fusionner avec l'Autre pour ne plus faire qu'un, raison pour laquelle on n'est jamais rassasié de sa présence et de son corps.

On dit souvent que l'amour, à ce moment-là, est aveugle…

Comme on est alors non seulement sous l'emprise d'une émotion forte, mais qu'on tient à tout prix à la maintenir, l'amour-passion nous déstabilise. La personne la plus rationnelle en temps normal va faire des choses folles, auxquelles on ne s'attendrait jamais d'elle. C'est comme ça que ses proches, ne la reconnaissant plus, vont conclure qu'elle est tombée follement amoureuse. Le mot « tombée » est d'ailleurs bien choisi, car elle est entrée dans une relation de quasi-dépendance. En état d'amour-passion, on perd tout sens commun, toute mesure et toute objectivité : on ne voit plus en l'Autre que ses qualités, jamais ses défauts. La seule pensée que cette personne puisse en avoir ne nous effleure même pas l'esprit !

Donc se mettre en couple sur un coup de foudre et de passion n'est pas un gage de bonheur...

C'est surtout un coup de dés. Par définition, la passion est appelée à s'émousser. Tôt ou tard, la proximité de l'Autre fait en sorte qu'on cesse de l'idéaliser, du moins à ce point.

L'amour passionnel obéit en réalité à une dynamique aussi tyrannique que piégée. Au début, la séparation physique avec l'autre personne crée une grande frustration : elle nous manque en permanence. Petit à petit, toutefois, la proximité de cette personne et la familiarité avec son corps vont atténuer l'intérêt à son égard. Lorsque la personne désirée n'est plus magnifiée par la conquête à faire, et qu'elle est présente dans notre quotidien, elle devient plus « banale », en quelque sorte.

À mesure que la passion perd en intensité, la relation va prendre une tournure différente. Soit elle va se détériorer, surtout si la passion était sa seule ou principale raison d'être, soit elle va se développer et se transformer en autre chose, de plus sage sans doute, mais de plus durable. Encore faut-il que les partenaires acceptent cette évolution.

Selon toi, Michel, la passion, ce n'est pas une base solide pour une relation à long terme ?

Pas forcément, non, car la déception risque d'être amère quand la magie va se dissiper. Est-ce que l'on va accepter de mettre de l'eau dans notre vin en découvrant au fil du temps que cette personne n'est pas parfaite ou idéale comme on l'espérait ? Comment va-t-on réagir quand on va s'apercevoir que cette personne ne peut pas répondre à toutes nos attentes, lesquelles étaient de toute façon déraisonnables ? Tout dépend de la marge de manœuvre que l'on se donne dans nos choix amoureux. Quand l'Autre perdra un peu, beaucoup de sa nouveauté, de son mystère et de son exotisme, est-ce qu'on va s'intéresser autant à lui ou à elle ?

Pour la majorité des jeunes couples actuels, ce que tu avances est un sacrilège. Eux, ils vont être capables de réussir là où leurs aînés ont failli, ils en sont certains...
Il y a deux paradoxes dans la vie de couple. *Primo*, on veut être en couple pour parvenir à une certaine stabilité amoureuse, mais une fois cette stabilité obtenue elle entraîne en général une vie plus routinière, qui peut être perçue comme décevante. *Secundo*, on se dit que l'Autre va nous combler à jamais une fois qu'on sera ensemble, mais c'est rarement le cas, personne n'ayant cette faculté magique. On avait trouvé le ou la partenaire qu'il fallait, mais voilà que sa présence ne nous allume plus autant, qu'on s'ennuie parfois. On se dit que ça pourrait être mieux avec quelqu'un d'autre, qu'on mériterait mieux.

La passion peut aussi se transformer en affection, en tendresse et en amour...

Beaucoup de gens acceptent sans difficulté que leur bonheur à deux devienne plus sage, moins en montagnes russes que sous l'effet de la passion. Si on se fie aux enquêtes sur la sexualité et le couple, les femmes seraient plus enclines que les hommes à accepter cette évolution, qu'elles estiment normale, de la passion vers un amour plus mature, à long terme.

On sait aujourd'hui que tout couple traverse des étapes. Si l'amour-passion est sans doute la plus excitante, ce n'est que la première étape, quand elle est là, qui dure de quelques semaines à quelques années, tout au plus. Les histoires d'amour-passion racontées aux enfants comme les contes *Cendrillon* et *Blanche-Neige* se terminent en général là où elles commencent à déraper dans la vraie vie : lorsque le couple a réussi à vaincre tous les obstacles placés sur son chemin pour se retrouver enfin seul, puis avec des enfants... et une certaine routine qui peut faire disparaître la magie des débuts de cette relation.

L'idéal de beaucoup de jeunes couples, « Ils vécurent heureux et eurent beaucoup d'enfants », ce n'est pas réaliste ?

Ce n'est plus un pronostic fiable : plus d'un couple sur deux finit par se séparer ou divorcer. Et puis les nombreux enfants, c'est moins fréquent par les temps qui courent. La réalité n'a pas grand-chose à voir avec les contes de notre enfance. Et pourtant, nous y croyons encore, ou du moins nous faisons semblant d'y croire, ce qui nous amène à être peu raisonnable et démesurément exigeant dans notre vie de couple, en pensant que l'amour-passion sera éternel.

Mais alors comment transformer la passion en affection et en amour durables ?

Je ne suis pas certain qu'on puisse le faire consciemment. Je pense toutefois qu'on peut se donner des atouts dans notre jeu. Savoir que la passion est une étape à traverser place les choses en perspective. Quand la passion commence à s'essouffler, on ne se dit pas que c'est terminé, mais que cette étape-là est passée, tout simplement. Beaucoup de gens confondent hélas amour et passion : quand ils ne sentent pas une émotion à son paroxysme, ils la croient à tort agonisante. C'est ignorer que l'amour peut avoir plusieurs degrés d'intensité et que c'est un sentiment fluctuant. Si on avait un thermomètre de nos amours et qu'on prenait leur température tous les jours, on verrait qu'elle varie. Une émotion, par définition, n'est pas quelque chose de statique.

Dans la passion, le désir est à son maximum. On voudrait que ça dure toute la vie, mais hélas...

La passion fait une large place au désir. Or, chez beaucoup de gens, en particulier les hommes, semble-t-il, amour et désir ont plutôt tendance à s'opposer. L'amour a besoin de proximité et de sécurité ; à l'inverse, le désir a besoin de distance, de frustration, de privation même. En vivant avec la personne que nous désirons, nous sabotons un peu sa capacité de nous séduire parce qu'elle perd à nos yeux une part de son mystère, de son exotisme et de son inaccessibilité.

Explique-moi : le désir et l'amour, ça ne va pas toujours ensemble ?

Disons que le désir et l'amour ne se développent pas de la même façon. C'est la raison pour laquelle, hormis dans la passion initiale, le désir et l'amour ne vont pas toujours ensemble. Nous pouvons désirer des personnes qui ne sont rien pour nous sur le plan affectif. Et, à l'inverse, on peut aimer beaucoup des êtres qu'on ne désire plus.

L'amour-passion, qui est la réunion du désir passionnel et de l'amour fougueux, nous est présenté comme le nirvana. Mais dans ce ciel-là, il y a beaucoup d'appelés et peu d'élus. Même une fois que nous sommes absolument convaincu d'avoir trouvé la personne de nos rêves, nous pouvons évoluer autrement, changer d'idée, ne plus lui plaire... Elle-même peut évoluer sur les plans physique, psychologique ou relationnel, faisant en sorte qu'elle ne nous apparaît plus sous le même jour, ce qui va modifier le désir ou l'amour éprouvés à son endroit.

Les deux personnes qui forment le couple peuvent, et vont dans bien des cas, évoluer dans des sens divergents. Pas parce qu'elles sont mal intentionnées, mais parce que ainsi va la vie. Les êtres humains changent. La vie en couple va les amener à traverser des étapes et même des crises de croissance qui sont normales. Autant le savoir, et l'assumer. L'amour vrai, c'est précisément savoir s'aimer quand ça va moins bien.

Est-ce qu'une baisse de la fréquence des rapports sexuels, ça signifie, comme beaucoup le pensent, une baisse de l'amour ?

Non. Tout simplement parce que l'amour et le désir sont des réalités différentes. C'est en général parce que l'on est attiré par une personne que l'on est disposé à en tomber amoureux. Une nuance s'impose : les femmes semblent plus enclines à désirer lorsqu'elles aiment, et les hommes, à aimer quand ils désirent. Dans bien des cas, la relation va être basée sur un troc : on donne du sexe pour avoir de l'amour, on donne de l'amour pour avoir du sexe.

Chez la plupart des hommes, le désir sert de baromètre à l'amour. Quand l'attirance physique faiblit, ils s'interrogent sur la pertinence de leur attachement. La proximité même de la personne à laquelle on s'est attaché amenuise le défi de devoir la conquérir. En fait, la sexualité de beaucoup d'hommes carbure au défi : ils veulent conquérir, toute leur éducation les pousse à le faire, et une fois que c'est fait ça devient moins intéressant puisque la partie semble gagnée. C'est pourquoi leur désir peut s'essouffler dans la routine d'une vie de couple : il n'y a plus de défi à relever. Tant que l'Autre continue à paraître insaisissable, le suspense qui entretient le désir peut se maintenir. C'est la crainte de perdre l'autre personne ou encore l'impression de ne pas l'avoir conquise durablement qui vont permettre au désir de durer. Quand on a le sentiment d'avoir tout reçu, ou tout donné, grande peut être l'envie d'aller voir ailleurs, en particulier pour des hommes qui ont cultivé une vision conquérante du désir et de l'amour.

Si le désir et l'amour ne vont pas toujours ensemble, ça veut dire qu'on peut s'entendre à merveille au lit et ne pas se supporter dans la vie ?

Oui, et on connaît tous des couples qui ont ce profil. On se demande ce qu'ils font ensemble, parce qu'ils sont en public comme chien et chat, puis on apprend que, dans leur intimité sexuelle, c'est super !

Avoir des relations sexuelles avec son conjoint ou sa conjointe, ça ne règle pas les conflits…

Certainement pas, mais ça peut toutefois les rendre plus supportables, surtout si la sexualité occupe une grande place dans la vie et dans les valeurs des partenaires.

J'ai toujours su que les hommes savaient tirer un trait entre le sexe et l'amour, et les différencier. Pourquoi les femmes sont-elles portées à les confondre et à penser qu'on les aime quand on les désire ?

Je ne dirais pas que les femmes sont plus naïves sur ce plan, mais elles sont plus romantiques, sans doute parce qu'on cultive l'idéalisme amoureux chez elles. Après tout, la vaste majorité des romans et des films d'amour sont destinés à un public féminin. Et puis, quand un couple homme-femme va mal, qui sera blâmé en premier ? S'occuper de l'intimité du couple et de ses problèmes, c'est trop souvent encore vu aujourd'hui comme une responsabilité uniquement féminine. Le monde des émotions a longtemps été perçu comme presque exclusivement féminin. Malgré les avancées du féminisme, les femmes portent encore la responsabilité de faire fonctionner les couples hétérosexuels, alors que c'est à l'évidence une responsabilité partagée.

Ce sont les femmes qui apprennent aux hommes à aimer, tu ne crois pas ?

En un sens, oui, parce que les femmes ont davantage que les hommes développé une culture de l'amour. Ça ne veut pas dire que les hommes ne savent pas aimer, loin de là. Certains ont eu un père beaucoup plus affectueux que leur mère, par exemple, et ont ainsi eu un excellent modèle. En règle générale, néanmoins, les hommes n'apprennent pas beaucoup à s'extérioriser sur le plan affectif. Les sentiments, c'est encore vu comme relevant du domaine féminin. En raison de son côté excessif, très physique et sexuel, la passion passe mieux la rampe auprès des hommes. Beaucoup croient d'ailleurs que c'est la seule forme possible d'amour, du moins pour eux.

Un grand nombre de couples sont déçus de redescendre l'Everest après quelques mois ou années de

passion. Cependant, on ne peut pas vivre sur l'Everest longtemps ; on manquerait d'air, tu ne crois pas ?

L'idéal de l'amour-passion comporte en effet un péril pour le couple, parce qu'il ne dure que quelque temps. Si vous cherchez une relation durable, vous limiter à la passion risque de saboter votre quête. Et si vous croyez que l'amour-passion est le seul type d'amour qui vaille la peine d'être connu, vous êtes un bon candidat au divorce ! Parce que vous allez interpréter négativement toute baisse d'intensité, pourtant normale, dans votre désir ou dans vos relations sexuelles. Grande peut être alors la tentation de partir à la recherche de quelqu'un d'autre avec qui vous pourrez vivre à nouveau la passion. Beaucoup d'hommes et de femmes collectionnent les ruptures amoureuses ou les aventures parce qu'ils ne sont jamais satisfaits de leurs relations. Dès que le nirvana des débuts n'est plus là, ils se désintéressent de l'Autre. Les premiers conflits ou encore l'arrivée du premier enfant peuvent mettre à l'épreuve la solidité du couple qui en est resté aux attentes déraisonnables suscitées par la passion, quand tout était tout nouveau, tout beau.

L'arrivée du premier enfant, ça change la donne. Les couples y sont souvent mal préparés. On dirait qu'ils ne s'attendent pas du tout à ce qui va se produire.

Deux couples sur trois témoignent que l'arrivée de leur premier enfant a perturbé leur vie commune au point de les rendre malheureux. Moins de sommeil, plus de fatigue, une organisation du temps chamboulée, moins d'intimité de couple, un changement physique qui peut se prolonger chez la femme, voilà autant d'éléments qui peuvent assurément poser problème, surtout si on n'est pas, ou si on est mal, préparé. La venue d'un enfant exige un effort et une coopération qui sortent les amoureux de leur zone de confort. Ça peut être un choc. Et c'est justement pourquoi on incite tant les parents, y compris les pères, j'insiste là-dessus, à prendre part dès le début de la grossesse à l'aventure qui les attend.

Je reçois beaucoup de confidences, comme tu sais. Il m'arrive d'entendre les secrets d'alcôve de jeunes pères qui se plaignent qu'ils ont perdu leurs amantes le jour de la naissance du premier enfant. Le dernier mois de la grossesse, ça se comprend que la femme n'ait pas le goût de faire l'amour, puis le ventre est encombrant, mais six mois, un an après la naissance... Ces pères, Michel, aiment leurs bébés, les désiraient autant que leurs conjointes, mais ils pensaient reprendre leur vie sexuelle comme avant et plus tôt. Les hommes ne cessent pas d'avoir du désir parce qu'un rejeton habite sous leur toit. Alors s'installe chez le nouveau père une frustration sexuelle qui parfois mène à la séparation. Un père sur cinq quitte sa conjointe à l'arrivée du premier enfant, et je ne parle pas de ceux qui ont des infidélités secrètes. Pourquoi c'est si difficile ?

Passer de deux à trois, ça peut changer beaucoup de choses. Dans un couple homme-femme, la grossesse transforme évidemment le corps de la conjointe et change le rythme des relations sexuelles, le désir d'en avoir s'estompant souvent au cours des premiers mois, en particulier en raison des répercussions physiques comme la fatigue et les nausées. À mesure que la grossesse évolue, ces sensations vont s'amenuiser, mais la prise de poids et l'angoisse de nuire au fœtus peuvent alors à leur tour freiner la sexualité du couple.

L'homme, quant à lui, doit se faire à l'idée que son amante va devenir mère. Sur le plan des fantasmes, ça peut changer des choses : une amante et une mère, ça ne fait pas appel aux mêmes réactions. Pour les hommes chez qui la sexualité occupe beaucoup de place dans leur vie de couple, c'est parfois l'occasion d'une première infidélité, qu'ils vont justifier en se disant qu'ils n'avaient pas vraiment le choix… surtout si la période d'abstinence se poursuit une fois l'enfant né.

Cela dit, les réactions à la grossesse puis à l'arrivée d'un premier enfant varient énormément d'un couple à l'autre. Ce qui est vécu comme un moment difficile à passer chez les uns est au contraire ressenti comme un très intense moment de rapprochement et de complicité chez les autres. Tout dépend du type de couple que vous formez. Si votre couple est centré sur lui-même comme fin en soi, la grossesse et la venue d'un enfant vont possiblement le remettre en question, car la passion et la fusion amoureuses ne sont plus au rendez-vous de la même façon. Alors que le couple qui se conçoit comme un moyen de réaliser des projets de vie – avoir des enfants, justement – va plutôt se solidifier lors de cette expérience. L'arrivée de l'enfant est alors vue comme une étape de croissance et non pas comme un bouleversement. Enfin, chez les couples qui ne sont ensemble que pour fuir la solitude ou donner le change aux autres, tout peut se produire, mais je dirais que l'égocentrisme ne va pas beaucoup de pair avec la paternité ou la maternité.

Un autre mythe à détruire : toutes les femmes veulent des enfants parce qu'elles sont d'emblée maternelles.

L'auteure féministe Élisabeth Badinter a écrit un ouvrage qui avait fait beaucoup parler lors de sa sortie en 1980 : *L'Amour en plus*. Elle y montre comment l'amour maternel n'a pas toujours existé, ni même été valorisé. Pendant longtemps, les enfants des familles aisées ont été élevés par des nourrices et des bonnes, loin de leur mère. Cela fait environ deux cents ans que la maternité est autant célébrée et que les soins de l'enfant par sa mère, et de plus en plus l'allaitement, sont perçus comme essentiels.

Une jeune mère récemment divorcée me confiait : « Si j'avais su ce que je sais maintenant, jamais, au grand jamais, je serais devenue enceinte ! » Et elle ajoutait : « Pourquoi personne ne m'a prévenue que je serais épuisée, que je n'aurais plus de libido, que toute ma tendresse se concentrerait sur ce pauvre petit être qui a tant besoin de moi... et que je perdrais mon mari ? » Sais-tu ce que je lui ai répondu ? « C'est vrai qu'il y a une conspiration du silence qui entoure la

sexualité du couple après la venue du premier enfant, mais même si je t'avais prévenue, m'aurais-tu crue ? Je ne pense pas... »

Des contes pour enfants aux romans et films d'amour, on nous présente des histoires peu réalistes, qui donnent à penser que, si vous êtes amoureux, tout ira pour le mieux, quoi qu'il arrive. C'est ignorer que l'amour, le désir, la passion, ce sont des sentiments qui peuvent fluctuer et ainsi remettre en question le couple qui s'était formé.

Un des tests les plus importants pour la durée de vie d'un couple, c'est lorsque vous devez vous montrer empathique envers l'Autre, c'est-à-dire vous mettre à sa place pour essayer de comprendre pourquoi ses besoins ne sont plus les mêmes. La grossesse puis l'arrivée d'un enfant sont une de ces occasions pour le conjoint : « Bon, elle a moins envie de moi, elle a moins de temps pour moi. Est-ce que je peux vivre avec ça ? » La venue d'un enfant comporte aussi des joies et des découvertes qui peuvent contrebalancer ces contrariétés, il faut le rappeler.

Vivre avec quelqu'un, c'est tôt ou tard apprendre à gérer des frustrations, parce qu'on ne sera pas toujours sur la même longueur d'onde. Si votre but en étant en couple était uniquement de vivre un amour passionnel avec quelqu'un, l'arrivée d'un enfant peut déstabiliser, parce que le but même de votre relation est remis en cause. Si, au contraire, vous envisagez votre vie de couple comme une aventure qui exigera sans cesse de vous adapter pour réaliser vos projets communs, ça va beaucoup mieux se dérouler. Devant les choses qui ne sont plus comme avant, vous allez vous dire que ça fait partie de la vie. Et surtout, vous allez voir ces changements comme des occasions d'apprendre de nouvelles choses, comme prendre soin d'un enfant, justement.

Les raisons pour lesquelles on a choisi d'être en couple vont énormément compter dans sa survie à la suite d'événements imprévus. On se laisse en général pour les raisons mêmes pour lesquelles on s'était choisis. Mais, ça, on ne le sait pas encore quand on est au début de notre vie de couple.

J'ai accouché quatre fois sans mari à mes côtés. Ce n'était pas la mode à l'époque. Maintenant, les hommes sont plus présents et plus aidants, mais ça ne nous dit pas ce qui se passe dans leur tête.

Faire participer davantage les pères, c'est certainement une idée formidable, qui donne de très bons résultats à court, moyen et long terme. Beaucoup d'hommes témoignent qu'avoir accompagné leur conjointe à l'accouchement de leur premier enfant a été le plus beau jour de leur vie. Certains, à l'inverse, se sentent mal à l'aise ou restent en retrait psychologiquement, comme s'ils regardaient un film. La préparation à la paternité devrait débuter bien avant les premiers mois de grossesse de la conjointe, le plus tôt étant le mieux pour qu'un homme réalise qu'avoir un enfant est un projet à deux. J'irais même plus loin : tous les ados, tous les jeunes hommes devraient commencer à apprendre les rudiments du métier de père dès que possible. Avec les nouvelles formes de paternité et le mariage ouvert à chacun, tous les hommes peuvent devenir pères. Or on ne leur parle presque jamais de ça ! Il y a manifestement un manque sur le plan de l'éducation. Trop souvent, on éduque les garçons comme s'ils n'allaient jamais avoir d'enfants une fois devenus adultes, ou encore comme s'ils allaient déléguer aux femmes toutes les responsabilités parentales…

J'ai connu des hommes qui allaient se soûler le lendemain de la naissance de leur enfant ou qui allaient aux danseuses… J'en ai même connu un qui est parti s'acheter un chien ! Pourquoi ?

Parce qu'ils n'ont pas appris comment réagir, parce qu'ils ne sont pas du tout préparés, parce qu'ils ont peur de la nouvelle responsabilité qui leur incombe, parce qu'ils réalisent que leur vie de couple ne sera plus tout à fait la même… Et, dans la plupart des cas, ils n'ont pas eu de modèle de père impliqué. L'absence du père est un vaste sujet qui a fait le succès du livre *Père manquant, fils manqué*, de Guy Corneau.

Qu'elle soit prévue depuis longtemps ou inopinée, l'arrivée d'un enfant dans le couple fait en sorte que chaque partenaire n'est plus le centre de la vie de l'Autre. Ça peut briser le charme qui opérait quand les deux se regardaient les yeux dans les yeux en n'ayant que leur amour à entretenir. L'enfant devient, lui, le centre du monde, pour un certain temps du moins. Certains hommes ont de la difficulté à prendre leur place comme parent aimant et aidant, au point de se sentir jaloux de leur propre enfant. Si vous n'êtes pas bien avec vous-même, vous ne le serez pas davantage dans un couple, et vous serez pire encore comme parent.

Là, tu parles de gars normaux, équilibrés, qui se sentent menacés par un bébé de quelques kilos ?

Ce n'est pas l'enfant comme tel qui est l'intrus, mais ce qu'il signifie, c'est-à-dire les changements qu'il impose par sa présence. Par exemple, pour un homme qui croyait qu'il serait à jamais le centre du monde pour sa conjointe, ça peut heurter. C'est pourquoi j'estime que les couples qui se conçoivent comme un projet en développement sont beaucoup plus susceptibles d'accueillir avec joie la venue d'un enfant, malgré les ajustements que cela nécessite. Alors que ceux qui se voient comme un cocon parfait, à ne pas déranger, ne sont pas prêts à se transformer en papillons et à explorer autre chose, comme la paternité et la maternité.

J'ajouterais que l'intimité physique qu'on retrouve dans la passion sexuelle procure la belle illusion de posséder l'Autre en ce sens que tout son amour, toute son attention, toute sa fougue se concentrent sur soi. C'est en tout cas l'impression que l'on a. Difficile après ça de se contenter de moins ! Il faut avoir un projet encore plus important à nos yeux que celui d'être aimé, et à ce point, pour pouvoir faire le pas vers une autre étape de notre vie et de celle de notre couple.

J'ai entendu des hommes blâmer leur conjointe de les rejeter sexuellement alors que la jeune mère qui vient de sortir d'un gros effort physique peut avoir besoin d'une pause. Est-elle l'unique responsable de la sexualité de son couple ?

Dans les couples homme-femme, la responsabilité de la vie intime du couple incombe encore trop souvent à la femme parce que des siècles de traditions et de préjugés ont fait en sorte que c'était considéré comme de leur ressort. Beaucoup d'hommes pensent encore que leur conjointe est là pour deviner et combler tous leurs besoins affectifs et sexuels.

On sait qu'un couple va durer selon la façon qu'il a de régler ses crises. Quand l'un jette toujours la responsabilité et les blâmes sur l'autre, ça augure mal. Si vous n'aimez pas suffisamment l'Autre pour vous mettre à sa place, c'est que votre couple n'est peut-être pas viable. On apprend beaucoup aux femmes à se mettre à la place des hommes, mais très peu l'inverse.

C'est peut-être ça qui est difficile à accepter, le passage d'amoureux à parent. On est passé d'un couple à une famille.

L'arrivée d'un enfant transforme l'identité même du couple. Ça change aussi l'identité personnelle des deux partenaires du même coup : ils sont devenus un père ou une mère. Chaque couple réagit différemment à cela. Parfois ça ne change rien, parfois ça renforce le sentiment de complicité et d'unité, parfois ça jette un froid.

Encore là, tout dépend de ce que vous vouliez faire avec et dans votre couple.

Pourquoi il y a des hommes qui éprouvent de la jalousie quand leur femme allaite ? Parce que ça aussi je l'ai vu.

Il faut reconnaître que beaucoup de gens sont en couple en bonne partie pour des motifs égoïstes. On a choisi cette personne-là parce qu'on la croyait apte à nous rendre heureux. Dans le plaisir même que procurent sa présence et les relations sexuelles qu'on a avec elle, il y a de l'égoïsme. On cherche un mieux-être. Et quand on l'a atteint, on veut le conserver tel quel.

Le couple aujourd'hui, du moins en Occident, est basé sur la recherche du bonheur à deux. Partager la personne élue peut poser problème si vous n'avez jamais envisagé la chose, même si c'est avec votre propre enfant. Plus les pères sont impliqués dans la préparation de la venue de leur enfant, plus ils comprennent que c'est un événement positif pour eux. Mais encore faut-il qu'ils soient ouverts à cette perspective. Si le centre du monde, ça a toujours été vous-même, vous allez être jaloux de n'importe qui menaçant de prendre une part de la place qui vous était réservée.

La grande intimité physique, pour ne pas dire sensuelle, qui prévaut généralement entre une mère et son enfant peut rendre jaloux un homme qui n'a pas le sentiment qu'il a le même degré de proximité avec sa conjointe. Si vos seuls rapprochements sont vos ébats sexuels, être témoin de la quasi-fusion d'une mère avec son enfant dans les premiers mois de sa vie peut être déstabilisant.

J'ai l'impression que des couples se retrouvent pris au piège. Pour la femme, le plus souvent, c'est l'enfant d'abord ; pour l'homme, ça peut être quelque chose comme : « Je ne vais pas sacrifier ma sexualité à un bébé. »

On dit souvent qu'aimer c'est choisir. C'est aussi accepter de grandir et d'être moins égoïste. En ce sens, il n'y a pas un choix à faire entre l'enfant ou la sexualité, mais des aménagements à effectuer pour permettre aux deux de coexister, selon les situations et les besoins, puis des petits compromis à trouver. Être parent, c'est apprendre à être à l'écoute des autres, des besoins de nos enfants, en particulier. On devra l'apprendre de toute façon. Le plus tôt sera le mieux.

Je me sens terriblement politiquement incorrecte d'affirmer que l'arrivée des enfants peut détruire certains couples…

Au contraire, dire la vérité aide beaucoup les gens. Et je nuancerais ce que vous venez de dire : l'arrivée d'un enfant peut détruire votre couple si et seulement si vous y êtes mal préparé et n'êtes pas en mesure de partager l'attention et l'affection que vous recevez de votre partenaire. Les égocentriques font de mauvais parents. Fort heureusement, il y a d'excellents parents ! Ce sont en général des gens qui voient cette nouvelle responsabilité comme un plus dans leur vie.

On peut rester un couple amoureux tout en étant de bons parents.

La majorité des couples y parviennent, après tout... et certains mieux que d'autres. L'amour qui fait des petits, c'est le cas de le dire, est en général un amour assez solide, dans lequel il y a place à la communication et à la recherche commune de solutions quand surviennent des insatisfactions. Si, comme couple, vous ne réussissez jamais à régler les situations nouvelles qui vous mettent à l'épreuve, vous ne durerez pas très longtemps de toute façon.

Il y a encore des femmes qui pensent qu'avoir un enfant va les rapprocher de leur conjoint et le forcer à devenir plus responsable. Tu en penses quoi ?

Que c'est un gros risque à prendre : c'est parfois exactement le contraire qui arrive. Si une relation va déjà mal, y ajouter des situations qui peuvent entraîner de nouveaux problèmes n'est pas recommandé. Bien sûr, on trouve des hommes qui témoignent que la venue de leurs enfants a été l'occasion de profondes remises en question finalement positives pour eux. Tant mieux, mais ces hommes-là étaient probablement déjà disposés à changer. Je ne gagerais pas ma chemise que le fait d'avoir un enfant sauvera de lui-même ou de ses problèmes un homme qui ne veut pas être sauvé...

Il n'en reste pas moins que devenir père peut être une occasion en or pour un homme d'élargir ses horizons et, oui, de se responsabiliser, si telle est son intention. Devenir père, c'est non seulement se projeter dans l'avenir, mais aussi s'assurer que notre enfant en aura un. Pour ce faire, il faut commencer par se préoccuper de son bien-être. On sait que les pères impliqués très tôt dans les soins à leurs jeunes enfants seront plus protecteurs, beaucoup moins à risque de commettre des agressions physiques ou sexuelles sur leur progéniture, par exemple.

La paternité permet aussi à des hommes auparavant isolés de créer de nouveaux liens dans leur milieu de vie : le nombre de professionnels et d'aidants avec lesquels on est amené à être en contact quand on a un jeune enfant, ce n'est pas rien ! Les médecins, les infirmières, sans compter la garderie et l'école qui s'y ajouteront quelques années plus tard. Le passage du rôle de fils à celui de père entraîne des responsabilités, bien sûr, mais aussi une valorisation. Des hommes disent : « Quand on a un enfant, on se sent adulte, on est quelqu'un. » Et puis on ne saurait négliger la fierté qu'éprouvent les parents envers leurs enfants. Tout ça peut apporter beaucoup, pour peu que l'on soit disposé à le voir et à en profiter.

Les couples ont tout de même moins d'enfants aujourd'hui. Beaucoup n'en veulent pas. Pourquoi ?

Il existe une infinité de raisons pour vouloir des enfants ou pour ne pas en avoir. Beaucoup de couples n'ont pas d'enfant. Certains couples sentent que ce n'est pas pour eux, que leur projet de vie, ensemble ou séparément, n'inclut pas, ou pas encore, cette possibilité. Un enfant, ou plus, c'est une responsabilité. Ça implique de la disponibilité, du temps, de l'argent, plus la capacité de se projeter dans l'avenir. Certaines personnes ne se voient tout simplement pas en mère ou en père. À l'intérieur de certains couples, que l'Autre devienne le père ou la mère de ses enfants, c'est très difficilement imaginable. Bref, il y a des couples pour lesquels le scénario de vie idéal ne comporte pas d'enfant.

Quand on y pense, un couple, c'est probablement la plus importante relation de confiance qu'on aura de sa vie. Et c'est bien pour ça qu'il vaut mieux en avoir jeté des bases solides si on veut traverser les étapes de croissance à venir, l'arrivée des enfants en étant une, décisive, du moins pour les couples qui en ont. La passion n'exige en pratique rien en retour, elle se suffit à elle-même. Mais lorsque vous vous retrouvez en couple, que vous cohabitez, que vous avez un quotidien et ses problèmes à gérer, avoir des enfants, ça change la donne.

On oublie de dire aux jeunes couples que même ceux et celles qui s'adorent ont des disputes, des désaccords, des moments où il ne se passe rien, et que ça fait partie de la vie à deux !

Un couple, c'est aussi, vous avez raison de le souligner, une association de deux personnes qui vont devoir régler des problèmes. Des problèmes de toutes sortes : financiers, sexuels ou familiaux, notamment quand il y aura des enfants ou que les belles-familles interviendront dans leurs affaires. Encore là, si vous concevez votre couple comme un projet vous permettant d'en réaliser d'autres, ça ira mieux : tout le monde sait que réaliser des projets entraîne presque toujours des problèmes à résoudre.

Si on parlait du plaisir et de la sexualité dans le couple ? J'ai entendu tellement souvent dans ma vie des gens dire qu'il n'existe pas de plaisirs plus forts que ceux qu'offre la sexualité. C'est vrai ?

L'orgasme est probablement le plaisir le plus intense que peut nous donner notre corps, et un des moyens les plus sûrs pour le faire se relaxer. Mais une fois qu'on a dit ça, on n'a rien dit, parce que les sources ou les occasions de plaisirs chez l'humain sont innombrables. Il y a des personnes qui préfèrent manger, peindre, pratiquer un sport, écrire ou lire plutôt que faire l'amour. Combien de fois les gens vont dire avoir atteint un orgasme intellectuel en ayant entendu une musique, vu un paysage ou vécu une expérience pas sexuelle pour deux sous ?

D'après toi, c'est surévalué, le plaisir sexuel dans le couple ?

Disons que ça n'a pas la même importance ou la même résonance pour tout le monde. Certains arrivent sans problème et sans effort apparent à s'en passer. Encore là, ça dépend non seulement de la capacité de notre corps à ressentir des sensations et des émotions lorsqu'il est caressé, massé, léché, chatouillé, frotté, sucé ou pénétré, mais aussi de notre faculté à être psychologiquement réceptif à ces sensations-là et aux personnes qui les procurent, bien sûr.

Je me demande encore pourquoi les femmes font si souvent semblant de jouir. Ça ne semble pas beaucoup changer d'une génération à l'autre...

Disons d'abord que l'érotisme des femmes a été de tous temps moins reconnu que celui des hommes. Beaucoup d'hommes croient encore que la pénétration vaginale est le meilleur moyen de faire jouir leur partenaire féminine, ce qui est faux sur le plan statistique. Au moins 75 % des femmes ne ressentent pas ou peu de plaisir avec cette façon de faire puisque c'est plutôt la stimulation de la vulve et surtout du clitoris qui leur procure du plaisir. Pas étonnant que trois femmes sur quatre confient avoir déjà simulé l'orgasme, alors que seul un homme sur quatre simule le plaisir. Pire encore, comme on ne leur parle que rarement de leur propre corps, la plupart des femmes vont découvrir par hasard ou par essais et erreurs leurs zones les plus érogènes. Parfois, il faudra des années pour y parvenir. En attendant, elles se demanderont comment il se fait qu'elles ne sont pas comme les autres... alors que, précisément, elles sont comme les autres !

Par ailleurs, la chercheuse Shere Hite faisait remarquer dès les années 1970 que le plaisir sexuel et la reproduction sont beaucoup plus reliés pour les hommes que pour les femmes. En effet, si l'homme n'a pas d'orgasme, il n'éjaculera pas et ne pourra donc pas déposer sa semence. Alors que la femme n'a pas besoin de jouir pour être fertile. Une sexualité qui ne se préoccupe que de fécondation néglige le plaisir féminin.

Une femme de quarante-cinq ans m'avouait préférer de beaucoup le cunnilingus à la pénétration, qui la laisse froide. Or son mari, qui dédaigne la chose, préfère la pénétration. Que faire quand tu te retrouves dans un couple si peu assorti sexuellement ?

À partir du moment où on est en couple, on doit apprendre ce qu'est une sexualité à deux. Lorsque chacun connaît son propre corps et ses zones érogènes, ça devrait en principe aider à avoir des relations satisfaisantes. Encore faut-il être aussi à l'écoute de l'Autre, curieux et imaginatif. Par exemple, l'homme qui craint d'approcher sa bouche des organes génitaux de sa conjointe pourrait passer par la pharmacie acheter des digues dentaires. Ça peut servir de condom pour la langue en quelque sorte, et ça pourrait lui permettre de dépasser son apparent dégoût pour les relations buccogénitales d'homme à femme. Faire l'amour avec sa partenaire d'une façon qui n'apporte pas de plaisir à cette dernière est une situation inquiétante : quand le plaisir n'est pas du tout partagé, c'est comme se masturber dans le corps de l'Autre, qui n'est plus qu'un objet et non pas un sujet de plaisir.

Notez que bien des hommes refusent d'avoir certaines pratiques avec leur conjointe parce que cela ferait trop *passif* ou *féminin* à leurs yeux. Pour eux, aussitôt que le pénis n'est plus au centre du scénario, c'est louche. Par exemple, ils font tout pour convaincre leur femme d'avoir des relations anales, mais sont scandalisés quand celle-ci leur demande d'inverser les rôles et de leur faire la même chose avec un jouet sexuel. J'ajouterais que beaucoup de femmes disent accepter de faire une fellation ou d'avoir un rapport oral pour faire plaisir à leur partenaire, et non pour leur propre plaisir…

Les pratiques sexuelles, c'est un sujet sensible : qu'est-ce que nous aimons, qu'est-ce que nous n'aimons pas faire ou qu'on nous fasse, ça peut varier beaucoup d'une personne à l'autre. On peut être bien assorti ou pas du tout. Comment savoir ?

En le demandant, tout simplement, parce qu'on ne peut pas deviner les pratiques et les fantaisies sexuelles des autres. C'est une boîte à surprise. Par exemple, vous avez des hommes qui sont très virils et qui vont aimer que leur conjointe les pénètre avec un godemiché ou encore qui n'arrivent à jouir que vêtus de sous-vêtements féminins. Vous avez des femmes qui sont adeptes du bondage et de la domination sexuelle : attacher, mordre, fouetter leur partenaire sont pour elles sources d'intenses plaisirs. Dans la mesure où ces pratiques sont entre adultes avertis et consentants, il n'y a pas de problème. Le problème, c'est plutôt de trouver quelqu'un qui partage ses goûts, ou du moins qui se montre ouvert à les explorer. C'est ce que vous diront tous ceux et celles qui, de leur propre point de vue, ont des goûts particuliers.

Les pratiques sexuelles que l'on préfère parlent beaucoup de qui on est et peuvent même devenir des sources d'identité. C'est le cas non seulement pour l'hétérosexualité, l'homosexualité ou la bisexualité, mais aussi pour les personnes qui s'adonnent au sadomasochisme ou au fétichisme, par exemple. La sexualité peut être, ne l'oublions pas, le prétexte de jeux, y compris de jeux de rôles qui contrebalancent sans doute ce que les gens vivent au quotidien. Autrement dit, nos relations sexuelles ont des significations qui ne sont pas que sexuelles. Il y a une symbolique importante dans ce que nous faisons avec notre corps et celui d'autrui lors d'un rapport sexuel. C'est d'ailleurs en partie ce qui provoque l'orgasme, sinon on pourrait se frotter contre n'importe quoi ou n'importe qui et en ressentir du plaisir, ce qui n'est pas le cas.

On pourrait penser que la configuration des organes génitaux fait en sorte que la pénétration active est ce que les hommes préfèrent (qu'elle soit vaginale, orale ou anale). C'est oublier la symbolique de l'acte de pénétrer un autre corps. Certains hommes le voient comme la fusion de deux corps amoureux ; certains, au contraire, comme une appropriation de l'Autre. Le même acte peut être interprété de façons complètement opposées. Cela montre bien que ce sont moins les pratiques qui comptent que le sens que les partenaires leur donnent. L'orgasme est un plaisir non seulement physique, mais psychique.

Les sensations physiques, c'est important dans un couple. Si les femmes sont souvent dans l'ignorance de leurs propres organes génitaux et même de ce qui

les excite physiquement, les hommes ne connaissent pas mieux le corps des femmes...

Connaître son corps et celui de l'Autre, c'est important, vous avez raison. Je voulais seulement souligner que la performance sexuelle comme telle ne suffit pas en elle-même à donner du plaisir. Les circonstances et le contexte dans lequel ça se passe, par exemple, c'est très déterminant. Notre mécanique sexuelle réagit beaucoup mieux quand c'est le bon moment, au bon endroit, avec la bonne personne, et que le désir et le plaisir paraissent réciproques. La satisfaction sexuelle n'est pas seulement une question de bonnes techniques ou de performance, comme dans la porno, mais une question émotive. Sinon on pourrait avoir des relations sexuelles satisfaisantes, indistinctement, avec n'importe qui connaît nos zones érogènes. Or ce n'est pas le cas pour une vaste majorité des gens.

Qu'on le veuille ou non, le plaisir sexuel implique à la fois le corps et l'esprit. Bien sûr, il peut arriver qu'il y ait contradiction ou dissonance entre les deux. Par exemple, dans les relations sexuelles non consentantes, la victime a souvent honte d'avoir ressenti des sensations physiques alors que ce qui se passait la dégoûtait. Son corps a répondu mécaniquement alors qu'elle a ressenti le contraire même du plaisir.

Si on demandait à chaque personne que l'on croise à quoi sert le sexe dans sa vie et que tout le monde répondait franchement, ça donnerait quelles réponses ?

Probablement presque autant de réponses qu'il y aurait de personnes interviewées ! Parce que chacun a sa petite idée là-dessus. Plus encore, il y a de multiples raisons chez une même personne pour avoir des relations sexuelles. Selon différents moments de sa vie, ça peut même changer beaucoup. Tantôt, c'était pour se relaxer, tantôt pour recevoir de l'affection, tantôt pour prouver ses facultés de séduction, tantôt pour se défouler, tantôt pour remonter son estime de soi, tantôt parce que c'est samedi après-midi, etc. La relation sexuelle n'est pas qu'une fin, c'est aussi un moyen de parvenir à certaines choses, comme être mieux dans son couple, se rapprocher après une dispute, se prouver que l'on est encore capable de donner et d'éprouver du plaisir, etc. Les relations sexuelles ne servent pas seulement à avoir du plaisir ou des enfants. Les êtres humains sont beaucoup plus complexes que ça : la sexualité fait partie de leurs stratégies possibles pour atteindre des objectifs qui n'ont souvent pas grand-chose à voir avec la sexualité, finalement.

Quelle distinction ferais-tu entre les besoins des hommes et ceux des femmes quant à la sexualité ?

Il est difficile de généraliser ; il y a autant de différences parmi les hommes et parmi les femmes qu'entre hommes et femmes. Mais il est vrai qu'il y a des tendances de société. Aujourd'hui encore, et malgré les apports importants du féminisme, garçons et filles ne sont pas socialisés de la même façon. Beaucoup d'hommes voient la sexualité comme une performance, alors que les femmes sont éduquées à y voir plutôt un prolongement de l'amour. En ce sens, les femmes perçoivent plus la sexualité comme une relation, alors que beaucoup d'hommes la perçoivent davantage comme une activité… seuls à deux.

Pourquoi la performance sexuelle est-elle si importante pour les hommes ?

Parce que toute leur éducation les amène à le croire, et pas que la porno, soulignons-le. Même des hommes qui s'appliquent à donner du plaisir à leur compagne vont vous dire que c'est pour prouver qu'ils sont de bons amants. Comme si la relation sexuelle était un concours qu'il faut remporter à tout prix.

Puisque l'excitation et la jouissance sont encore plus visibles chez l'homme que chez la femme – seule une minorité d'hommes affirment qu'ils feignent parfois d'avoir du plaisir –, il est probable que l'ampleur de leur érection et de leur éjaculation soit devenue pour eux un synonyme de virilité. Ce qui fait en sorte que celle-ci s'évalue à ce qui se voit : la performance. Certains d'entre eux accordent même une note à leurs performances et à celles de leurs partenaires…

Comme si l'amour, c'était du sport !

La socialisation des hommes est énormément axée sur la compétition. Aussitôt qu'ils utilisent leur physique, beaucoup d'hommes se sentent en concurrence avec leurs pairs : qui est le meilleur, qui est le plus fort ? Ça nous ramène au concours des jeunes ados pour savoir lequel possède le plus long pénis ou éjacule le plus loin. Le monde du sport et son hypercompétitivité ne sont pas très éloignés quand on parle de sexualité masculine parce que c'est le langage que les hommes connaissent quand il est question d'activités physiques. Et faire l'amour est aussi, entre autres, une activité physique…

Pour certains gars, jouir en faisant l'amour, c'est comme marquer un but.

Vous savez, madame Bertrand, ce qui se passe dans la tête d'une personne au moment précis où elle jouit, ça peut être assez surprenant. Une chose est sûre, je crois que ça peut ressembler dans bien des cas à une victoire, et en ce sens-là votre comparaison avec le sport a du sens.

On aura beau dire que la séduction exige aussi une certaine forme de performance de la part des femmes, et c'est vrai, mais ce n'est pas similaire. L'utilisation du corps masculin pour séduire, c'est relativement récent, et cela a longtemps été réservé à la culture homosexuelle. Traditionnellement, les hommes enviés étaient ceux qui étaient forts physiquement ou psychologiquement, pas nécessairement beaux. D'ailleurs, un homme qui développe une séduction très axée sur son physique passe encore pour un gay ; le préjugé est fort. Le corps masculin exalté, c'est celui qui est au travail, au sport, en train de livrer une performance. La porno reprend ce stéréotype : on n'y voit guère d'hommes passifs. Leur pénis se transforme presque en marteau-piqueur. Forcément, ça marque les esprits.

Pourquoi les femmes sont-elles moins préoccupées par la performance sexuelle ?

Je ne dirais pas que le monde est partagé en deux, avec les femmes d'un côté et les hommes de l'autre. Toutefois, les femmes ont sans doute davantage appris à être des communicatrices de sentiments et d'émotions. Toute leur éducation les amène à cela. C'est d'ailleurs la raison pour laquelle elles ont beaucoup plus de relations affectives que les hommes. On appelle cela le système relationnel, c'est-à-dire les gens sur qui vous pouvez compter quand vous en avez besoin, et les hommes en ont peu, en général. Dans la sexualité comme ailleurs, les femmes vont avoir plus tendance à écouter les besoins de l'Autre, à comprendre, à échanger. Du moins à vouloir le faire, car encore faut-il que leur partenaire soit ouvert à ce partage.

De plus, la jouissance féminine demande des préliminaires et s'inscrit donc dans un temps plus long. Pas pour performer comme s'il s'agissait d'une course à relais, mais pour prolonger le désir et le plaisir. Parce que les zones érogènes de femmes sont en général plus développées. Je ne dis pas plus nombreuses, remarquez bien, parce que les hommes sont aussi sensibles aux mamelons, aux fesses et sur tout leur corps, en fait, mais la centration sur le pénis empêche de réaliser ce potentiel. Il y a des hommes qui considèrent même comme féminin ou homosexuel le fait de ressentir des sensations ailleurs qu'au pénis. C'est tout dire.

Plusieurs hommes pensent encore que c'est à eux de décider de ce qui se passe dans la relation sexuelle ?
C'est le modèle courant dans la porno hétérosexuelle. On sait maintenant que, lorsque des garçons ont visionné de la pornographie régulièrement avant d'avoir leurs premières expériences sexuelles, ils vont développer, encore plus que les autres, une anxiété de performance et, pour ne pas rater leur coup, se montrer plus contrôlants et dominants. Pour eux, c'est à l'homme, et à l'homme seul, d'agir afin que la relation sexuelle soit réussie.

Beaucoup de femmes se plaignent d'avoir à mimer la porno avec leur conjoint. Rasage complet du pubis, relations anales, postures inconfortables pour elles. Peuvent-elles dire non sans perdre leur couple ? C'est la question qu'elles se posent.
Chaque personne a ses limites sur ce qu'elle est prête à faire pour le plaisir de l'Autre. Dans la sexualité, on peut suggérer bien des choses, mais les imposer ? Non. On insiste beaucoup actuellement pour apprendre aux garçons et aux hommes à respecter le droit des filles et des femmes de dire non et de respecter ce non. Lorsque vous êtes en couple et que votre partenaire ne respecte pas vos réticences, vous pouvez certainement vous interroger à savoir si cette personne vous aime vraiment.

Faire l'amour, c'est pourtant un échange, c'est un partage.

Faire l'amour, c'est savoir à la fois donner et recevoir, en effet, dans un relatif équilibre. Si vous pensez que c'est seulement recevoir, et pas donner, vous n'êtes pas un très bon parti. Et si vous pensez que c'est uniquement donner, vous avez possiblement un problème avec votre estime de vous-même, sans compter que votre vie sexuelle risque d'être peu gratifiante. Cela dit, on peut évidemment ressentir du plaisir à voir l'Autre en avoir. Voir l'Autre jouir en réponse à nos caresses peut être très gratifiant. Bref, le plaisir de notre partenaire peut certainement contribuer au nôtre.

Jouir ensemble, je veux dire en même temps, c'est une préoccupation pour bien des couples.

C'est peut-être une conséquence de la porno, qui est scénarisée afin que tout se passe comme prévu. C'est du cinéma, après tout. Jouir simultanément procure assurément une grande sensation de fusion avec l'Autre. Ce n'est pourtant pas obligatoire, sans compter qu'il faut en général une excellente connaissance de son corps et de celui de l'Autre pour y arriver. La pénétration n'est pas, non plus, le seul mode possible, ni celui qui fonctionne le mieux pour avoir et procurer du plaisir. Quand on a pris le temps de s'apprivoiser l'un l'autre, et de connaître le corps de chacun, on peut plus aisément décider de ce que l'on préfère et du rythme qui convient à chacun. Il y a des gens qui préfèrent ne pas jouir simultanément, du moins pas systématiquement, afin précisément de se concentrer sur la jouissance de l'Autre, ou la leur, ce qui semble plus égoïste, mais pour plusieurs personnes, en particulier des femmes, un orgasme n'assouvit pas leur désir de continuer à donner et à recevoir du plaisir.

Ce qui explique la déception de femmes quand leur homme s'endort une fois qu'il a joui... Tu sais, les hommes et les femmes se posent souvent des questions sur la fréquence des rapports sexuels dans un couple. Peut-on se fier aux sondages à ce sujet ?

Oui et non. Les sondages nous apprennent ce que répondent les gens aux questions posées, mais pas toujours ce qu'ils font réellement, surtout en matière de sexualité. Parce que la réponse à chaque question dépend d'un tas de facteurs, tels que le moment où la question a été posée, par qui, dans quel contexte, etc. On sait par ailleurs que les hommes ont tendance à surévaluer le nombre de rapports et même de partenaires sexuels qu'ils ont eus, alors que les femmes font plutôt l'inverse. Ainsi, si vous interrogez séparément un homme et une femme qui sont en couple, les deux vont souvent donner des estimations fort différentes du nombre de fois qu'ils ont fait l'amour ensemble. Les chiffres donnés par les hommes vont être supérieurs, de crainte d'être sous la moyenne.

Se soucier de vouloir faire comme les autres ne m'apparaît pas une bonne recette pour réussir son propre couple. Chacun éprouve des besoins tellement différents, sans compter que nos besoins affectifs et sexuels peuvent énormément changer au cours de notre existence en raison de toutes sortes de circonstances. En somme, aspirer à devenir marathonien du sexe n'est pas la formule magique pour faire durer son couple. On connaît tous des couples qui, nous disent-ils, font des feux d'artifice au lit, mais qui se disputent continuellement. Quand la passion physique diminuera, on imagine facilement ce qui se passera puisque rien ne les retiendra plus ensemble.

On en parlait précédemment : il y a des femmes qui font semblant de jouir pour plaire à leur conjoint. Pourquoi mentir à l'Autre, pourquoi feindre le plaisir ?

Il peut y avoir bien des raisons à cela. Pour ne pas décevoir, pour faire plaisir, pour passer enfin à autre chose… Les enquêtes sur la sexualité des femmes devraient être davantage lues par les hommes, ils apprendraient qu'en effet énormément de femmes ont recours à la feinte du plaisir et de la jouissance.

La raison est que les femmes savent bien toute l'importance que les hommes accordent à la performance… Mais lorsque le désir n'est plus au rendez-vous, doit-on se résigner à le simuler pour sauver son couple ?

Chaque partenaire doit évidemment trouver sa propre réponse à cette question. Parce que, oui, on peut aimer sans éprouver beaucoup de désir, et désirer sans vraiment aimer. En recourant à leur imagination, plusieurs femmes et même certains hommes miment le désir et le plaisir pour « acheter la paix », pour se débarrasser du prétendu « devoir conjugal ». C'est un choix qui peut avoir des conséquences : ce qu'on s'oblige à faire quand le cœur n'y est pas peut finir par dégoûter carrément, ce qui ne peut qu'aggraver le problème.

Les hommes ne feignent pas beaucoup le plaisir, au contraire ils cherchent à le stimuler sur demande à l'aide de petites pilules. Dans un cas comme dans l'autre, la sexualité devient-elle plus une source d'anxiété que de plaisir ? Il me semble que, rendu là, on s'éloigne de l'amour avec un grand A, non ? Les acteurs et actrices de porno s'acharnent à avoir du sexe parce que c'est un travail pour eux. Mais dans la vie de tous les jours, pourquoi vouloir les imiter ?
Quoi qu'on pense de la porno, c'est une des seules façons visuelles de savoir ce que les autres peuvent faire sur le plan sexuel. C'est une éducation sexuelle par défaut, on ne le répétera jamais assez. Parce que, hormis les acteurs pornos et quelques acteurs de films généraux plus osés, qui avez-vous vu faire l'amour ? La littérature et les enquêtes scientifiques nous renseignent un peu à ce sujet, mais la porno demeure sans concurrence pour ce qui est du comment faire, même si ce qu'on y présente n'est pas réaliste et relève carrément du spectacle, quand ce n'est pas du sensationnalisme. Mais ces images sont parmi les seules disponibles. Malgré la popularité croissante de la porno « faite maison » par des amateurs,

la logique qui prévaut est toujours celle d'une sexualité spectaculaire, pas forcément représentative de ce que la majorité des gens font véritablement. C'est aussi peu réaliste de se baser là-dessus pour faire l'amour que de se baser sur les acrobaties du Cirque du Soleil pour faire nos étirements matinaux.

Il n'en demeure pas moins que les couples se sentent frustrés quand ils ne correspondent pas à ce qu'ils ont vu dans la porno, qui est devenue la référence. Il y a une différence entre faire l'amour et faire le sexe, tu ne crois pas ?

Comme l'écrivait le psychanalyste Robert Stoller, « pour la plupart des gens les qualités d'autrui qui suscitent l'amour sont précisément celles qui contrecarrent le désir physique ». Ces paroles ouvrent une large porte sur les hauts et les bas du désir, et possiblement sur l'infidélité par voie de conséquence.

Parlons-en, de l'infidélité. On a beau savoir qu'un couple sur deux vivra l'infidélité au cours de sa relation, quand on est amoureux, on croit qu'on va s'aimer si fort qu'il sera facile d'être fidèle. Au fait, il y a des chiffres précis sur l'infidélité aujourd'hui ?

Les données varient énormément d'une enquête à l'autre, ce qui montre que la question est très délicate. Pour l'Amérique du Nord et la France, on a des statistiques qui vont d'environ 20 à 25 % et jusqu'à 50 % chez les femmes, et d'environ 35 à 70 % chez les hommes. Mais attention, ça inclut autant les gens qui ont des aventures à répétition en dehors de leur couple que les personnes qui n'ont été infidèles qu'une seule fois.

À noter que, contrairement aux femmes, la majorité des hommes infidèles se disent heureux en ménage. Environ un homme sur deux déclare aussi qu'il tromperait sa conjointe si une occasion se présentait ; ce chiffre est dix fois supérieur au nombre de femmes qui répondent la même chose. Contrairement aux hommes, les femmes auraient d'ailleurs plus tendance à voir comme une infidélité une relation suivie, qui inclut de l'affection ou de l'amour, et non pas uniquement de la sexualité. Une infidélité qui implique une relation suivie, et non pas une simple aventure sexuelle d'un soir, c'est en effet plus menaçant pour un couple.

Certains couples différencient exclusivité et infidélité. L'exclusivité, c'est de ne pas avoir de relations intimes en dehors de son couple. Alors que la fidélité consisterait plutôt à tout se dire, à être authentique, à ne pas cacher qu'on a des relations avec d'autres personnes. Il y a en effet des couples ouverts, pour lesquels l'exclusivité ne fait pas partie du contrat à respecter. Toutefois, la condition posée est la plupart du temps que le partenaire ne mente pas. Bref, si on va voir ailleurs, comme on dit, mais qu'on en parle à l'Autre, on est quand même honnête et transparent.

C'est une façon de voir les choses... Il y a aussi des femmes, et des hommes, qui préfèrent ne pas savoir.

J'en ai connu. Tout le monde autour d'eux, tous les amis du couple le savaient, mais eux faisaient comme si de rien n'était...

Oui, en matière de relations extraconjugales, toutes les réactions et tous les arrangements sont possibles. Refuser de savoir ou de reconnaître la réalité peut aussi être une façon de se protéger et d'assurer la survie de son couple si on croit qu'en parler risque de faire exploser son propre univers : ce que l'on ne sait pas ne fait pas mal.

On sait pourquoi les gens en couple se trompent ?

Il y a presque autant de raisons pour le faire que de personnes qui sont infidèles, parce que chacun, chacune a les siennes. Beaucoup d'hommes évoquent la lassitude causée par la routine et la recherche de nouveauté. Le défi de séduire à nouveau revient souvent, autant chez les femmes que chez les hommes. Ressentir un coup de foudre ou de la passion, ce sont des situations qui sont vécues comme très stimulantes même chez des gens qui sont déjà en couple, en particulier lorsque fougue et passion ont déserté leur quotidien. Une relation stable, c'est perçu par certains hommes comme moins excitant sur le plan sexuel. Pour eux, il arrive que le désir décroît à mesure que l'amour se consolide.

Un grand mythe est que, si vous êtes trompé, c'est un peu votre faute ou que votre couple va forcément mal. Or c'est loin d'être automatiquement le cas. Ceux et celles qui vont à l'extérieur de leur couple pour satisfaire certains besoins sexuels ou même amoureux ne sont pas toujours insatisfaits de leur conjoint ou conjointe et de leur relation. Ils sont infidèles pour se rappeler qu'ils peuvent encore séduire, par curiosité, pour braver un interdit, pour se sentir « jeunes et fous » à nouveau, parce que l'occasion était là, trop belle pour être refusée, que c'était une petite « récréation » sans conséquence, etc.

L'infidélité des hommes n'est pas comparable à celle des femmes ?

Beaucoup d'hommes se décrivent volontiers comme « chasseurs », s'intéressant pour ainsi dire davantage au sport de la séduction qu'à son résultat. Ils font une différence entre la sexualité relationnelle, avec quelqu'un avec qui ils entretiennent une intimité, et la sexualité récréative, qui ne vise que la satisfaction immédiate, sans se soucier du lendemain. Vous remarquerez que les héros des films d'action, tels que James Bond, présentent souvent ce profil : une femme n'attend pas l'autre – en fait, elles disparaissent littéralement, tuées au fil de l'histoire…

D'après les enquêtes dont on dispose, ce qui fait le plus souffrir les femmes en couple, c'est de ne pas se sentir aimées, ou du moins pas aimées suffisamment. Les femmes qui ont des amants expriment souvent un désir d'être appréciées enfin à leur juste valeur, d'être davantage considérées que ne le fait leur conjoint, devenu plus ou moins absent ou indifférent, par exemple obsédé par son travail.

Il arrive aussi qu'un partenaire se désintéresse de l'Autre parce que la lune de miel est passée, parce que ce n'est plus à ses yeux la personne idéale et idéalisée qu'il croyait. Elle a changé intérieurement ou physiquement, ou encore elle ne voit plus la vie de couple de la même façon. Sans compter la vengeance : tromper son conjoint ou sa conjointe peut être une façon de lui rendre la monnaie de sa pièce après qu'il ou elle nous a trompé. Ce sont là les motifs les plus fréquemment évoqués.

Et les véritables motifs de l'infidélité des femmes ?

Les femmes auraient plus tendance que les hommes à avoir des relations hors couple pour répondre à des besoins émotifs, et pas seulement sexuels. Les manques de tendresse, de compréhension, de compatibilité ou d'attention du conjoint sont souvent exprimés. Ce n'est pas un hasard si les femmes sont en général plus troublées d'apprendre que leur conjoint a eu une liaison amoureuse que s'il a eu une aventure sans lendemain uniquement. Pour la plupart des femmes, l'affectivité est au cœur de la notion de fidélité. Aller chercher de l'amour ailleurs, c'est la pire infidélité à leurs yeux. Quant aux hommes, ils expriment davantage des motifs purement sexuels lorsqu'on leur demande pourquoi ils ont trompé leur conjointe. Certains hommes pensent aussi que collectionner les aventures, même s'ils sont en couple, est un signe ou un symbole de virilité. C'est une variante du vieux mythe selon lequel plus tu as de sexe, plus tu serais un homme, un vrai. Je ne suis pas du tout certain qu'autant de femmes croient que multiplier les aventures est une preuve de féminité.

J'ai toujours dit que les hommes trompent pour la sexualité, les femmes, pour être enfin écoutées. C'est donc vrai ?

Il ne faudrait pas croire que le manque de sexualité est forcément responsable de l'infidélité. Certains hommes ont des vies sexuelles déjà très actives avec leur conjointe, mais s'estiment néanmoins négligés de ce côté. Le nombre de fois qu'il nous faut avoir des relations sexuelles pour nous estimer satisfait est extrêmement variable d'une personne à l'autre. Il y en a pour qui une fois par mois c'est beaucoup, et d'autres pour qui trois fois par jour, c'est peu. Quand je faisais de la consultation, j'ai connu un gars qui avait abandonné son emploi pour s'adonner à plein temps à sa vie sexuelle, qu'il admettait insatiable. Il y a des gens qui, quel que soit le conjoint ou la conjointe qu'ils ont, ne s'estiment jamais comblés. Ce sont évidemment des candidats à l'infidélité, et à très court terme.

Les femmes sont plus adeptes que les hommes de ce qu'on pourrait appeler la cyberinfidélité, c'est-à-dire des relations amoureuses qui se déroulent surtout ou même uniquement à distance, sans forcément rencontrer l'Autre, qui peut être l'homme rêvé en effet, mais aussi quelqu'un qui n'a pas la même apparence, ni le même âge ou le même sexe que ceux annoncés – des femmes ont vécu de grandes désillusions en constatant que l'être sur lequel elle avait fantasmé n'existait tout simplement pas. Mais rien n'interdit de rêver, me dira-t-on…

J'ai lu quelque part que le mouvement féministe était responsable de l'infidélité des femmes...

Vous ouvrez là une grande porte. Assurément, peu d'événements ont autant changé la vie sexuelle durant les cinquante dernières années que le mouvement des femmes. Les femmes sont passées du statut de « douce moitié », terme qui rappelait l'histoire de la Bible, alors que Dieu est censé avoir créé Ève à partir d'un morceau d'Adam, à celui de partenaires à part entière, du moins en principe. Je dis « en principe » parce qu'il reste encore du chemin à parcourir, comme vous le savez.

La révolution féministe débutant dans les années 1960 et 1970 s'est produite en même temps que ce que l'on a appelé la révolution sexuelle. Parfois les deux se sont opposées, en particulier sur la marchandisation du corps et de la sexualité, parfois les deux se sont rejointes, par exemple sur la notion de liberté individuelle, encore que le féminisme ne voie pas précisément la liberté sexuelle de la même façon que les marchands de matériel érotico-porno... L'air du temps a donc été à l'expérimentation. Pensez qu'un ouvrage comme *The Joy of Sex*, acheté autant par des femmes que par des hommes, a été un des plus gros *best-sellers* de l'époque ! Sa parution sera d'ailleurs suivie par des versions adaptées pour hommes gays et femmes lesbiennes.

Le sexe n'est plus autant un tabou pour les femmes. En 1976, l'auteure et chercheuse féministe Shere Hite va d'ailleurs publier une des plus vastes enquêtes jamais conduites sur la sexualité féminine, le *Rapport Hite*. Plusieurs tabous tombent : plus de 80 % des femmes se masturbent, la stimulation du clitoris les excite bien davantage que le coït, beaucoup n'ont pas d'orgasme avec leur conjoint ou le simulent en faisant l'amour. La diversité et la franchise des témoignages reçus par l'auteure amènent un vent nouveau dans la compréhension que les femmes ont elles-mêmes de leur sexualité. Cette enquête fait presque éclater la notion de « normalité » en ce qui concerne la sexualité féminine : plusieurs chemins possibles peuvent mener à l'orgasme, que la femme soit seule ou avec un ou une partenaire. Surtout, les femmes comprennent qu'il y a un prix démesuré à payer pour se contenter de faire leur devoir conjugal sans en tirer elles-mêmes plaisir et valorisation.

La télé, la radio et le cinéma contribuent aussi à ouvrir les yeux et les esprits sur la sexualité, en particulier celle des femmes. Par exemple, le film suédois *Je suis curieuse* a été un succès de la fin des années 1960 et du début des années 1970. Le personnage central est une jeune femme en questionnement, ouverte à l'exploration de sa sexualité. À la même époque, plein d'émissions de radio et de télé, presque toutes animées par des femmes plutôt favorables au féminisme, vont devenir des incontournables. Plusieurs de ces émissions, vous les avez d'ailleurs créées et animées, madame Bertrand.

Sans compter que dans les années 1960 l'apparition de la pilule contraceptive a marqué un pas décisif dans la libération sexuelle des femmes, en consacrant la scission entre sexualité et reproduction. Bien sûr, il existait auparavant des moyens de contraception, mais celui-là est simple et surtout sous le contrôle des femmes, alors que le condom est destiné aux hommes et que la pose d'un stérilet est un moyen plus invasif.

Une contraception plus facile d'accès libère la femme des maternités non choisies. Par ailleurs, l'avortement sera rendu légal en 1988 au Canada ; ce fut quelques années plus tôt, en 1975, en France. Cela donnait aux femmes un plus grand contrôle encore sur leur sexualité. La crainte d'une grossesse non désirée a en effet longtemps constitué un risque certain pour la femme qui avait des relations sexuelles hors de son couple, quand les tests de paternité n'existaient pas – ils datent des années 1980. En somme, le mouvement des femmes a promu l'idée qu'avoir du pouvoir sur sa vie, ce n'est pas chercher à contrôler celles des autres, mais faire respecter ses propres droits et libertés – encore faut-il en avoir, ce que beaucoup de femmes dans le monde ne peuvent toujours pas dire, hélas.

Ensuite, la possibilité de divorcer (à partir de 1968 au Québec ; en France, il existe depuis la Révolution, avec une petite parenthèse au cours du XIXe siècle conservateur) va rendre les femmes plus libres, en tout cas moins obligées de tolérer un mariage qui ne va plus. Les femmes demandent d'ailleurs plus souvent le divorce que les hommes. Surtout que la baisse de la pratique religieuse va rendre la chose moins tragique sur le plan moral. Même si on sait que le sort économique des femmes divorcées se détériore en général, la situation tend très graduellement à s'améliorer en raison notamment de la meilleure scolarisation des femmes et de la désexisation des emplois.

Il y a encore des hommes qui croient que la libération des femmes les a trop émancipées, et que cela menace les couples.

Pourtant, hommes et femmes sortent gagnants des relations plus égalitaires. Ce ne sont plus aux hommes de décider et aux femmes d'acquiescer, aux hommes de faire ce que bon leur semble et aux femmes de subir. Ça ne signifie pas qu'il soit plus facile d'être en couple. Mais au moins on a le droit, qui que l'on soit, de ne plus être esclave de et dans notre couple. L'autonomie de chacun des partenaires est devenue une composante incontournable. Le mouvement des femmes a beaucoup aidé à comprendre que, avant d'être bien avec l'Autre, on doit être bien avec soi et avoir les conditions de vie requises pour y parvenir.

J'écoutais récemment des entrevues enregistrées de la défunte comédienne Jeanne Moreau, qui disait que toute sa vie, et avant même le mouvement féministe, elle avait vécu librement « comme un garçon ». Elle ne cachait ni ses aventures ni ses infidélités. Ce qui était bon pour ses partenaires masculins l'était aussi pour elle. En cela, elle était sans doute une précurseure. L'infidélité n'est plus le propre des hommes et ne l'a probablement jamais été tant que ça.

Dans quelles circonstances les gens se trompent-ils le plus ?

On connaît les contextes les plus propices : en tête de liste viennent les relations de travail. Environ la moitié des aventures extraconjugales auraient lieu avec un ou une collègue, ou du moins avec quelqu'un rencontré au travail. Les voyages, surtout quand ils ne sont pas faits en couple, bien sûr, sont aussi une occasion de rencontres qui peuvent tourner à l'infidélité. On se sent plus *relax*, loin de chez soi et de ses habitudes, sans compter la sensation de dépaysement et l'exotisme qui s'en mêlent. Enfin, les réseaux sociaux, le Web et les sites de rencontres qu'il héberge sont des occasions de connaître de nouvelles personnes sans même sortir de chez soi. Ça commence souvent par de la curiosité, jusqu'à ce qu'un contact en personne vous amène à aller plus loin.

« J'aime ma femme, même si je couche avec d'autres. » C'est une phrase que l'on entend souvent. Ou encore : « C'est rien que du sexe ! » Des hommes affirment : « Oui, je couche avec une autre, mais je n'ai pas l'impression de tromper ma femme. » Comment peut-on en venir à cette conclusion ?

Ce type de réponse montre bien que les façons de voir la sexualité, l'exclusivité ou la fidélité varient énormément d'une personne à l'autre. Beaucoup d'hommes qui ont des relations extraconjugales vous diront en effet et en toute sincérité qu'ils adorent leur conjointe ! Et, dans une certaine mesure, c'est vrai, parce qu'ils ne considèrent pas que des relations sexuelles sans lendemain ont de l'importance. Ce n'est qu'une récréation pour eux, qui n'a rien à voir avec l'amour. On a parlé de sport précédemment ; je crois que de nombreux hommes voient la sexualité comme un sport, dont la pratique avec divers partenaires fait partie de leur style de vie. Ce qui n'empêche pas la majorité des hommes, comme la majorité des femmes, de voir l'infidélité d'un mauvais œil, en pensant en premier lieu à l'infidélité possible de leur partenaire, bien sûr. Bref, l'infidélité, c'est toujours beaucoup plus grave quand c'est l'Autre qui la commet alors que, pour soi-même, on trouve toujours de bons motifs pour justifier la chose…

J'ai déjà entendu un homme dire qu'il trompait sa femme pour la ménager !

Et il était sans doute sincère dans son esprit. Vous savez, avant que les femmes soient aussi nombreuses sur le marché du travail et que le Web existe, la prostitution était une des façons les plus courantes d'avoir des relations extraconjugales – elle existe encore, bien sûr, mais n'est plus le recours privilégié des hommes qui veulent « sauter la clôture », comme on le disait autrefois. Beaucoup de clients rapportaient aux travailleuses du sexe qu'ils avaient besoin d'elles pour réaliser des fantasmes dont ils n'osaient parler avec leur conjointe. Par exemple, la fellation a longtemps été considérée comme une activité dégoûtante même entre conjoints, ne l'oublions pas.

J'ouvrirais ici une parenthèse pour parler des personnes qui ont un conjoint ou une conjointe malade. Dans certains cas, « ménager » cette personne n'est pas qu'une excuse ou une façon de parler, encore que se savoir trompé puisse provoquer beaucoup de chagrin. Il peut néanmoins exister, du point de vue de la personne infidèle, des motifs en partie « altruistes » à un comportement que la plupart des gens considèrent plutôt comme égoïste.

Il y a des hommes qui croient que l'on naît infidèle, qu'il n'y a rien à faire, qu'on ne peut pas lutter contre la nature, que les hommes sont faits pour « semer à tout vent » – comme le dictionnaire *Larousse* – et qu'une seule femme ne saurait suffire...

En matière de sexualité, il faut se méfier de cette idée que la nature nous obligerait à faire des choses. Vous savez, des auteurs ont déjà banalisé tous les rapports sexuels amorcés par des hommes, quels qu'ils soient, y compris le viol, en disant qu'il serait légitime qu'un homme veuille transmettre ses gènes au plus grand nombre de descendants possible, par tous les moyens à sa disposition. Comme on le voit, la nature a bon dos pour justifier les pires exactions. Il est regrettable que certains scientifiques véhiculent des idées fausses et même dangereuses en affirmant que nos gènes ont pris le contrôle de notre cerveau et ont fait table rase de notre conscience.

Finalement, peut-on aimer et tromper quand même celui ou celle qu'on aime ?

L'amour, le désir, c'est merveilleux quand ça va ensemble et que c'est réciproque, mais ce n'est pas toujours le cas. Il y a des gens qui sont capables de séparer les deux sans aucun problème. Si vous dissociez dans votre esprit le désir et l'amour, vous arriverez à avoir des rapports sexuels avec des personnes pour qui vous ne ressentez aucun amour, mais uniquement du désir. Combien d'hommes, mais aussi de femmes, vont dire à l'être aimé que la personne avec qui ils ont eu une aventure n'était rien à leurs yeux ?

J'ai aussi entendu des hommes affirmer qu'avoir une aventure fait du bien au couple, que les partenaires se retrouvent par la suite, qu'il y a donc des avantages. J'ai beaucoup de difficulté à le croire.

Ce n'est pas impossible. Encore là, tout dépend du contrat qu'ont ensemble les conjoints, c'est-à-dire ce qui est permis, acceptable ou pas pour eux. Lorsque la relation hors couple est connue et acceptée, les relations extraconjugales peuvent être vues comme des expériences profitables au couple, que ce soit sur les plans sexuel, émotif ou relationnel. Il y a des couples qui se racontent leurs aventures respectives comme un bon film qu'ils ont vu.

Il y a des couples ouverts à des aventures partagées, comme les échangistes. C'est une façon d'être infidèle sans mentir ?

Certains couples optent carrément pour l'échangisme afin de ne pas avoir le sentiment de se tromper. On sait toutefois que des femmes y consentent le plus souvent pour éviter, justement, que leur conjoint les trompe en leur absence. Certains voient dans l'échangisme une façon d'avoir des relations extraconjugales sans être infidèle puisque les deux participent aux mêmes activités, encore que ce soit les hommes qui mènent le jeu. En général, ce sont eux qui soumettent l'idée en premier et qui orientent les scénarios qui vont se dérouler, ce qui explique pourquoi les rapports entre femmes sont plutôt encouragés, mais les rapports entre hommes, qui pourraient tout autant émoustiller certaines femmes, évités.

Quoi qu'il en soit, l'échangisme est une manière parmi d'autres de vivre sa sexualité, et non une solution miracle à des problèmes de couples. Si vous avez déjà des problèmes, y recourir risque plutôt de les aggraver. Il faut le reconnaître : tout le monde n'est pas à l'aise de voir l'Autre partir ou faire l'amour avec une autre personne, parfois plusieurs, devant soi. L'important est de ne pas se faire violence intérieurement, de savoir à quoi on s'engage et le faire en tout respect de soi et de l'Autre.

De nos jours, avec toutes les tentations qui nous guettent, que ce soit au bureau, dans la rue ou sur Internet, est-ce possible d'être un couple fidèle ?

Quand on regarde les statistiques disponibles, il y a probablement plus de risques qu'il y ait de l'infidélité dans un couple, à un moment ou à un autre, qu'il n'y en ait pas. Est-ce qu'il faut se faire à l'idée ? On devrait au moins en discuter, et avant que ça arrive. C'est quand ça roule bien dans un couple qu'il est en mesure de parler de ce qu'il va faire si l'un des partenaires est tenté d'aller voir ailleurs, comme on dit.

Il y a quand même des couples qui ne se trompent pas. Ou peut-être seulement en pensée…

Évidemment, mais savoir que son conjoint ou sa conjointe fantasme sur quelqu'un d'autre peut être très déstabilisant, vous savez. On se plaît à penser qu'on est seul au monde avec l'être aimé et on ne veut surtout pas voir ce rêve brisé.

On parle d'infidélité émotionnelle ou affective quand l'un des deux partenaires s'investit dans une autre relation, pas forcément pour avoir des rapports sexuels – il se peut qu'il n'y en ait pas –, mais pour recevoir de l'affection et de l'attention. Il peut être plus blessant encore de savoir que l'Autre *aime* ailleurs plutôt que *baise* ailleurs. Pas étonnant : on remplace plus difficilement une relation amoureuse durable qu'une relation sexuelle.

Je crois que ce qui fait le plus mal dans l'infidélité, c'est le mensonge. Est-ce que beaucoup de couples restent ensemble après avoir découvert une tromperie ?

En majorité, oui, du moins après une première infidélité. Après, c'est autre chose. Il se peut qu'un nouveau contrat soit alors négocié, qui laisse plus de liberté à chacun, mais il se peut, au contraire, que ce soit comme les assurances automobiles : on pardonne un accident, plus rarement deux, mais pas plus, avant de vous punir en augmentant votre prime de façon substantielle ou en refusant tout simplement de vous assurer par la suite...

Prendre la décision de rester ensemble, ou pas, après une infidélité n'est pas toujours facile. Tout dépend des leçons que chacun en tire et des projections que l'on fait pour l'avenir. Une crise dans un couple, ça peut le tuer, mais aussi le rendre plus fort si on en profite pour régler des choses qui étaient boiteuses. La découverte d'une infidélité peut être une occasion de se dire enfin des vérités. Mieux vaut tard que jamais. En cela, ça peut tourner autrement que par une séparation ou un divorce, ce qui ne signifie pas qu'il n'y aura plus de remises en question ni de sérieuses discussions pour savoir où on en est et surtout où on s'en va comme couple.

Dire la vérité au conjoint ou à la conjointe afin d'être pardonné, c'est gagnant ?

Oui, les études à ce sujet montrent qu'on a plus de chances de survie comme couple quand on admet honnêtement ce qui s'est passé que lorsqu'on tente de le cacher et que l'Autre découvre la vérité par hasard, par un tiers, ou encore en flagrant délit, comme on dit.

Y a-t-il des différences entre la jalousie des femmes et celle des hommes ?

Selon les enquêtes dont on dispose, les femmes sont beaucoup plus jalouses quand il y a un rapport affectif ou amoureux entre leur conjoint et une autre personne. Pour elle, l'amour et le sexe conjugués, c'est ce qui compte le plus. Alors que ce qui perturbe le plus les hommes, c'est que leur conjointe ait eu un rapport sexuel avec un autre homme… et qu'elle puisse comparer leurs performances respectives.

Beaucoup de gens en couple flirtent, y compris devant leur conjoint ou conjointe, sans avoir l'intention de passer aux actes. C'est simplement une stratégie pour rappeler à l'Autre sa propre valeur sur le marché de la séduction, pour le rendre jaloux. Ce qui importe, c'est le message envoyé à son conjoint ou à sa conjointe : « Tu vois que je peux plaire à X, alors tu as intérêt à faire des efforts pour me garder. » Provoquer la jalousie est donc, parfois et très paradoxalement, une stratégie de séduction ou de consolidation dans le couple.

L'ayant moi-même déjà vécue, je crois que la jalousie est causée par un manque d'estime de soi. Je pensais que n'importe quelle fille pouvait me ravir mon mari. Quand j'ai commencé à reconnaître ma valeur, j'ai cessé d'être jalouse. Possessive, oui, ce qui me semble normal quand on aime quelqu'un, on ne veut pas le perdre, mais pas jalouse. Tu comprends la nuance ?

Je suis d'accord avec vous : la jalousie ne dépend pas uniquement de l'Autre et de son comportement, mais aussi, et même beaucoup, de notre estime de nous-même. Si vous pensez que vous ne valez rien, vous allez croire que n'importe qui peut prendre votre place. Si vous pensez que vous êtes quelqu'un de spécial, vous allez estimer que vous remplacer ne sera pas une mince affaire. Vous allez même vous dire que, si l'Autre ne vous apprécie pas à votre juste valeur et s'en va, ce ne sera pas une si terrible perte.

Quant à la possessivité, elle a quand même un lien avec la jalousie. Il y a des limites à la possessivité. Il est normal de tenir à l'être aimé, mais pas au point d'entraver sa liberté ou d'en faire son esclave. J'ai connu un couple comme ça, des gens très gentils mais qui n'enduraient pas que chacun soit plus d'une heure seul avec quelqu'un d'autre, y compris des membres de leurs familles respectives. Je ne vous dis pas les problèmes qui en découlaient, y compris au travail, parce que dans leur profonde insécurité ils s'épiaient constamment, au point de perdre leurs emplois, les collègues et patrons n'en pouvant plus d'en être témoins et parties prenantes. Rendu là, c'est problématique, pour ne pas dire maladif, parce que ça empêche les gens de fonctionner en société.

Mais il y a des gens, des femmes surtout, qui croient que la jalousie est une preuve d'amour !

Oui, j'en ai rencontré plusieurs quand je faisais de la consultation. Je n'oublierai jamais une femme qui avait eu le bras cassé par son mari aussi colérique que jaloux. À ma grande surprise (sans doute étais-je naïf à l'époque), non seulement elle ne songeait pas à le quitter, mais elle se disait fière d'être aimée autant ! Je n'avais pu m'empêcher de lui répondre : « Madame, s'il vous casse un bras quand il vous aime, je m'inquiéterais beaucoup à votre place de ce qu'il fera quand il ne vous aimera plus… »

Non, la jalousie n'est pas une preuve d'amour, c'est plutôt un manque de confiance en soi ou en l'Autre, qui peut être fondé ou pas, bien sûr, mais qui n'est pas très bénéfique pour un couple. Si vous avez un problème de confiance en vous-même, travaillez là-dessus. Dans la jalousie, le principal problème, vous faites bien de le souligner, c'est plus souvent soi que l'Autre. Et si jamais vous n'avez pas confiance en l'Autre, demandez-vous ce que vous faites avec cette personne-là. Être en couple, ça requiert de la confiance.

Il y en a qui croient que la jalousie, ça pimente la vie d'un couple.

Ovide, le poète grec qui vécut il y a deux mille ans, croyait que la jalousie pouvait en effet entretenir ou stimuler le désir. Dans *L'Art d'aimer*, il écrivait que le souffle de la jalousie peut rallumer la flamme éteinte du désir. Le sentiment de rivalité présent dans la jalousie nous rappellerait les motifs pour lesquels on était tombé amoureux de l'Autre. Attention cependant, précisait-il : trop de jalousie va causer non pas du désir mais de la colère. Si la crainte de perdre l'Autre rehausse parfois son attrait, être trompé n'est pas une chose très excitante !

Comment faire pour que la possessivité et la jalousie, si on en vit, ne détruisent pas notre couple ?

Reconnaître que c'est un problème, et non pas quelque chose de normal, serait déjà un bon pas en avant. Si votre couple a une certaine solidité, vous n'avez rien à faire avec la jalousie, ni même avec la possessivité. Vous êtes tombé amoureux de l'Autre parce que vous avez su l'apprécier dans sa liberté. Ne brimez pas cette dernière.

Il y a des gens qui sont jaloux même pour un seul regard…

Dites-vous alors que lorsque les autres apprécient la personne que vous aimez, ils vous font un compliment. Y a-t-il un plus beau compliment en effet que de vouloir être un instant à notre place ? Quand quelqu'un d'autre admire la personne que j'aime et désire, il me dit que j'ai bon goût et même que j'ai de la chance. Pourquoi lui en vouloir ?

C'est plus facile à dire qu'à faire. Il y a des femmes qui sont jalouses des filles de la porno que regarde leur mari.

Tout ce qui peut capter l'attention de l'Autre peut être objet de jalousie. Qu'un conjoint qui vous semble distant ou indifférent se concentre sur des images pornos peut déstabiliser, alors que lui-même se dit probablement qu'il ne fait rien de mal, assis dans le sous-sol devant son ordi pendant que son épouse lit ou regarde la télé. Il se dit qu'il est tellement un bon époux que ses petits fantasmes alimentés par la porno sont sans conséquence.

À la limite, remarquez bien, on peut être jaloux de presque tout dans la vie de l'Autre : sa famille, ses amis, son travail, ses hobbies, bref, ce qui fait en sorte que cette personne n'est pas en permanence concentrée et centrée sur nous. Quand nous pensons comme ça, le plus grand risque dans notre relation, c'est nous une fois jaloux ! Parce que l'on deviendra insupportable.

Des gens m'ont dit que la jalousie, la possessivité, ils ne connaissaient pas ça. Je ne sais pas si c'est possible.

S'ils l'affirment, il faut bien les croire. Toutefois, c'est lorsque des situations ou des événements arriveront dans leur couple, le mettant à l'épreuve, qu'ils sauront le fin mot de l'histoire. On peut se croire peu possessif et pas du tout jaloux pour s'apercevoir que, entre nos intentions et nos actions, il y a parfois un gouffre. Par exemple, on ne veut pas être jaloux, mais on constate qu'on l'est tout de même. Les émotions liées à la sexualité sont difficilement prévisibles parce qu'elles peuvent remuer des zones cachées ou oubliées dans notre mémoire et dans notre passé. Vous croyez ne pas être jaloux et que l'Autre vous trompe ne vous occasionnerait pas la moindre contrariété ? Attendez que ça vous arrive. Le vrai test, ce sera à ce moment-là. Un antidote à la jalousie serait d'être conscient que, en couple, vous êtes le principal complément de l'Autre, mais vous ne pouvez pas satisfaire tous ses besoins.

Les hommes n'aiment pas la monogamie, paraît-il. J'ai lu plein de livres qui disent que les hommes ne sont pas faits pour rester monogames.

L'être humain est un animal social, beaucoup plus social qu'animal, en fait. Vous remarquerez que l'on parle peu de la polyandrie, c'est-à-dire le fait d'avoir plusieurs époux, alors que la chose a existé et existerait encore en certaines contrées asiatiques. Il est d'ailleurs probable que nos plus lointains ancêtres étaient plutôt polysexuels et que la découverte, relativement récente dans l'histoire de l'humanité, des liens entre le coït et l'enfantement ait encouragé les couples monogames homme-femme à se former et surtout à perdurer.

On dit que, chez les hommes homosexuels qui sont en couple, la monogamie est plus rare. Pourquoi ?

Il y aurait deux raisons principales à cela. D'une part, puisque les hommes sont moins portés à la monogamie, vous accentuez cette tendance quand vous avez deux hommes ensemble. D'autre part, avant l'avènement du mariage entre conjoints de même sexe, non seulement la conjugalité entre hommes n'était pas socialement et légitimement possible, mais encore l'idée que deux hommes puissent s'aimer durablement était discréditée. Pour beaucoup de gens, gays comme hétéros, l'homosexualité n'était qu'une affaire de sexe. Depuis le mariage pour tous, comme on dit en Europe, et ce que j'appellerais la revanche des berceaux chez les personnes LGBT+, les choses évoluent rapidement. Les enfants constituent certainement une incitation supplémentaire pour être et rester en couple stable, y compris chez les personnes de même sexe.

J'insiste : il y a des couples fidèles, j'espère ?

Oui, bien sûr, il en reste encore. Il y a aussi des couples où chacun croit, à tort, que l'Autre a été fidèle sa vie durant. Ce n'est souvent qu'au décès du conjoint, de la conjointe ou du couple qu'on va découvrir le secret si bien caché. Parfois aussi un enfant (voire plusieurs) non officiellement reconnu. Les notaires et les exécuteurs testamentaires auraient bien des choses à raconter, qui montreraient que des couples qu'on croyait sans histoire menaient parfois des doubles vies dignes d'un film d'aventures !

Bill Clinton a affirmé que pratiquer le sexe oral, ce n'est pas tromper sa femme. Faut-il une pénétration pour qu'il y ait infidélité ?

La repartie du président Clinton nous rappelle que les notions de fidélité ou d'infidélité sont bien élastiques, si je puis dire. Ce qui est de l'infidélité pour les uns ne l'est pas pour les autres. L'important, c'est d'avoir la même définition à l'intérieur de son couple. Encore faut-il s'en parler.

Je ne crois pas qu'il puisse y avoir infidélité sans souffrance.

Souffrance des deux côtés, ajouterais-je, surtout si une éventuelle infidélité ne faisait pas partie des scénarios prévus par le couple. On ne compte pas les infidèles qui ont regretté leur incartade quand ils ont réalisé qu'ils avaient plus perdu que gagné. « Qu'est-ce que j'ai à gagner, qu'est-ce que j'ai à perdre ? » Dans toutes les décisions qui concernent notre vie de couple – ou extra-conjugale –, ces questions-là reviennent. Elles méritent réflexion. On ne le dira jamais assez : aimer, c'est choisir l'Autre chaque jour.

Comment les Casanova modernes gèrent-ils la culpabilité ?

En essayant de se sentir le moins coupables possible. Vous aurez remarqué qu'il existe une constante dans les récits d'infidélité : les meilleures raisons du monde sont toujours évoquées.

Ça fait plus de trente-cinq ans que je vis avec mon amoureux et je ne l'ai jamais trompé. Je n'ai même pas eu la moindre tentation de le tromper, je m'en confesse. Suis-je normale ?

Il arrive qu'une personne nous apparaisse si exceptionnelle et si apte à nous combler que regarder ailleurs ne nous traversera pas l'esprit. On sait l'apprécier à sa juste valeur, et surtout on se sent apprécié à notre juste valeur. Pourquoi alors tenter sa chance ailleurs ? Il n'y a pas de raison. De grandes amours tranquilles, ça existe encore, et c'est rassurant.

On remarque du reste chez les couples qui durent une créativité qui réussit à contrer la lassitude du quotidien. Tout se passe comme si les amoureux trouvaient suffisamment de rebondissements agréables à leur histoire pour qu'elle ne s'essouffle jamais. Mais encore faut-il qu'ils s'en occupent de cette histoire-là… Beaucoup préfèrent en commencer une autre ailleurs plutôt que de cultiver celle qu'ils ont déjà.

Un de mes amis, adultère, m'avait demandé s'il devait se confesser à sa femme. Je lui avais répondu que sa femme n'était pas sa mère, ni son confesseur. J'aurais dû lui conseiller l'honnêteté ?

Il est difficile de se mettre dans la peau des autres. Si son épouse était aussi une amie, on peut comprendre votre hésitation à la voir possiblement meurtrie par cette nouvelle. Je remarque que votre ami parlait de confession, comme s'il s'agissait d'un péché ou d'un crime. C'est dire son sentiment de culpabilité. Cela dit, un homme peut se sentir très coupable d'avoir eu une aventure extraconjugale et néanmoins recommencer à la première occasion. Les remords ne sont pas toujours suivis de changements de comportement, c'est connu…

Michel, je pense que le couple, c'est un contrat de confiance mutuelle. La fidélité en fait partie, selon moi. La perte de la confiance fait toujours grand tort. Avant de former un couple, on ne discute jamais assez du contrat qu'on passe ensemble, même si on est en union libre. Se demander ce qu'est la fidélité pour chacun, et si c'est important, ensuite en venir à une entente, c'est essentiel pour prévenir les crises qui pourraient arriver. On doit savoir ce qu'on se promet exactement, et tenter de ne pas briser le contrat.

Idéalement, vous avez raison, mais ce que l'on s'est dit et promis comme couple, souvent avec les meilleures intentions du monde, ça ne survit pas toujours aux épreuves du temps et aux aléas de la vie. Ça ne veut pas dire qu'on n'était pas sincère et honnête quand on s'est engagé, mais plutôt qu'entre-temps des événements se sont produits qui ont changé notre façon de voir les choses.

Une séparation ou un divorce entre deux personnes, ce n'est pas un échec, c'est un constat, celui que l'on ne souhaite plus cheminer ensemble. C'est tout. Cela n'enlève rien à ce que vous êtes : vous ne perdez aucune qualité quand vous vous retrouvez seul ou seule après avoir été en couple. Vous restez ce que vous étiez déjà, avec cette expérience en plus.

Avant, quand son couple ne marchait pas, on cherchait à réparer ce qui était brisé, le divorce était pratiquement impossible. Aujourd'hui, on change de partenaire. C'est la même logique que pour les appareils ménagers. Les gens sont attirés par la nouveauté et jettent facilement ce qu'ils ont…

Vous et moi, nous connaissons des gens qui vivent la même histoire à répétition. Ils sont en couple, ils traversent des crises, ils se blâment mutuellement – c'est TOUJOURS la faute de l'Autre. Ils se laissent donc avec amertume et forment un autre couple dès que possible. Tout se passe bien au début, jusqu'à ce que les mêmes problèmes ressurgissent : la crise, la séparation, le départ pour former un nouveau couple, tout aussi fragile. Et tout ça se reproduit toujours, ce qui fait en sorte qu'ils ne connaissent finalement jamais de relation durable.

Bien sûr, on peut réaliser qu'on n'est pas aussi compatible qu'on le croyait avec la personne choisie, qui peut de son côté avoir des comportements inacceptables ou encore avoir changé au point qu'on ne la reconnaît plus. Mais si vous vivez à répétition des bris de couple, il y a de fortes probabilités que vous soyez la seule personne à pouvoir régler le problème. Par exemple, pourquoi choisir invariablement un type de partenaire qui n'est manifestement pas pour soi ? Ou encore pourquoi conclure que plus rien ne va dès la première mésentente ? Est-ce vraiment toujours et seulement la faute de l'Autre ?

J'ai l'impression qu'on oublie qu'être en couple demande un peu d'effort. Je ne veux pas décourager les jeunes en parlant des problèmes de couple. Au contraire, j'aimerais les encourager. Dis-moi, on sait ce qu'il faut faire pour que des couples durent ?

Même s'il n'y a pas de recette magique, des études montrent que les couples qui vivent heureux longtemps présentent certaines caractéristiques.

Avoir des projets communs, par-delà le fait d'être en couple, en est une. Les projets communs et tous les efforts qu'il faudra faire pour les réaliser vont en général cimenter la relation de couple. Il faut beaucoup de complicité pour réaliser des projets à deux, et par la suite en famille.

Pour construire des projets communs, des valeurs communes sont nécessaires. C'est un deuxième point important. Un couple doit partager certaines façons de voir ce que sont la vie, l'amour, la famille, etc. Évidemment, les valeurs communes, on peut aussi les développer ensemble, et c'est là qu'intervient la communication, un troisième élément important. Sans une bonne communication, non seulement vous n'arriverez pas à bâtir des projets ensemble, mais vous n'allez pas savoir régler les petits problèmes et malentendus du quotidien. Bien communiquer, cela dit, ne devrait pas empêcher chacun d'avoir aussi sa vie intérieure, ce qu'on appelle son jardin secret : pour partager son intériorité, il faut d'abord en avoir une.

On a beaucoup parlé de passion au début de ce chapitre. L'entente sexuelle qui s'établit à ce moment-là est précieuse parce qu'elle permet de développer une complicité physique et sexuelle. C'est un quatrième élément décisif. On devra cependant accepter que la fougue sexuelle fluctue ou même s'amenuise au fil du temps. Un cinquième préalable important pour la viabilité d'un couple est qu'il développe des liens d'amitié. Désirer l'Autre, c'est bien, mais il faut aussi l'admirer et lui faire confiance. Passer une bonne partie de sa vie avec quelqu'un exige que ce soit aussi, d'une certaine manière, notre meilleur ami.

Enfin, sixième et dernier point, vivre à deux demande de l'ouverture d'esprit, de la tolérance envers les divergences d'opinions ou de façons de faire et de vivre. Accepter l'Autre comme il est, avec ses ressemblances et ses différences, c'est sans doute le plus beau signe d'amour. Bien sûr, ça ne signifie pas qu'il faut tout accepter de sa part, loin de là (il y a des choses inacceptables, comme la violence), mais il faut être capable de comprendre son point de vue quand celui-ci est exprimé correctement. « Tu ne comprendras jamais aucune personne tant que tu n'envisageras pas la situation de son point de vue… […] tant que tu ne te glisseras pas dans sa peau et que tu n'essaieras pas de te mettre à sa place. » C'est une phrase très sage de la romancière américaine Harper Lee, tirée de son ouvrage *Ne tirez pas sur l'oiseau moqueur.*

On peut prolonger dans son couple le désir des premiers jours ?

Le désir ne se commande pas. Quand il n'est plus là, on ne peut le forcer. En revanche, on peut arriver à le stimuler ou le nourrir grâce aux expériences et aux souvenirs excitants que l'on a partagés avec cette personne. Son corps a changé ou vieilli ? Le nôtre aussi. Et si à nos yeux elle demeure la personne idéale, cela a peu d'importance. Notre passion peut être rallumée, car, au-delà de son corps, c'est elle qui nous attire.

Les personnes infidèles disent souvent, on l'a vu, que leur relation de couple est devenue sans surprise et sans défi. L'excitation ressentie pour la maîtresse ou l'amant vient en partie du fait que cette relation est clandestine et même réprouvée : l'attrait de l'interdit joue parfois un rôle. C'est pourquoi quand, après une séparation ou un divorce, on forme un nouveau couple avec l'amant ou la maîtresse, l'histoire se reproduit souvent à l'identique une fois que cette personne a à son tour perdu l'attrait de la passion et de la nouveauté. C'est dire à quel point un couple doit chercher à se renouveler pour durer. Et pas que sur le plan sexuel, qui n'est qu'un des aspects importants, comme on vient de le voir.

La vie de couple est une aventure ouverte, une découverte de soi et de l'Autre, de ce qu'on a en commun, des projets possibles ensemble, à court, moyen et long terme. Encore faut-il en être conscient pour profiter pleinement de l'aventure, pour voir venir et contrer, autant que faire se peut, les dangers et les pièges qui nous attendent. Il y en aura forcément. Traverser des problèmes à deux fera souvent la force d'un couple ; les nier ou les fuir causera probablement sa perte.

Un couple peut-il survivre sans sexe ?

Tout dépend de la raison pour laquelle ces partenaires sont en couple et ce qu'ils veulent faire de ce couple. Il y a des couples, de tous les âges, il faut le préciser, qui n'ont pas de rapports sexuels et qui sont heureux ensemble. La sexualité n'est qu'un des aspects de la vie, et pour certains couples c'est si secondaire qu'ils arrivent à s'en passer.

L'important est que cette absence de rapports sexuels ne soit pas vécue comme un manque insupportable et que les deux partenaires voient cela plus ou moins de la même façon. Il y a des hommes et des femmes qui ont très peu de désirs et de besoins sexuels. Il y a aussi des couples qui n'ont pas, ou très peu, de relations sexuelles ensemble mais qui s'autorisent mutuellement à avoir des aventures à l'extérieur, occasionnellement, étant entendu que cela ne mettra pas en danger leur stabilité. Comme quoi il y a des liens plus forts que ceux tissés par la sexualité.

Il y a un tabou sur l'absence de sexualité dans un couple, comme si ça n'arrivait qu'aux autres. À quoi est-ce dû, cette absence ?

Il y a une infinité de motifs pour ne pas ou ne plus avoir de rapports sexuels. Il peut y avoir des raisons physiques, psychologiques, relationnelles, qu'elles soient passagères ou permanentes. Le plus difficile, c'est lorsqu'un partenaire veut en avoir et l'autre pas. Des psychologues ou des sexologues peuvent bien sûr aider des couples qui sont aux prises avec cette situation et qui en souffrent. C'est d'ailleurs un motif courant de consultation.

L'absence de sexualité dans un couple peut toutefois être un choix qui n'a aucun rapport avec quelque problème physique ou psychique que ce soit. Tout simplement, le couple s'est mis d'accord sur le sujet : cela ne fait plus partie de leurs activités communes.

C'est fréquent, l'absence de sexualité dans un couple ?

On ne sera pas surpris de savoir que la situation se rencontre davantage chez les couples dont les partenaires ont passé la cinquantaine, encore qu'il arrive que de jeunes couples n'aient que peu ou pas de rapports sexuels. En moyenne, les femmes témoignent se passer plus aisément de sexualité, à mesure qu'elles vieillissent, que les hommes.

Qu'on n'ait pas de rapports sexuels ne signifie pas qu'on n'ait plus d'affection ni de marques de tendresse dans le couple, bien entendu. Il y a des couples qui n'ont pas ou plus de relations sexuelles ensemble mais qui demeurent très tendres, affectueux et attentionnés l'un vis-à-vis de l'autre. Alors que des couples qui font l'amour tous les jours peuvent ne pas arriver à se supporter une fois sortis du lit !

J'ai connu des hommes et des femmes qui m'ont révélé que ce qui leur manquait le plus, ce n'était pas la sexualité, mais la tendresse, justement. Pourquoi certains couples qui n'ont plus de sexualité ensemble cessent-ils toute marque d'affection ?

On croit à tort que caresses et sexualité vont ensemble, ou se succèdent naturellement. Or on peut vivre sans sexe, mais beaucoup plus difficilement sans affection. C'est d'ailleurs, ultimement, le manque de tendresse, beaucoup plus que le manque de sexe, qui sabote définitivement la vie d'un couple.

J'ai aussi connu des jeunes couples qui, après un deuxième bébé, vivaient comme des colocataires, sans sexe. Ces couples peuvent-ils durer ?

Oui, si cet arrangement convient aux deux partenaires. Vous savez, un couple, c'est un projet, c'est donc ce qu'on en fait qui est déterminant. Encore là, si l'un des partenaires souffre de la situation et l'autre pas, ça se complique. L'important, c'est alors de pouvoir faire le point. Qu'est-ce que ça signifie pour chacun de ne plus avoir de rapports sexuels ensemble ? Est-ce au détriment de l'affection ? Est-ce un problème ? Si oui, peut-on ou veut-on le régler, quitte à consulter en relation d'aide pour trouver des solutions ?

Qu'est-ce qui peut remplacer le sexe dans un couple ?
Tout et n'importe quoi, pour peu que cela convienne aux deux partenaires, bien sûr. On peut avoir une vie très remplie sans avoir de rapports sexuels, comme on peut avoir beaucoup de rapports sexuels en étant tout à fait insatisfait de son existence. Quoi qu'on en pense, la sexualité en elle-même n'est pas une garantie de bonheur, que l'on soit seul ou en couple.

Finalement, le couple ne peut durer que si les deux amoureux décident d'en faire un projet commun de vie, avec ou sans enfants, et consacrent tous les efforts nécessaires à le réaliser. Mais ces efforts ne sont pas pénibles, ils font partie de l'amour.

6

Sortir de l'ignorance sur la sexualité des séparés ou divorcés, ces nouveaux et nouvelles célibataires

Michel, 50 % des couples mariés divorcent, et près de 70 % des conjoints de fait finissent par se séparer. Comme les couples durent moins qu'avant, et moins longtemps, ça veut dire que la plupart de ceux et celles qui sont en couple vont se retrouver à nouveau célibataires. Je les appellerais les nouveaux célibataires. Avant, on commençait par être célibataire, puis on était en couple jusqu'à la mort de son conjoint. Aujourd'hui, on a beau espérer qu'on sera en couple avec la même personne toute notre vie, c'est rarement ce qui arrive. Je connais plusieurs femmes qui trouvent difficile de recommencer à chercher un partenaire à quarante ans, cinquante ans, soixante ans et plus…

Il faut dire que la pression est grande, en particulier sur les femmes, pour se retrouver en couple. On a hélas tendance à juger les femmes à partir du désir qu'elles suscitent, alors que les hommes se définissent plutôt par le désir qu'ils ressentent. Bref, une femme qui ne suscite pas de désir n'est plus considérée comme séduisante à ses propres yeux et même aux yeux des autres. Elle risque ainsi de voir son estime d'elle-même en pâtir. La socialisation des femmes est beaucoup axée sur la séduction : pensez à l'importance, surtout pour elles, de l'industrie de la mode, des produits de beauté ou des régimes amaigrissants, par exemple. La séduction est quasiment une obligation pour elles, du moins si on se fie aux messages qui leur sont destinés. C'est pourquoi les femmes qui se retrouvent seules peuvent se sentir diminuées, ou du moins sentir que le regard des autres posé sur elles n'est plus le même. Une amie me confiait récemment qu'une des premières choses que disent les femmes à leurs collègues séparées ou divorcées, c'est : « T'en fais pas, je vais te présenter quelqu'un. » L'intention est peut-être louable, mais le message est clair : rester seule n'est pas vraiment une option...

Effectivement, une personne divorcée sur quatre se remarie, sans compter celles qui vont former des unions libres. J'ai remarqué que les hommes de plus de cinquante ans se remarient souvent avec des femmes plus jeunes, et même beaucoup plus jeunes. C'est inquiétant pour les femmes vieillissantes qui se séparent ou divorcent, non ? Comment vont-elles trouver des hommes ayant plus ou moins leur âge, comme celui avec qui elles étaient avant, si ces hommes-là les dédaignent au profit de plus jeunes ?

Remarquez que deviner l'âge de quelqu'un devient de plus en plus difficile et, puisque personne ne vieillit de la même façon ni au même rythme, le ou la partenaire plus âgé dans un couple peut très bien être celui ou celle qui paraît le plus jeune, y compris dans son comportement et son attitude face à la vie. On est biologiquement programmé pour vieillir, mais socialement incité à rester jeune le plus longtemps possible si on veut demeurer sur le marché de la séduction.

Il n'y a qu'à regarder les photos des gens de quarante, cinquante, ou soixante ans d'il y a un demi-siècle et les comparer avec celles des personnes de ces âges aujourd'hui pour s'apercevoir que, dans les pays riches du moins, où l'espérance de vie a explosé, on a l'air plus jeune plus longtemps. Parce que l'on est plus en santé, bien sûr, mais aussi parce que la préoccupation de se garder en forme et en beauté n'est plus réservée qu'aux stars de cinéma.

Cela dit, si les hommes sont plus portés à choisir des partenaires plus jeunes qu'eux, tendance qui s'accroît d'ailleurs à mesure qu'ils vieillissent, ça ne veut pas dire qu'aucun homme n'est attiré par des personnes plus âgées que lui ! Au contraire, beaucoup d'hommes préfèrent physiquement des femmes (ou des hommes) plus matures, notamment en raison de leur expérience de vie, dont l'expérience sexuelle. Lors d'un colloque en Europe, j'étais à une table ronde avec une femme de quatre-vingts ans veuve depuis longtemps et qui, selon ses propres dires, était très libre dans ses mœurs. Elle confiait avoir parfois des amants de passage beaucoup plus jeunes qu'elle. Elle racontait qu'elle les questionnait, par curiosité, sur leurs motivations à avoir des relations sexuelles avec une femme de son âge, qui pourrait être leur grand-mère. Leur réponse était qu'ils se sentaient bien avec une femme sexuellement expérimentée, et en ce sens rassurante, qui avait le bon mot en toutes circonstances. Ainsi, elle se voyait comme semeuse de bonheur et ne prévoyait pas que sa vie sexuelle allait s'arrêter de sitôt…

Si, comme tu le dis, Michel, les hommes hétérosexuels sont plutôt excités par des parties du corps des femmes, alors que les femmes érotisent davantage la personnalité ou la relation, encore faut-il que ces parties soient maigres et souples… Autrement dit, faut-il donc être éternellement mince pour séduire des messieurs qui, eux, n'ont pas de complexe à être bedonnants et chauves ?

On pourrait dire que c'est le complexe Donald Trump, toujours prompt à passer des commentaires désobligeants sur le corps des femmes, alors que le sien est très loin d'être celui d'un Adonis…

On n'a hélas pas le choix des gens que l'on séduit, ou pas, mais on a le choix dans les réponses que l'on fait ensuite à l'intérêt que nous manifestent, ou non, ces mêmes personnes. Tous les goûts sont dans la nature. Il y a des hommes, nombreux, à préférer les femmes bien en chair à toutes les autres. Dans beaucoup de cultures, la rondeur d'une femme est beaucoup mieux vue que la maigreur. Une femme ronde n'est pas condamnée à rester sur la touche, loin de là. Il est vrai que nos standards esthétiques occidentaux sont tyranniques et vont jouer un peu en sa défaveur sur le plan social. On va se dire, et même on va lui dire, qu'elle a moins de chances qu'une autre, ce qui est pourtant faux. On connaît tous des femmes élancées qui sont sur le carreau et des femmes qui ne correspondent pas du tout aux mannequins des magazines et qui ont un succès fou !

La beauté est toujours relative. C'est notre œil et notre cerveau qui en décident, finalement. C'est ce que nous suggère l'Autre qui nous séduit. Il y a le corps, mais aussi la façon d'être, l'attitude. Parfois, il arrive que l'on tombe amoureux d'une personne qui, à première vue, ne nous plaisait pas beaucoup physiquement. Mais sa façon d'être ou de bouger, son intelligence, son humour, ses attraits cachés au premier regard finissent par nous séduire. De cela, on ne parle pas suffisamment. La séduction est un processus et une aventure qui dépendent de l'apparence, oui, mais aussi de bien d'autres choses.

Les femmes qui redeviennent célibataires après des années de vie sexuelle active dans un couple ont parfois une sexualité en jachère, et peu d'occasions de la cultiver. Elles craignent le qu'en-dira-t-on : si elles font les premiers pas, elles seraient des nymphomanes, et si elles regardent trop des hommes plus jeunes, elles seraient des cougars en puissance. La

société dans laquelle on vit est-elle plus intolérante, sexuellement parlant, pour les femmes en recherche de partenaires que pour les hommes ?

Sur le plan de la recherche active de partenaires, vous avez raison de croire qu'il y a deux poids, deux mesures. Un homme séducteur est un don Juan, mais, comme par hasard, il n'y a aucun féminin à cette expression. Le modèle machiste, qui veut que l'homme propose et que la femme dispose, est résistant au changement, même après des décennies de féminisme dans une société qui se dit égalitaire. Le principal problème est que la sexualité et le plaisir sexuel des femmes ont été négligés, pour ne pas dire niés, pendant très longtemps. Le retard à rattraper est considérable.

Eh oui, il faut répéter aux jeunes filles, dès l'adolescence, que leurs plaisirs et leurs désirs, elles y ont droit autant que les garçons ! Les femmes qui vivent des appréhensions ou de la culpabilité, et qui sont actuellement dans la cinquantaine, proviennent précisément de générations où l'éducation sexuelle a fait défaut, où parler de sexualité, c'était surtout parler de la sexualité masculine, du désir et du plaisir des hommes.

D'autant que presque toute la pornographie telle qu'on la connaît de nos jours fait très peu de place au point de vue féminin, la caméra reflétant en général ce que voit l'œil masculin. Bien sûr, il y a eu le *Rapport Hite*, entre autres, et beaucoup de remarquables ouvrages écrits par des femmes sur leur sexualité, mais cela fait-il le poids comparativement à des siècles d'ignorance et de négation de la sexualité des femmes ?

Je me pose une question : si les hommes préfèrent souvent des femmes plus jeunes, et que c'est admis, pourquoi les femmes qui se retrouvent célibataires hésitent-elles tant à fréquenter un homme plus jeune si elles en ont l'occasion ? De quoi ont-elles peur? Du rejet, du jugement des autres ?

Il y a peu de recherches à ce sujet. On croit néanmoins que les femmes ont tendance à associer chez leurs partenaires âge et maturité. Or l'âge ne peut garantir quoi que ce soit de ce côté : il existe des hommes d'un âge certain qui sont de grands immatures, et des jeunes qui sont des modèles de maturité. La qualité de la relation et du soutien émotif que peut donner un adulte dépend de sa personnalité beaucoup plus que de son âge. Néanmoins, le préjugé qui veut que l'on évolue forcément vers plus de sagesse à mesure que l'on prend de l'âge persiste et joue beaucoup en faveur des hommes, pour qui ce mythe devient un atout supplémentaire.

Contrairement aux hommes, les femmes ne sont pas socialement encouragées à se tourner vers des partenaires plus jeunes, et les hommes jeunes sont peu incités à avoir des partenaires féminines plus âgées. Par exemple, alors que beaucoup d'hommes politiques ont des conjointes sensiblement plus jeunes qu'eux, le président Macron, en France, est perçu comme un cas : son épouse, qui fut jadis sa professeure, a presque vingt-cinq ans de plus que lui. À les voir ensemble, ils semblent pourtant composer un couple beaucoup plus uni qu'une majorité des couples des anciens chefs d'État français le furent... Le couple Macron a été la cible de quelques moqueries et préjugés ; il est cependant devenu un modèle de couple non traditionnel, mais heureux.

D'après les recherches, pourquoi certaines femmes préfèrent-elles des hommes plus jeunes ?

Des femmes qui vivent ou ont vécu avec des partenaires plus jeunes constatent généralement qu'il est plus facile de casser les rôles traditionnels avec un homme d'une génération plus ouverte à l'égalité des sexes. Évidemment, si une femme a cinquante ans et plus, la possibilité d'avoir des enfants biologiques ensemble est quasi nulle, ce qui donne à réfléchir aux hommes qui tiennent à avoir une descendance, mais il y a aujourd'hui d'autres façons d'avoir des bébés, sans compter que leur partenaire a peut-être des enfants d'une union précédente, ce qui donne une famille déjà toute faite.

À travers l'histoire, les hommes qui ont épousé des femmes sensiblement plus âgées qu'eux ne manquent pas. Par exemple, la première épouse de Mahomet, Khadidja, avait dix-huit ans de plus que lui et déjà plusieurs enfants nés de précédents mariages : elle avait divorcé quatre fois. Ce n'est qu'après sa mort qu'il a eu d'autres épouses. Quant à la préférence de l'impératrice Catherine de Russie pour les jeunes hommes, elle est légendaire. Et à une époque où les femmes vieillissaient moins bien qu'aujourd'hui, Diane de Poitiers a été la maîtresse d'Henri II de France jusqu'à la mort de ce dernier. Elle avait soixante ans, il en avait quarante, ils ont été amants durant vingt-trois ans, leur histoire ayant débuté alors qu'Henri avait dix-sept ans seulement.

Les femmes qui optent pour des hommes beaucoup plus jeunes n'en sont en général pas à leurs premières amours. C'est donc un choix réfléchi. Une amie a été longtemps avec un homme beaucoup plus vieux qu'elle, décédé dans les quatre-vingts ans alors qu'elle en avait soixante. Eh bien, savez-vous quoi ? Quand je l'ai revue, elle était avec un homme qui avait la moitié de son âge. En plus, elle avait quitté la ville pour la campagne, et elle avait plein de nouveaux projets ; après s'être occupée vingt-quatre heures sur vingt-quatre de son conjoint durant la maladie qui allait l'emporter, elle revivait littéralement. Elle n'avait, que je sache, subi aucune intervention chirurgicale et paraissait pourtant vingt ans plus jeune. En fait, elle retrouvait sa propre jeunesse. Cette histoire rappelle d'ailleurs une chose : pendant longtemps, les hommes mouraient bien avant leur épouse. Choisir un homme plus jeune pouvait donc amenuiser les risques de veuvage prématuré.

Je pense que beaucoup plus de femmes qu'on ne le croit sont attirées vers des hommes plus jeunes mais gardent cette attirance secrète pour ne pas avoir à affronter les préjugés et les réactions désobligeantes, parce qu'il y en a toujours, je le sais.

La bonne nouvelle, c'est que, le féminisme aidant sans doute, les femmes craignent moins d'affirmer leurs désirs. Elles se disent qu'elles n'ont qu'une vie à vivre, après tout. Et plus on verra des couples rayonnants, comme le vôtre, dans lesquels la différence d'âge n'a jamais été problématique, plus les tabous tomberont.

Ce qui me fait plaisir, c'est lorsqu'une femme vient me dire en catimini : « J'ai fait comme vous et je suis heureuse. » Je lui suggère aussitôt de le proclamer haut et fort pour qu'enfin le tabou disparaisse.

On dit que le bonheur est plus silencieux que le malheur. Et en effet, quand on est heureux en couple, on ne ressent pas forcément le besoin de le crier sur les toits. On le vit, tout simplement… Mais vous avez raison de dire que les gens ont besoin de modèles diversifiés.

Quand même, les hommes célibataires arrivent plus facilement à se recaser, du moins à trouver des partenaires. Mon père avait coutume de dire que le veuf n'attend pas que sa femme refroidisse ; elle est à peine morte que déjà il lui cherche une remplaçante. Est-ce à dire que les hommes ont plus besoin de vivre à deux que les femmes, ou qu'ils ont plus peur de la solitude ? J'ai moi-même remarqué le phénomène que j'appelle l'amour-diachylon après une rupture ou un décès. Je m'explique : au lieu de laisser le temps guérir la blessure du deuil ou de la rupture, des hommes se remettent en couple le plus vite possible. Je l'ai vu je

ne sais combien de fois ! Est-ce un besoin de sexualité si pressant ? Le besoin d'être consolé ? Ou la peur de la solitude ? Ces hommes cherchent une remplaçante rapidement, et pas trop loin d'eux en général. C'est souvent une amie de sa femme, son infirmière ou son adjointe. Qu'est-ce qui arrive ?

En fait, sur le plan émotif, les hommes ont tendance à mettre tous leurs œufs dans le même panier, si on me permet cette image. Leur conjointe est à la fois leur meilleure amie, leur confidente, leur amante, la mère de leurs enfants, etc. Ils ont beaucoup moins que la plupart des femmes ce qu'on appelle un système relationnel, c'est-à-dire une diversité de personnes sur lesquelles s'appuyer sur le plan affectif. Des bons amis, desquels ils se sentent très proches, au point de pouvoir tout se dire, ils n'en ont que très peu, ou pas du tout. Très souvent, quand un homme perd sa conjointe, il a l'impression de tout perdre sur les plans émotionnel et affectif (sans parler de la sexualité). C'est pourquoi, contrairement à ce que l'on pense, les ruptures amoureuses ne sont pas plus faciles à vivre pour les hommes. Et ce n'est pas parce qu'ils n'en parlent pas – de toute façon, avec qui en parleraient-ils ? – qu'ils n'en souffrent pas. Alors, bien sûr, le temps presse pour ces hommes afin de rétablir l'équilibre rompu. Sortir de leur solitude qui leur explose tout à coup au visage, ça devient urgent. Dans certains cas, c'est presque l'énergie du désespoir, car ils ont souvent l'impression d'avoir soudainement tout perdu.

J'ai aussi vu des femmes séparées ou divorcées se jeter sur le premier venu pour se venger d'une rupture. C'est comme mettre un petit pansement sur une plaie. Ça ne guérit pas vraiment... Mais ce succès momentané arrive à leur prouver qu'elles sont encore désirables.

Et pourquoi pas ? L'important est que ce ne soit pas uniquement du désarroi ou de la vengeance qui les guident, parce que ce n'est sans doute pas un socle bien solide pour établir une nouvelle relation. Mais qui sait ce que deviendra cette nouvelle relation ?

Aujourd'hui, les sites de rencontres donnent l'impression que trouver quelqu'un, à tout âge, c'est à la portée d'un clic. Ce serait devenu, me dit-on, la façon numéro un de trouver un partenaire quand on est célibataire. Je serais tout de même curieuse de savoir s'il y a plus de femmes que d'hommes abonnés à ces sites de rencontres...

Effectivement, le ratio hommes-femmes n'est pas du tout équilibré. Il y a en fait de trois à quatre hommes pour une femme, quand on obtient les vrais chiffres, que cachent souvent les sites et agences de rencontres en question, qui ont tout avantage à laisser croire aux hommes que nombreuses sont les femmes qui les attendent. Mais les femmes se fient encore davantage à leur entourage, ou tout simplement au hasard, pour rencontrer un futur amoureux. Plusieurs d'entre elles se méfient plutôt des sites de rencontres…

Puisque les femmes socialisent davantage que les hommes, leurs amies et leurs relations comptent pour beaucoup dans leur quotidien. Pas étonnant qu'elles se fient à cet entourage rassurant pour dénicher la personne idéale, selon leurs goûts et leurs attentes, que connaissent bien leurs proches. Alors que les hommes, on le sait, socialisent moins que les femmes, en tout cas parlent beaucoup moins librement de leur intimité. Pour plusieurs d'entre eux, les sites de rencontres répondent précisément à leur volonté de ne pas consacrer trop de temps à chercher, et que cela se fasse simplement et rapidement. Les hommes sont plus pressés, mais aussi plus visuels dans leur érotisme, comme on l'a déjà dit. Un site avec des descriptions sommaires et des photos correspond très bien à ce que de nombreux hommes privilégient comme façons de faire. Ils croient beaucoup plus volontiers que les femmes qu'en un clip ou deux l'affaire sera réglée… d'autant qu'ils sont plus ouverts aux aventures. Le rendez-vous n'est pas concluant, ce n'est pas vraiment la personne de leur vie ? Pas de problème, surtout s'il y a de la sexualité au rendez-vous. Avoir des aventures est presque toujours vu comme un plus chez les hommes.

Il y a un autre motif, selon moi, à cette réticence des femmes à chercher activement des partenaires, sur le Web ou ailleurs. Beaucoup ont encore l'impression que l'idéal, c'est d'être choisie entre toutes : « Le prince charmant, s'il existe, va bien finir par me trouver… » Le mythe persistant du prince charmant fait en sorte que plusieurs femmes sont en attente qu'il se passe quelque chose dans leur vie plutôt que d'être proactives sur ce plan-là. Tout comme la Belle au bois dormant, certaines attendent plutôt que le prince vienne les sortir de leur sommeil amoureux au lieu d'aller à sa rencontre. Ce qui doit leur arriver va finir par leur arriver, se disent-elles.

On croit à l'amour, au grand amour, que veux-tu...

Sans compter qu'une femme qui cherche trop activement, ce n'est pas tellement bien vu, contrairement à ce qui se passe pour les hommes. Un homme peut être très entreprenant, si on me passe l'expression, sans perdre sa réputation. On est beaucoup plus ouvert à la séduction active chez un homme, alors que la séduction passive est plus valorisée chez les femmes. Elles n'auraient qu'à se faire belles et à être gentilles, ce qui, manifestement, est une forme de sexisme du côté de la séduction, avouons-le. Cela fait en sorte que les femmes ne sont pas socialisées à exprimer leurs désirs aussi ouvertement que les hommes. Ça tend à évoluer chez les jeunes générations, mais pour les nouvelles célibataires de quarante ou cinquante ans et plus, la mentalité n'est pas facile à changer.

Les sites de rencontres sont-ils des attrapes pour les hommes et les femmes qui comptent là-dessus pour trouver un partenaire ?

Les hommes croient à tort que de nombreuses femmes les attendent. Par ailleurs, les femmes, qui ont pourtant l'embarras du choix, risquent malgré tout des déconvenues. Parce que les hommes, faute de trouver la femme idéale à leurs yeux, sont prêts à profiter des occasions qui se présentent pour avoir des relations sans lendemain, en se disant qu'au moins ils auront passé du bon temps. Les femmes ne voient pas forcément les choses du même œil. Celles qui se disent déçues des rencontres faites sur le Web relatent de mauvaises expériences. En fait, les sites de rencontres gays sont sans doute les moins critiqués puisqu'ils correspondent à la demande masculine : de la sexualité, parfois plus, si beaucoup d'affinités.

Une amie m'affirme que certains sites de rencontres utilisent des avatars, autrement dit inventent des personnes qui n'existent pas, pour pallier le manque d'hommes intéressants pour les femmes et vice versa. On peut se fier aux sites de rencontres hétérosexuels pour trouver l'amour ?

Il y en a de toutes sortes, des sites de rencontres. Chose certaine, croiser des avatars ou des individus aux identités fabriquées sur le Web et sur les réseaux sociaux est une éventualité à laquelle il faut s'attendre parce que la virtualité permet, sinon encourage, une telle chose.

Chercher un compagnon à cinquante ans, soixante ans et plus, ce n'est pas toujours facile pour une femme. Les codes de séduction ont changé au fil des ans. Des femmes se demandent, par exemple : « Si on se rencontre dans un resto, qui va payer ? Après combien

de rencontres ou de temps on peut coucher ensemble sans passer pour une femme facile ? »

Les codes de la séduction ne sont pas les mêmes pour tous et toutes, il faut bien le dire. Et ils peuvent varier énormément selon les milieux et les cultures. Rester soi-même, écouter son intuition, se laisser guider par les attentes et les valeurs auxquelles on tient vraiment, c'est sans doute la meilleure attitude. Parce qu'il n'y a pas de réponse toute faite à ces questions. Et puis, le flirt, c'est un jeu qui se joue à deux. Chacun, chacune connaît ses cartes et les joue de la meilleure façon possible, en essayant de deviner le jeu de l'Autre, afin de ne pas trop être déçu.

Mais, justement, il y en a qui trichent. Il y a des femmes qui se font avoir par des manipulateurs astucieux. Dans les sites de rencontres, combien d'hommes mentent sur leur apparence, leur âge, leur profession, etc. ? Les femmes mentent pour se montrer à leur avantage, mais quand un homme leur ment, elles se sentent dupées.

À partir de quel moment embellir la réalité devient un mensonge ? La frontière n'est sans doute pas fixée au même endroit pour tout le monde. Il est bien certain que raconter des bobards n'est pas la meilleure façon d'entrer en relation. Pourtant, certaines personnes, hommes ou femmes, croient que se présenter comme elles sont véritablement anéantirait toute possibilité de rencontre. Il faut dire que, sur les sites de rencontres, il y a une surenchère de profils presque parfaits. Alors certains ne craignent pas d'en rajouter pour se démarquer et se faire remarquer.

Finalement, visiter un site, c'est comme magasiner en ligne. On choisit, on essaie et on retourne la marchandise si ça ne nous convient pas…

Pour certains individus, aller sur les sites de rencontres, c'est presque devenu un jeu. La femme croit qu'elle a rencontré l'homme idéal, avant de s'apercevoir, une fois chez lui, une, deux ou trois rencontres plus tard, que la sonnerie de sa boîte courriel retentit sans arrêt, et pour cause : il est en relation prétendument sérieuse avec une bonne douzaine d'autres femmes, et son ordinateur ouvert l'aura trahi… Évidemment, ça ne se termine pas toujours comme ça ; il y a tout de même beaucoup d'histoires de rencontres très heureuses grâce au Web.

C'est presque toujours la même chose. Les hommes veulent du sexe, les femmes, de l'amour. Toute la technologie du monde n'arrive pas à changer les modèles entretenus par les livres, la télévision et les films. Pourquoi donc les histoires de princes charmants racontées aux petites filles ont-elles encore tant d'impact sur les femmes ?

Les histoires racontées aux jeunes ont beaucoup plus d'impact que nous le croyons parce qu'elles inspirent les scénarios amoureux que nous allons par la suite imaginer et vouloir réaliser notre vie durant. Les enfants, les adolescents et aussi les adultes n'ont d'autres choix pour savoir ce qu'est la vie de couple que de se tourner vers ce qu'ils connaissent, à commencer par leurs parents et leurs proches, ou encore vers les modèles qui leur sont présentés, dans les contes traditionnels, mais aussi à la télé, au cinéma, dans les romans, etc. L'amour romantique est soutenu par toute une industrie qui fait ses profits en suscitant le rêve. Ce qui n'est pas un crime, je le précise. Le problème, c'est que personne ne nous explique qu'entre le rêve et la réalité il y a une grande différence. Le rêve est toujours parfait, mais pas la réalité…

Beaucoup de femmes sont méfiantes, ou déçues, après les échecs vécus. Je connais des femmes divorcées, très attrayantes et brillantes, avec de belles carrières, qui sont persuadées qu'elles ne rencontreront plus jamais quelqu'un qui en vaille la peine. Elles me disent : « Les hommes ne veulent pas de femmes qui gagnent autant ou plus qu'eux. Ils veulent des femmes qui ne sont pas trop indépendantes, ou encore des femmes de carrière, mais soumises. » Ces femmes sont persuadées que leur succès professionnel fait peur aux hommes. À les entendre, plus tu as de succès ou de diplômes, plus tu gagnes bien ta vie, moins tu as de chances de trouver l'amour d'un homme. Ont-elles raison ?

Oui et non. Parce qu'il y a des hommes qui pensent différemment. Mais il est vrai qu'on ne remplace pas du jour au lendemain le vieux modèle de l'homme pourvoyeur. Ce modèle a longtemps servi à valoriser l'*ego* viril. Certains hommes s'y accrochent encore parce qu'ils ne se voient pas prendre leur place autrement dans le couple. Mais l'avenir joue contre eux. À l'université où j'enseigne, comme dans toutes les autres universités d'ailleurs, les étudiantes sont majoritaires presque partout. Le décrochage scolaire est surtout une affaire d'hommes, ce qui fait en sorte que leurs futures conjointes auront dans bien des cas des revenus supérieurs à ce qu'ils gagnent eux-mêmes.

Étant plus instruites et plus autonomes financièrement, les femmes sont aussi plus sélectives, ça se comprend. Elles ne veulent plus, pour bon nombre d'entre elles, être en couple pour être en couple. Le couple doit représenter une valeur ajoutée dans leur vie. Il n'y a pas de raison pour se mettre en ménage avec quelqu'un si cette personne n'apporte pas un plus significatif dans votre existence, dans vos projets, dans vos rêves.

J'ai l'impression que les hommes ont plus de problèmes avec la solitude que les femmes. Le féminisme a beaucoup insisté sur l'autonomie des femmes, et le message a fini par faire son chemin : être en couple avec quelqu'un d'inintéressant, beaucoup de femmes ne le veulent plus, à bon droit. C'est la raison pour laquelle elles prennent généralement l'initiative quand il y a séparation ou divorce. Si elles ont mis de côté une relation passée dans laquelle elles ne se sentaient pas bien, il n'y a pas de raison pour qu'elles se sacrifient pour une relation qui serait du pareil au même…

Une chirurgienne me confiait que, lorsqu'elle va sur un site de rencontres, elle se dit infirmière. Elle m'assure que les hommes ont une peur bleue des femmes gagnant plus d'argent qu'eux. Je pensais que le temps de l'homme pourvoyeur était passé, que l'égalité des sexes était presque acquise, mais ce serait à la condition que la femme ne dépasse jamais l'homme dans la carrière, le prestige, le revenu.

Les femmes de carrière se retrouvent parfois dans une situation de double contrainte : quoi qu'elles fassent, elles seront piégées. Parce qu'elles ont le sentiment qu'elles doivent à la fois, et simultanément, réussir et séduire. Or, pour réussir, il faut savoir se concentrer sur soi, sur ses objectifs, et y travailler fort, alors que pour séduire quelqu'un il faut se consacrer à l'Autre, ce qui exige aussi du temps. Et parfois beaucoup. Comme on demande souvent plus aux femmes qu'aux hommes pour un même emploi (en les payant un peu moins, comme les statistiques le démontrent encore aujourd'hui), gérer leur temps est un défi. Elles en manquent toujours.

Finalement, il y a des avantages aux sites de rencontres ?

Ils permettent certaines choses qui arrivaient plus rarement auparavant : rencontrer des gens qui ne sont ni de notre quartier, ni de notre ville, ni de notre cercle de connaissances. Depuis l'explosion des sites de rencontres, jamais les couples n'ont été si diversifiés dans leur composition : on peut rencontrer des gens de partout, ce qui aurait été très improbable autrement. La mixité sociale, ethnique, culturelle ou autre est plus grande que jamais, du moins en Occident, chez les couples. Parce que l'on peut rencontrer des partenaires de partout, ce que permettait déjà la démocratisation de la possibilité de voyager, bien sûr, mais le Web a pour ainsi dire fait tomber les barrières et les frontières. On peut correspondre et peut-être se lier avec des individus de presque n'importe où sur la planète. Et, comme on l'a déjà dit, l'exotisme, c'est un bon stimulant pour le désir.

Cela dit, cette profusion de choix de partenaires possibles passe sous silence le fait que ce n'est pas tant cela qui compte que la qualité du pairage. On peut avoir rencontré des centaines de personnes sans que quiconque ait trouvé grâce à nos yeux ! Alors que beaucoup de nos ancêtres avaient épousé leur premier amour... Les sites donnent l'impression d'un choix illimité, mais c'est une illusion. Car encore faut-il à son tour être choisi par une personne qui nous intéresse vraiment, puis être capable d'entrer en relation et de la maintenir. Les sites de rencontres donnent une fausse impression de facilité, alors qu'ils ne sont finalement pas plus efficaces que toutes les autres façons de rencontrer. Ils offrent en principe beaucoup plus de possibilités que n'en avaient nos ancêtres, qui sortaient peu de leur village ou de leur quartier, mais le résultat ne fait pas en sorte que les couples d'aujourd'hui soient beaucoup plus viables. Avoir un couple heureux n'est pas plus facile qu'avant...

Comme les courriers du cœur jadis, les sites de rencontres entretiennent l'espoir : « J'ai quelque part une âme sœur, un grand amour, une moitié qui m'attend. Je suis impatiente, mais pas trop inquiète. Un jour, il va me trouver, c'est écrit dans le ciel. » C'est raisonnable ?
Si on cherche l'amour parfait et la personne parfaite, on risque en fait de se retrouver plus seul que jamais après avoir laissé passer des personnes avec lesquelles on aurait pu être heureux si seulement on avait accepté leurs petites imperfections et l'évolution naturelle de toute relation amoureuse.

En vieillissant, beaucoup de femmes, et d'hommes aussi, cherchent la perfection. Je connais des femmes qui cherchent un amoureux comme elles magasinent, en espérant toujours trouver mieux ailleurs...
C'est l'illusion que fabriquent aussi les sites de rencontres : la personne idéale existe et elle nous attend, elle serait à quelques clics de nous... Avec cette profusion apparente de choix, il est bien possible que l'on devienne de plus en plus difficile, pour ne pas dire intolérant par rapport à ce qui contrarie notre modèle de personne idéale et le scénario de ce qu'on voudrait vivre avec elle.

Comme tu sais, il y a cinquante ans, j'ai eu moi-même une agence matrimoniale qui fonctionnait gratuitement dans *Le Petit Journal*. Cette agence, qui était alors une nouveauté au Québec, faisait se rencontrer

des gens qui n'avaient aucun autre moyen à leur disposition. C'était bien avant le Web, on voyageait et on sortait moins à l'époque. Et ça marchait bien, cette page-là, trop bien, même ! Au début, le journal offrait un service de vaisselle aux couples qui se mariaient après s'être connus par nos pages, mais à la fin il y en avait tellement que ce n'était plus qu'une assiette… Je suis contente de moi : j'ai contribué à ce que des couples se forment. Ils furent heureux, j'espère…

Je me souviens même de la chanson que Robert Charlebois vous a dédiée à ce sujet, et qui s'intitulait d'ailleurs *Madame Bertrand*, si j'ai bonne mémoire. Vous avez l'impression que les choses ont changé, depuis, dans les attentes des gens ?

Les attentes des femmes il y a cinquante ans, c'était avoir un homme propre et travaillant, et pour les hommes, une femme aimant les enfants. Cependant, après la rencontre il y avait de longues fréquentations pour mieux se connaître.

Le temps de l'apprivoisement mutuel est aujourd'hui plus court qu'auparavant. Comme on croit, à tort selon moi, que l'on va pouvoir passer facilement d'une relation à l'autre, on tourne les pages du livre de nos amours assez vite. Quand vous aviez votre courrier du cœur, il fallait des jours ou des semaines avant qu'une lettre soit écrite, se rende au journal et qu'une réponse parvienne ensuite. On avait le temps de réfléchir, d'anticiper ; aujourd'hui, les mêmes démarches demandent quelques minutes à peine…

Pendant une bonne partie de l'histoire de l'humanité, le désir a pu prendre tout le temps voulu pour croître. Le désir émanait des sentiments, croyait-on. À l'inverse, on passe plutôt de nos jours du désir au sentiment : on se dit qu'on va d'abord voir si on est compatible physiquement et que, si tout s'est bien déroulé au lit, on pourra envisager de développer de l'amour l'un pour l'autre. Ce n'est pas du tout la même logique. En tout cas, les sentimentaux et les sentimentales – il y en a encore beaucoup – passent pour démodés.

On a parlé des nouvelles célibataires en attente, mais il y a aussi les nouvelles célibataires bien heureuses de l'être ! Elles nous vantent les mérites du célibat retrouvé, la liberté de se lever la nuit pour lire, la liberté de manger des biscuits soda au lit, la liberté de péter quand on en a envie. Échaudées par des échecs successifs, elles disent ne plus croire en l'amour et profiter enfin de leur liberté.

Malgré la pression pour former des couples, on voit de moins en moins le couple comme une obligation, encore moins comme un signe incontournable de réussite. Cela dit, si vous parlez aux gens autour de vous, vous verrez que beaucoup de célibataires se projettent dans l'avenir en se voyant en couple… Ce n'est pas un hasard si pour ainsi dire toutes les publicités nous vantant les joies de la retraite nous présentent des couples âgés heureux. Le célibat et la retraite, ce n'est pas souvent associé, même si un très grand nombre de personnes âgées vivent, et vivront, seules. Il y a une rupture évidente entre la réalité et ce que nous montre la publicité : les personnes vieillissantes ne sont pas toutes en couple, loin de là, et n'en sont pas forcément malheureuses !

Il y a un sujet que je n'ai pas abordé encore, et qui est important : les nouveaux et nouvelles célibataires ont, dans bien des cas, des enfants. Avec des enfants, même s'ils n'habitent plus à la maison, tu n'es pas vraiment tout seul dans la vie, sans compter les petits-enfants et même les arrière-petits-enfants. J'ai l'impression que les nouvelles célibataires, séparées ou divorcées, sont déchirées entre deux devoirs. Le dévouement total à leurs enfants, qui ont été leur seule famille pendant un bon moment, et leur autonomie personnelle, qui signifie pouvoir dire non parfois aux enfants pour avoir à nouveau une vie de couple.

Être en couple, ça veut dire en effet prendre du temps pour son couple. Quand vous avez été seul durant des années, vous avez perdu cette habitude. Et vos proches également ont perdu de vue que vous pouvez avoir une vie intime, qu'ils doivent respecter. Il ne faut pas hésiter à faire la part des choses, à rechercher le bon équilibre, à affirmer ses besoins aussi. Être à nouveau en couple, c'est idéalement se donner des conditions pour avoir une vie meilleure : tout le monde, enfants y compris, il faut parfois le leur rappeler, devrait en sortir gagnant. Quand on a eu un parent dévoué pendant des années, accepter de le partager avec son nouveau conjoint ou sa nouvelle conjointe ne va pas toujours de soi. Les parents doivent aussi affirmer leurs droits, en particulier les célibataires qui ne veulent pas le rester à vie. Vous savez, les enfants, quel que soit leur âge, voient rarement leurs parents comme des êtres sexuels qui peuvent susciter du désir. Ils croient volontiers que la sexualité, c'est exclusivement réservé aux personnes de leur génération, ou plus jeunes…

Pourtant, pour la femme, se retrouver séparée ou divorcée, c'est souvent voir ses conditions de vie matérielles ou ses finances en prendre un coup. Pas seulement parce que vivre à deux coûte moins cher, mais parce que les femmes ont à la fois plus de responsabilités et moins d'argent après la rupture. Leur indépendance a un prix. Et ça peut couper les ailes à celles qui ne veulent ou ne peuvent assumer ce prix.

Comme vous le dites, les femmes, surtout si elles se retrouvent à élever les enfants seules, voient fréquemment leurs conditions de vie décliner après une séparation ou un divorce. On voit bien que quitter leur conjoint était une question de bien-être global, et pas que matériel ou financier, même si cela a son importance, bien entendu. Il y a aussi toute la question des pensions alimentaires pour les enfants, qui pose souvent problème malgré les avancées des lois et règlements à ce sujet. Trop d'hommes qui se séparent ou qui divorcent estiment qu'ils ne doivent rien à personne. Manifestement, il y a encore de l'éducation à faire de ce côté-là.

Je me demande si les femmes échaudées à la suite d'unions malheureuses peuvent vraiment retomber amoureuses et trouver le bonheur, cette fois-là. Je l'ai fait, mais est-ce toujours facile ?

Le problème, c'est que, hommes ou femmes, nous avons tendance à reproduire nos relations antérieures. On essaie souvent de restaurer le passé dans nos relations amoureuses. Sans compter que revivre une histoire similaire nous sécurise : nous restons en terrain connu. La prochaine relation sert donc souvent, plus ou moins inconsciemment, à régler des choses qui ne l'ont pas été dans la relation précédente. Ce qui fait, malheureusement, que l'on a tendance à choisir à nouveau quelqu'un qui ressemble, et parfois beaucoup trop, à la personne qu'on a laissée précisément parce que ça n'allait pas… On a ainsi tendance à vouloir réécrire l'histoire afin de nous convaincre qu'elle pourra enfin avoir une fin heureuse. Il serait tellement préférable de changer d'histoire en choisissant quelqu'un de suffisamment différent pour ne pas retomber dans les mêmes pièges ou problèmes. Mais c'est sans doute plus facile à dire qu'à faire…

Par exemple, une femme qui a eu un mari froid et distant peut être portée à rechercher encore un homme qui présente ces caractéristiques en se disant que cette fois elle va réussir à l'amadouer. C'est un risque démesuré. C'est néanmoins le scénario qu'elle a dans la tête, probablement sans en être tout à fait consciente. Si elle suit ledit scénario, elle risque fort de vivre la même chose, ce qui va lui confirmer qu'elle ne sera jamais heureuse avec un homme… Alors que le véritable problème, c'est plutôt le type d'hommes qu'elle choisit. Mais peut-être est-ce le seul type d'hommes qui l'allume, ne la jugeons pas ! On peut toutefois lui souhaiter que la prise de conscience de son scénario perdant, jusque-là inconscient, lui permette de remettre en question ses choix de partenaires. Nous ne sommes vraiment pas obligés de choisir toujours des personnes qui ne nous conviennent pas. À un certain moment, on doit pouvoir se dire qu'assez c'est assez. Possiblement que le prochain partenaire sera vu comme un peu moins attirant, car ne présentant plus ce défi de transformer le morceau de glace qu'il est en feu de foyer, mais vivre avec lui sera tellement plus agréable que le changement en vaudrait la peine. En tout cas, la question se pose. Après tout, la majorité des couples qui durent ne sont pas forcément le résultat d'un coup de foudre réciproque, qui serait le cas d'un couple sur sept seulement.

Quand tu as écrit *Jeunes filles sous influence*, sur les adolescentes qui se font enrôler dans la prostitution, tu as parlé des filles qui se pâment devant les *bad boys*. Tu sais, il y a des femmes de tous les âges qui aiment les mauvais garçons et qui rêvent de les sauver.

C'est juste, mais sans doute est-il possible une fois adulte de réaliser que ce rêve de changer quelqu'un par notre amour n'est pas très réaliste. On dit que l'amour nous pousse à donner le meilleur de nous-même. C'est vrai, mais encore faut-il avoir ce « meilleur » à donner. Il y a des gens, hommes ou femmes, qui ont de la difficulté à donner et à aimer. Parce qu'ils ne l'ont jamais appris et qu'il est maintenant trop tard, que le pli est pris, parce qu'ils ont été traumatisés au point que l'attachement représente pour eux un danger, parce que ce sont des opportunistes de l'amour, qui prennent sans jamais donner. En disant cela, je ne cherche à blâmer personne, les gens sont comme ils sont, mais à rappeler que l'amour a besoin de réciprocité pour s'épanouir. Si vous êtes la seule personne à aimer, ou à désirer, dans votre couple, c'est mal parti, et ça ne peut que se détériorer : un jour, tôt ou tard, vous n'en pourrez plus.

Il y a des femmes qui ne veulent plus souffrir, et qui ont mis la vie de couple et même le sexe de côté. Peut-on envisager de vivre vingt ans, trente ans sans amour ou sans sexualité ?

Manifestement oui, puisque beaucoup de femmes, et d'hommes aussi, n'ont pas ou plus de rapports sexuels. Plusieurs femmes arrêtent tout simplement parce qu'elles se rendent compte qu'elles ont des relations sexuelles pour faire plaisir à quelqu'un d'autre, alors que le cœur n'y est plus, et peut-être même n'a jamais été là.

Quelles sont les solutions de rechange à la sexualité, s'il y en a ?

D'une part, un déclin dans les activités sexuelles en duo ne signifie pas la fin des fantasmes ou de la masturbation, pratiquée à tous les âges de la vie, rappelons-le. D'autre part, il y a plein d'autres sources de plaisir et de gratification dans la vie, vous diront celles et ceux qui ont fait une croix sur les relations sexuelles, quelle qu'en soit la raison. Certains en souffrent plus ou moins, d'autres pas du tout. Quand l'abstinence est vue comme un choix, elle est beaucoup plus facile à vivre.

« Tu ne trouves pas parce que tu ne cherches pas, ou pas assez. » C'est ce que les femmes qui se retrouvent seules une fois séparées ou divorcées se font dire. Est-ce une façon de les blâmer, en leur disant que c'est leur faute si elles sont seules, qu'elles ne savent pas comment s'y prendre ?

Les femmes portent démesurément le poids de la réussite de leur couple. Et quand elles ne le font pas elles-mêmes, leurs proches ou leur conjoint les incitent à penser en ce sens. Ce qui fait en sorte qu'il y a parfois une culpabilité ressentie dans l'échec de leur couple, comme si c'était leur faute, et surtout, *uniquement* leur faute. Or la rupture d'un couple repose sur un constat très simple : on n'est plus bien ensemble et on le réalise. Pourquoi chercher mordicus un responsable à cela, pourquoi blâmer les femmes du seul fait que la vie intime serait supposément davantage leur affaire que celle des hommes ? Non seulement c'est erroné, mais c'est injuste et sexiste, encore une fois.

On ne peut nier par ailleurs qu'il peut y avoir de l'ambivalence dans la recherche de partenaire. On voudrait bien être en couple, MAIS… Mais, en effet, on n'est pas prêt à faire tel ou tel compromis, ou à sacrifier sa liberté retrouvée, surtout quand on a été précédemment dans un couple qui a fini par devenir étouffant ou infernal. On peut être, à bon droit, hésitant avant de s'engager dans une nouvelle relation amoureuse, surtout quand s'annoncent les mêmes problèmes qu'avant…

Je vis à Montréal et il me semble que la ville est remplie de célibataires, hommes et femmes, de la quarantaine au grand âge, qui ont déjà été en couple. J'ai lu que c'est la première fois au Québec qu'il y a plus de célibataires d'un certain âge que de jeunes. En somme, à Montréal et même au Québec, nous serions les champions de la vie en solo. Pourquoi semble-t-on fuir le mariage, ou même la vie à deux, qu'on soit jeune ou vieux ?

D'abord, je ferais remarquer que nous sommes aussi, au Québec, les champions de l'union libre : moins de 30 % des adultes sont mariés. Sans compter que plusieurs personnes qui se considèrent en couple ne vivent pas ensemble, que ce soit pour des raisons pratiques ou philosophiques. On peut certainement aimer une personne sans partager son quotidien. Je connais même des couples qui estiment que cette distance voulue entre eux leur a précisément permis de durer. Par exemple, ne se retrouver que les week-ends peut être une stratégie gagnante pour les gens qui ont besoin de beaucoup d'indépendance et de temps pour eux ou pour leur travail. Les retrouvailles du week-end deviennent des moments intenses de partage et de petits ou grands bonheurs. On se redécouvre un peu chaque fois. Il y a beaucoup de gens qui ne peuvent supporter la routine ou même le quotidien avec une autre personne. Ils s'ajustent donc en conséquence en formant des couples qui ne cohabitent pas, du moins pas à plein temps.

Il me semble qu'il y a plus de femmes seules que d'hommes seuls. Ai-je la berlue ? Pourtant, ça devrait plus ou moins s'équilibrer, non ?

Vous n'avez pas la berlue, madame Bertrand : plus elles avancent en âge, plus les femmes sont seules, parce qu'à tous les âges de la vie les hommes meurent en plus grand nombre que les femmes ! Autrement dit, si à tous les âges de la vie il y a plus de femmes que d'hommes, la différence s'accentue au fil du temps, ce qui fait en sorte que plus les femmes vieillissent, plus elles sont nombreuses par rapport aux hommes encore en vie.

De nouveaux couples se forment tout de même encore chez les plus de cinquante ans.

Il y a couramment des mariages chez les plus de cinquante ans, sans parler des unions libres, beaucoup plus nombreuses encore. Il n'y a pas d'âge pour rencontrer l'amour. Il se peut même qu'en vieillissant, si on veut vraiment être en couple, on soit prêt à plus de petits compromis, comme accepter que l'Autre ne soit pas parfait, car le temps file et ne reviendra pas, on finit par le comprendre.

Je pense que certaines femmes ne cherchent tout simplement plus par peur d'un autre échec. Elles

découvrent qu'elles aiment finalement vivre seules, elles y ont pris goût. Une connaissance à moi me parle abondamment de la tyrannie du désir, et du soulagement de s'en être enfin débarrassé. Ne plus être en quête, ne plus se faire belle à tout prix, ne plus avoir à briller, ne plus se faire sexy, même quand ça ne te le dit pas, quelle délivrance ! Mais je me demande si elle ne se ment pas à elle-même. Si le conjoint idéal se présentait, changerait-elle d'idée ?

Si le mariage et même l'union libre, dans certains cas, impliquent un contrat, le célibat n'en est pas un, après tout. Ce n'est pas non plus un vœu de chasteté. Vous pouvez à tout moment changer d'idée, en effet. Ce que suggère votre amie, c'est qu'elle se sent libérée de vivre sans la pression d'être désirée ou désirable. Elle est bien avec elle-même, c'est l'essentiel. On peut même penser qu'on devient une personne encore plus intéressante et attrayante pour les autres, quel que soit le type de relation qu'on anticipe, quand on est d'abord bien avec soi.

Bien des femmes sortent dévalorisées d'une union brisée, comme si elles en étaient les seules responsables. Elles n'ont pas toujours une haute estime d'elles-mêmes et elles ont peur d'être rejetées ou de se tromper une nouvelle fois. Disons le mot, elles sont complexées…

Deux personnes qui se rencontrent, ce sont aussi deux histoires de vie qui se rencontrent. Chacun a son vécu particulier, qui l'a amené à acquérir des goûts précis, qui ne visent pas nécessairement la perfection. Les choix de partenaires que nous faisons parlent beaucoup de notre vision de nous-même : est-ce que je suis digne de cette personne, l'est-elle de moi ?

Pour séduire, il faut forcément un minimum de confiance en soi. Si je ne m'aime pas moi-même, comment vais-je convaincre quelqu'un de m'aimer ou de me désirer ? Pas besoin d'être parfait pour séduire. Il faut seulement être conscient de ce que l'on peut apporter à une autre personne et le lui suggérer aimablement.

Une femme divorcée m'affirmait que faire l'amour avec un nouveau partenaire aujourd'hui, c'est comme passer un examen. Elle déteste l'anxiété que ça provoque chez elle et se prive de toute nouvelle relation, trop angoissante pour elle.

Dans ce cas, en effet, la pression ne vient pas forcément, ou uniquement, du partenaire, mais de la personne elle-même. En est-elle seulement consciente ? Si vous partez avec la peur de vous faire juger, vous n'allez probablement pas avoir ni donner beaucoup de plaisir, c'est le moins que l'on puisse dire, ou encore vous allez feindre le plaisir et vous forcer à faire des choses dont vous n'avez vraiment pas le goût, ce qui n'est guère mieux…

La peur d'avoir des relations sexuelles avec un nouveau partenaire quand on a passé plusieurs années avec le même conjoint est très présente. Peur de ne pas être à la hauteur, peur de décevoir l'Autre, peur

de son jugement. Ce corps vieillissant, on a parfois de la difficulté à l'accepter nous-même...

Toute nouvelle relation intime implique un minimum non seulement de confiance en soi, mais aussi de confiance en l'Autre : on accepte mutuellement de se parler de nos attentes, de nos envies, de nos goûts et dégoûts, de nos déceptions aussi. Bien sûr, ce n'est pas toujours facile de parler de cela avec une personne qu'on connaît encore peu et qu'on ne veut pas décevoir. Mais il y a forcément une période d'apprivoisement mutuel, et ça, on doit l'accepter. Les couples qui sont immédiatement complémentaires, sensibles aux attentes et aux envies secrètes de l'Autre, il n'y en a pas tant que ça, hormis dans les films érotiques ou pornos... où ce sont des acteurs et actrices qui jouent un scénario écrit d'avance, ne l'oublions pas. Les petites et grosses angoisses face à un tout nouveau partenaire sont normales, car on ne sait pas comment va se dérouler ce partage d'intimité.

Je dis souvent que notre âge, c'est surtout dans notre tête... ou dans la vision des autres. N'empêche qu'à partir d'un certain moment tu ne peux cacher ton âge, encore moins mentir à ce sujet. Des femmes se voient moins séduisantes et se le font dire indirectement par la réaction des hommes, en tout cas de certains hommes, vis-à-vis d'elles : elles sont devenues invisibles... Une femme qui a été en couple pendant vingt ou trente ans, qui s'est mariée dans la vingtaine et qui se sépare ou qui divorce à cinquante ans et plus doit

quand même pouvoir concurrencer des femmes plus jeunes dans sa recherche de partenaire masculin.

On peut voir notre âge, ou celui des autres, comme un moins ; on peut le voir comme un plus aussi. Si vous vous dites que vous êtes trop vieille, ou trop vieux, pour avoir une vie amoureuse ou sexuelle, vous allez forcément laisser transparaître ce sentiment défaitiste. Autrement dit, vous allez alors vous éloigner vous-même de toute possible rencontre. On ne séduit probablement pas de la même façon, ni avec les mêmes atouts, à soixante ans qu'on ne le fait à vingt ans, mais on peut à tout âge séduire. Et ce n'est pas qu'une question d'apparence.

Après avoir vécu une longue relation de couple, plusieurs femmes pensent que c'est terminé pour elles, la vie sexuelle. Une des craintes les plus courantes chez les femmes, c'est qu'aucun homme ne touchera plus leurs corps parce qu'elles ne sont plus jeunes. Plusieurs femmes m'ont dit ça. Je trouve ça triste.

Oui, c'est triste, parce que la séduction n'a pas d'âge. Et, vous savez, ce qui nous plaît moins, voire pas du tout, en nous, c'est souvent justement ce qui fait notre charme aux yeux des personnes que nous attirons. Quand vous demandez à une personne amoureuse de vous ce qui lui plaît le plus en vous, vous êtes souvent surpris de l'entendre parler de caractéristiques dont vous étiez peu conscient, ou encore que vous sous-estimiez ou n'aimiez pas du tout en vous ! Y compris sur le plan physique. Certes, le manque d'estime de soi n'aide pas à séduire, mais le contraire est aussi vrai, ne l'oublions pas : les personnes trop sûres d'elles-mêmes, au point d'en paraître hautaines et méprisantes, ne sont guère considérées comme attrayantes aux yeux de la plupart des gens.

En fait, on est hélas mal placé soi-même pour savoir pourquoi on est attirant, ou pas, que ce soit sur les plans physique, psychologique ou relationnel. Hormis les personnes narcissiques, la plupart des gens ne seraient pas très attirés par eux-mêmes. Alors il faut accepter que l'étincelle amoureuse et sexuelle, c'est dans la rencontre réelle entre deux personnes que ça se joue, et non pas uniquement dans notre tête, dans nos attentes idéalisées.

Retomber en amour n'efface pas toutes les peurs, mais cela les atténue si on les partage avec son amoureux qui, ô surprise, a peut-être lui aussi peur de ne pas livrer les mêmes performances que le partenaire précédent…

Vous avez raison, cette anxiété de la performance concerne les deux partenaires, et il n'est pas rare que les deux éprouvent en secret les mêmes angoisses, en premier lieu celle de décevoir l'Autre. En parler est en effet une façon de dédramatiser la chose, et même d'en rire, pourquoi pas ? Et vous savez quoi ? Si on a réussi, au début d'une relation, à se parler de nos peurs respectives et à les dédramatiser, je crois que l'on est sur une bonne voie, car on sait se parler, communiquer et être à l'écoute de ce que l'Autre peut aussi ressentir.

Avec un nouveau partenaire, il y a quand même une perte des repères en raison de la méconnaissance du corps de l'Autre, de ses goûts érotiques et de ses sensibilités physiques. On fait quoi ?

On s'en parle ! Vous avez bien raison de le mentionner. On peut aussi accepter d'explorer et d'expérimenter, quitte à errer au début. On peut assurément le faire sans brusquer l'Autre et en se donnant aussi, bien entendu, la permission de dire quand on aime cela et quand ça cesse d'être agréable.

Il n'y a pas deux personnes qui réagissent de la même façon. Deux personnes semblables de l'extérieur n'ont pas les mêmes sensibilités physiques ou psychologiques. C'est toute notre histoire de vie qui a modelé notre érotisme, ne l'oublions pas. Certaines personnes sont très excitables à des endroits qui laissent la plupart des autres femmes ou des autres hommes complètement froids. Inversement, vous pouvez tenir pour acquis que tous les hommes ou toutes les femmes sont excitables de telle ou telle façon parce que vos partenaires précédents l'étaient. Alors que votre nouvelle conquête ne répond pas du tout de la même façon. Et ce n'est nullement votre faute, ni la sienne, bien sûr. C'est comme ça, c'est tout.

Avoir un nouveau partenaire, c'est forcément apprendre de cette personne-là, puis de notre expérience commune. C'est donc être ouvert au dialogue. Quand on est très amoureux d'une personne, on est souvent enclin à être à son écoute. Et c'est très bien ainsi, parce que la compatibilité, ça va rarement de soi, mais ça se travaille, si j'ose dire, en trouvant les dénominateurs communs à nos envies sur le plan sexuel. Bien sûr, c'est probablement plus aisé quand on est jeune et qu'on est volontiers prêt à expérimenter plein de choses. Mais on peut être ouvert à vivre de nouvelles expériences, et même de nouvelles positions ou pratiques sexuelles, à tout âge.

Vous savez, pour partager le plaisir, il faut d'abord savoir ce que c'est, donc être en mesure d'en avoir éprouvé soi-même pour pouvoir en donner. Être à l'écoute de soi et à l'écoute de l'Autre simultanément, ce n'est pas facile : le plaisir est plutôt égoïste, en particulier le plaisir sexuel. Mais le plaisir partagé procure à l'évidence des sensations agréables : par exemple, la reconnaissance de notre faculté de procurer du plaisir, la communion des corps qui soudainement ne font plus qu'un, le plaisir de voir l'Autre éprouver du plaisir.

Il semblerait que les femmes ménopausées à nouveau célibataires ne songent plus à se protéger quand elles font l'amour. Elles se pensent à l'abri des infections transmises sexuellement ou par le sang. Or personne n'est à l'abri des infections et des maladies, surtout quand le passé sexuel de l'autre demeure inconnu. C'est inquiétant.

Se retrouver sur le marché de la séduction, si on me permet l'expression, c'est devoir composer à la fois avec de nouvelles libertés et de nouvelles obligations. Il y a les deux. Le fait d'être à l'abri de grossesses, donc libérée de la contraception, peut donner un faux sentiment de sécurité. L'une des premières personnes que j'ai connues à être décédée des suites du sida était une femme dans la cinquantaine qui avait vraisemblablement contracté le VIH lors d'un voyage au cours duquel elle avait tenté d'oublier son récent divorce avec un beau jeune homme. Elle ne se considérait pas comme à risque de contracter quoi que ce soit.

Quand j'étais enfant, ma sœur et moi ne voulions pas nous brosser les dents pendant les vacances. Nous avons appris à la dure que les caries ne prenaient pas de vacances. C'est pareil pour les virus. On est plus sensibilisé maintenant aux risques et aux maladies qui peuvent venir avec une sexualité active avec des partenaires plus ou moins connus. Les adultes qui redeviennent célibataires doivent retrouver leurs réflexes de l'époque où ils étaient plus jeunes en ce qui concerne la prévention des grossesses non désirées, si l'éventualité existe, et des infections transmises sexuellement. Encore que certaines femmes n'aient pas eu beaucoup de partenaires même à l'époque de leur jeunesse : il leur faut donc apprendre de nouvelles choses, à commencer par négocier la relation et les protections qu'elle impose. Se retrouver célibataire, c'est avoir de nouvelles possibilités, mais aussi de nouvelles responsabilités, y compris envers soi-même…

Retomber en amour, c'est se donner à quelqu'un d'autre d'une certaine façon, lui faire confiance, et

ça comporte des risques, dont celui de se tromper et d'être trompé. Les femmes sont libres de prendre les risques... ou de se masturber le reste de leur vie ?

Le choix n'est pas si cornélien que cela, vous savez, madame Bertrand : chaque nouvelle occasion de relation comporte des risques, certes, mais aussi des bénéfices possibles. C'est en jaugeant les deux, en pesant le pour et le contre, que l'on finit par prendre une décision. Nul ne connaît l'avenir, et on se base sur ce qu'on connaît de cette personne-là à ce moment-là pour la choisir comme partenaire. Nous pouvons nous tromper, mais la personne en question peut aussi évoluer différemment, en des directions qui ne correspondent pas à nos propres aspirations. Les gens changent, y compris nous-même, c'est la vie.

Je crois qu'on a tendance à être plus sélectif, à tous les points de vue, en vieillissant, car, à défaut de savoir ce qu'on veut, ou qui on veut, on sait très bien ce qu'on ne veut pas ! Alors, oui, il y a des choix à faire. Est-ce qu'il vaut mieux se procurer du plaisir soi-même qu'être avec une personne avec laquelle on est mal assorti ? À chacun et chacune de trouver sa propre réponse. Dans tout choix de vie, il y a des choses que l'on gagne et des choses que l'on perd.

J'ai remarqué que les célibataires se fréquentent surtout entre eux, et les gens mariés entre gens mariés. Une femme célibataire demeure une concurrente possible pour la femme mariée.

Beaucoup de femmes racontent en effet qu'en perdant leur couple elles ont perdu une grande partie des amis du couple qui étaient aussi ensemble. Nous avons tendance à catégoriser les gens dans notre tête, et être célibataire ou être en couple semblent encore représenter des catégories importantes, qui changent la façon dont les autres nous perçoivent.

De nouvelles célibataires se plaignent du petit air de condescendance que les femmes en couple leur jettent.

On est passé assez rapidement comme société de l'image de la « vieille fille » délaissée (tiens, j'écris cela le jour de la Sainte-Catherine, qui fut longtemps célébré comme leur fête au Québec !) à l'image de la célibataire, ancienne ou nouvelle, qui est plutôt une femme de tête. Mais les vieux clichés demeurent enfouis dans notre imaginaire collectif. La femme seule, ce serait encore celle, la pauvre, qui n'a pas su trouver, mais en même temps c'est celle pour qui tout est encore possible en théorie, et cela, oui, ça peut soulever l'envie.

Finalement, dis-moi si je me trompe, je crois qu'une nouvelle tendance s'implante, celle des célibataires de plus de cinquante ans qui sont heureuses, sans complexe et sans sexualité ou si peu, mais qui l'assument. Mais peut-il y avoir du bonheur sans vie sexuelle quand on en a eu une et qu'on a aimé ça ?

C'est une question à laquelle chacun, chacune apporterait sans doute une réponse différente. D'autant que la place de la sexualité dans la vie des hommes et des femmes peut changer sensiblement au cours des âges et des périodes de la vie. On peut être très en besoin sur ce plan-là à certains moments de notre vie, et beaucoup plus calme à d'autres.

Une chanson dit : « Ceux qui n'ont jamais connu le bonheur sont moins malheureux que ceux qui l'ont perdu. » Mais le contraire est tout aussi défendable : nous pouvons nous dire que nous avons été tellement heureux qu'au moins nous avons ces souvenirs-là et que personne ne pourra nous les enlever.

Devrait-on faire la promotion de la vie en célibataire, en en montrant les bons côtés ?

C'est vrai que les joies du célibat, fût-il transitoire, ne sont pas beaucoup célébrées. On persiste à agir comme si une personne célibataire était une personne en recherche, ou du moins en attente que quelque chose de plus important se passe dans sa vie : rencontrer l'âme sœur. Encore faudrait-il que cette âme sœur existe et qu'il y ait intérêt mutuel à se retrouver en couple. Beaucoup de femmes qui ont travaillé dur pour devenir indépendantes sur les plans émotif et financier ne veulent plus se retrouver en couple, du moins pas de la façon qu'elles ont déjà connue. Elles ne se voient pas sacrifier quoi que ce soit ; au contraire, c'est revenir en couple qui leur paraîtrait être un sacrifice…

J'ai demandé à une amie redevenue célibataire à soixante ans, et très épanouie, si c'était difficile de vivre sans sexualité, et elle m'a répondu : « C'est le prix à payer pour être libre. Et c'est pas si cher... » Le couple, c'est devenu moins important ?
En tout cas, le couple obligatoire n'a plus autant la cote, surtout auprès des femmes qui ont connu le féminisme et qui ne se sentent aucunement diminuées en n'ayant pas d'homme à leurs côtés. L'idée que les femmes étaient de douces moitiés est révolue.

Qui s'en plaindra ? Te semble-t-il, Michel, que s'ouvre une nouvelle ère, celle de l'alternance presque naturelle entre la vie de célibataire et la vie de couple ? Parce que l'on est tantôt en couple, tantôt célibataire, et ça peut recommencer ainsi plusieurs fois.
Oui, j'ai comme vous l'impression que la façon de se définir va de moins en moins passer par le fait d'être célibataire ou en couple, à vie, parce que la majorité des gens vont connaître les deux situations en alternance. Bien sûr, cela suppose un gros changement de mentalité, mais il est en train de se produire. On appelle cela la monogamie en série, ce qui signifie que l'on va connaître plusieurs partenaires dans la vie, mais les uns après les autres.

Dans mes propres recherches, je vois aussi que la façon qu'ont les jeunes générations de se définir est plurielle. Il y a le sexe, le genre, l'érotisme, les projets de vie, les talents, le métier, etc. Le temps où l'identité reposait en grande partie sur le fait que l'on soit en couple, ou pas, me semble chaque jour un peu plus révolu.

N'en reste pas moins que vivre seul est parfois vécu presque dans la honte, surtout si on a été en couple auparavant et que ce couple semblait bien fonctionner. Tu sais, les vieux couples sont très enviés, ce qui met de la pression sur les femmes seules, comme si elles rataient quelque chose... De mon côté, j'ai rencontré des femmes seules et heureuses. Il m'a semblé en discutant avec elles que la recherche de l'âme sœur à tout prix est chose du passé. Une nouvelle célibataire m'a dit : « Quand je regarde autour de moi, pas un seul couple me fait envie. » Des femmes qui ont été en couple découvrent la liberté de faire ce qu'elles veulent, quand ça leur plaît. Les femmes de carrière accèdent enfin à ce qui auparavant revenait à leur ex uniquement : l'argent, le pouvoir et la liberté qui en découlent. Ces séparées ou divorcées, au lieu de perdre leur temps sur les sites de rencontres, s'organisent parfois pour avoir une vie sexuelle sans appartenir à un couple : des aventures, des amours de passage, définies comme telles dès le départ. Elles en profitent quand ça se présente et composent très bien avec leurs moments de solitude si ça ne se présente pas. Elles mettent leur énergie soit au travail, soit dans le bénévolat, soit en étant une grand-mère à plein temps, ou encore elles retournent aux études. Elles ont accepté d'être célibataires. C'est un contrat

avec elles-mêmes, elles se sont dit : « OUI, JE LE VEUX. » Je pense que ce mouvement est irréversible, que beaucoup de femmes ne reviendront jamais en arrière, que le célibat est un cadeau qu'elles se font.

7

Sortir de l'ignorance sur la diversité sexuelle

Tu vas être étonné, Michel, mais je n'ai su qu'à dix-huit ans que l'homosexualité existait. Dans le train Montréal-Québec, j'avais vu un jeune prêtre en soutane caresser un autre jeune homme de façon non équivoque. Le choc ! Comme je fréquentais la bibliothèque de l'Université de Montréal pour mes cours de littérature et d'histoire, j'ai essayé de comprendre en lisant des ouvrages sur l'homosexualité qui n'étaient pas à l'Index. Des années plus tard, alors que j'étais promue courriériste du cœur au *Petit Journal*, j'ai été surprise et surtout émue par le nombre de lettres provenant de jeunes hommes désespérés par la découverte de leur orientation homosexuelle, un désespoir qui parfois les menait au suicide. J'ai dû consulter médecins, psychologues et plusieurs livres pour être capable de leur dire qu'ils n'étaient pas des monstres, qu'ils étaient comme les gauchers par rapport aux droitiers, tout simplement une minorité, et qu'ils

devaient d'abord s'accepter s'ils voulaient espérer que les autres les acceptent. D'ailleurs, à l'époque, les pourcentages estimés des LGBT et des gauchers dans la population étaient semblables, environ 10 %. Mon fils Martin étant gaucher, je comprenais ce que c'était d'être vu comme différent de la majorité. Je n'ai jamais hésité à soutenir les personnes homosexuelles, bisexuelles ou transsexuelles. Aujourd'hui encore, il m'arrive souvent qu'un passant m'arrête dans la rue pour me dire à l'oreille : « Vous m'avez aidé à accepter mon homosexualité, merci ! » Donc ce n'est pas d'hier que je m'intéresse à l'identité et à l'orientation sexuelles des êtres humains. Alors, Michel, pour commencer, rappelle-nous la différence entre les deux expressions.

Pour bien comprendre ce qu'est l'identité sexuelle, rappelons ce qu'est l'identité tout court. Notre identité se fabrique dans notre tête : c'est l'image que nous avons de nous-même, souvent développée à partir de l'image que les autres ont de nous. Comment on se voit soi-même, comment on est perçu par les autres, ça se construit un peu comme un questionnaire dans lequel on coche tantôt oui, tantôt non. On se dit, dans un premier temps : « Je fais partie de ce groupe-là, ou je n'en fais pas partie. » Par exemple : « Je suis un homme/je ne suis pas une femme, j'appartiens à la catégorie “mâle”/je n'appartiens pas à la catégorie “femelle”, je suis masculin/je ne suis pas féminin. » Nous verrons plus loin que ça se complexifie quand nous avons l'impression de faire partie de deux groupes qui nous sont présentés comme opposés, mais pour le moment restons-en là, avec ce que nous appelons le système binaire, qui a longtemps dominé en matière de sexualité. En somme, notre identité est faite de ce que l'on est, ou croit être, et de ce que l'on n'est pas.

Mon identité à moi, c'est : femme, mère, conjointe, hétérosexuelle. C'est une identité sexuelle, ça ?

C'est un peu plus compliqué que ça, mais votre question va permettre de simplifier les choses. Quand vous dites « femme », vous affirmez votre identité de sexe, c'est-à-dire le sexe auquel vous vous identifiez. Quand vous dites « mère et conjointe », vous parlez de rôles que vous jouez dans la vie de tous les jours, ce qui s'apparente plutôt à votre identité de genre, c'est-à-dire votre façon d'être femme et de l'exprimer. Enfin, quand vous dites « hétérosexuelle », vous parlez de votre orientation ou de votre préférence sexuelle, c'est-à-dire le fait, dans votre cas, d'être attirée par des hommes.

J'ai compris. Va falloir que tu m'expliques maintenant ce que c'est, une identité de genre.

La meilleure façon de comprendre, c'est de vous rappeler vos cours de grammaire, avec un genre masculin et un genre féminin pour la majorité des mots en langue française. Comme les mots du dictionnaire, nous avons aussi un genre, que nous exprimons par notre façon d'être, tantôt par de la masculinité, tantôt par de la féminité, mais aussi par des caractéristiques qui sont plutôt neutres, ou androgynes, c'est-à-dire qui incorporent à la fois du féminin et du masculin. Notre identité de genre, c'est en somme le sentiment que nous éprouvons d'être masculin, féminin, neutre ou androgyne, voire un peu tout cela à la fois !

On naît avec son genre ?

Vous parliez à l'instant des personnes gauchères, et vous savez que les scientifiques ne s'entendent pas encore sur les origines précises du phénomène. Eh bien, c'est la même chose pour l'identité de genre. Pour ma part, j'aime beaucoup l'expression de la biologiste américaine Anne Fausto-Sterling, qui affirme que nous sommes à la fois 100 % nature et 100 % culture. Chaque être humain serait autant marqué par son héritage biologique que par sa culture, qui se manifeste dès sa mise au monde par la façon dont on le traite, lui parle, l'éduque, etc. En raison de la malléabilité du cerveau humain, plusieurs neurobiologistes estiment qu'il est impossible de dire ce qui relèverait précisément de l'inné et de l'acquis chez l'être humain une fois qu'il a commencé à vivre en société. Néanmoins, la vaste majorité des gens ont une identité de genre à laquelle ils tiennent plus que tout, raison pour laquelle la plupart des gens ont l'impression qu'elle serait innée.

Mais en réalité ?

On ne le sait pas. Il y a plusieurs années, une professeure américaine, Judith Butler, a émis l'idée que le fait d'avoir une identité stable, par exemple masculine ou féminine, serait en partie une illusion. Selon elle, ce ne serait pas notre sexe ou même notre genre qui dicteraient nos comportements, mais plutôt les normes sociales et les stéréotypes auxquels nous obéissons plus ou moins consciemment. Elle affirme que les êtres humains apprennent à jouer certains rôles par imitation de ce qu'ils voient et de ce qui est valorisé autour d'eux. Pour elle, l'identité de genre, c'est un résultat, et non pas un point de départ, comme on serait porté à le penser.

Plusieurs sociologues croient aujourd'hui que nous construisons notre genre à partir des modèles masculins et féminins qui nous sont proposés et auxquels nous adhérons, ou pas. Comme si nous apprenions à jouer notre genre à la fois en le découvrant et en l'exprimant. Certains biologistes et certains psychologues pensent, au contraire, que notre genre découlerait de notre sexe. Le fait que le sexe et le genre ne se correspondent pas chez une même personne est alors vu comme un problème appelé la dysphorie de genre. Mais ce diagnostic est remis en question actuellement, de même que l'idée que notre sexe et notre genre devraient aller de pair, ce qui signifie être cisgenre, comme on dit maintenant.

Puisqu'il est basé sur l'apparence et la façon d'être, le genre est plus fluide que le sexe. Changer de sexe est un parcours complexe qui demande beaucoup de détermination et qui débute dans beaucoup de cas dans l'enfance ou à l'adolescence pour se terminer à l'âge adulte. Alors que l'on peut, du moins extérieurement, modifier son genre plus facilement, en donnant à voir de soi-même un certain dosage de masculinité ou de féminité. Quand Simone de Beauvoir écrit « On ne naît pas femme, on le devient », elle fait beaucoup plus référence au genre qu'au sexe : elle veut dire que les femmes apprennent à être des femmes féminines et à adopter les façons d'être et de faire que l'on attend d'elles.

Dans mon identité à moi, il y a que je suis née femme, que je me suis toujours sentie plutôt féminine et que je préfère les hommes. J'ai bien saisi ce que sont mon sexe, mon genre et mon orientation ?
Tout à fait.

J'ai entendu dire qu'il y a des enfants qui naissent avec les deux sexes. Tu peux expliquer en quelques mots cette réalité méconnue ?
Des enfants naissent avec certaines caractéristiques physiques, internes ou externes, propres à la fois aux sexes mâle et femelle. Dans ces cas, il est donc difficile de cocher la case « mâle » ou « femelle » en ce qui concerne le sexe de l'enfant. Parce que c'est impossible de le savoir, du moins à vue d'œil. On sait qu'un enfant sur cent environ présente à la naissance un sexe difficile à identifier ; une fois des examens plus poussés réalisés, un enfant sur mille à deux mille est considéré comme intersexué, c'est-à-dire qu'il présente des caractéristiques physiologiques à la fois mâles et femelles. Mais on va y revenir, parce que c'est une réalité en effet très méconnue du grand public, sur laquelle il y a beaucoup à apprendre.

OK. On en revient aux étiquettes : c'est mâle ou femelle, homme ou femme. On a eu longtemps tendance à voir le monde séparé en deux, binaire. Mais voilà qu'on entend de plus en plus parler des transgenres…

Une personne transgenre est une personne qui passe d'un genre à l'autre. Le mot « trans » signifie d'ailleurs « passer à travers ». Cela peut se faire du genre masculin au genre féminin ou du genre féminin au genre masculin, quoique de plus en plus de jeunes trans se disent non binaires, ne se sentant pas l'obligation de s'identifier d'emblée à un genre ou à l'autre, comme si c'était des opposés. On peut en effet additionner des caractéristiques et des qualités féminines et masculines ; on a longtemps appelé cela l'androgynie.

Les transgenres veulent-ils changer de sexe ?

Toutes les situations sont possibles, en fait. Il y a des transgenres qui veulent devenir transsexuels au sens médical du terme, en modifiant leur corps puisque celui-ci ne correspond pas au sexe auquel ils ont la conviction profonde d'appartenir ; il y a des transgenres qui ne veulent aucune intervention chirurgicale, mais uniquement vivre dans le genre choisi pour se sentir bien. Ce qu'ils modifient alors est de l'ordre de l'apparence. Cela dit, il est difficile d'établir une ligne de démarcation nette entre transgenres et transsexuels, car on peut modifier son corps ou son apparence à divers degrés. Je connais plusieurs personnes transgenres, et pas deux qui aient eu exactement le même parcours. Il y a de très nombreuses façons d'être transgenre, avec des modifications esthétiques ou physiques qui peuvent être très différentes selon les personnes. C'est pourquoi on préfère le terme général « trans ».

Il y a même des nouveaux pronoms qui sont proposés par des personnes trans ou non binaires, expressions de plus en plus populaires : « ile », « ille », ou « iel », par exemple. La reconnaissance des réalités trans nous enrichit, y compris sur le plan du vocabulaire, car la tradition qui opposait masculin et féminin est remise en question. Non seulement on peut passer de l'un à l'autre, mais on peut être les deux.

Revenons aux intersexués. Il y a tellement d'ignorance à ce sujet. Je sais qu'autrefois on se fiait au sexe apparent à la naissance pour décider du sexe d'un enfant, autrement dit si c'était une fille ou un garçon. Qu'en est-il de nos jours ?

On se base encore en premier lieu sur le sexe visible, mais on a les moyens aujourd'hui de faire d'autres vérifications, sur le plan des hormones ou des chromosomes, par exemple. Pendant longtemps, les médecins ont voulu transformer à tout prix les corps des bébés intersexués, ce qui a souvent donné des résultats très malheureux sur les plans tant psychologique que physique. Un consensus se développe maintenant : attendre l'adolescence pour prendre quelque décision que ce soit si la santé de l'enfant n'est pas en jeu, afin que la personne soit en mesure de décider pour et par elle-même. Après tout, c'est son corps ! Sans compter qu'on saura alors davantage comment cette personne évolue tant physiquement que psychologiquement, et comment elle se perçoit.

Il existe actuellement cinq principaux critères pour identifier le sexe d'un individu à sa naissance, et même avant : ses chromosomes, ses hormones, ses gonades (embryons de ses organes génitaux) et ses organes sexuels, internes et externes. Chez les enfants intersexués, au moins un de ces éléments est dissonant. Par exemple, un bébé fille peut présenter un clitoris d'une telle taille que l'on va croire que c'est un pénis. Ou encore des garçons peu sensibles à certaines hormones vont naître avec des testicules non descendus et un micropénis qui passe alors pour être un clitoris.

Traditionnellement, les bébés intersexués étaient opérés à la naissance ou peu après afin de donner une apparence supposément « normale » à leurs organes génitaux. La norme pour décider du sexe alors assigné était le « phallomètre ». Selon cette mesure, un clitoris médicalement acceptable pour un nourrisson était de 0,2 centimètre à moins de 0,85 centimètre, et un pénis médicalement acceptable, de 2,5 à 4,5 centimètres. Cela fait en sorte qu'entre 0,85 et 2,5 centimètres il y aurait une incertitude quant au sexe de l'enfant. Comme il est plus facile chirurgicalement d'enlever que d'ajouter, le plus souvent on faisait de ces enfants des petites filles. Quitte à ce que la puberté réserve quelques surprises…

Depuis quelques années, des associations pour les droits des personnes intersexuées revendiquent à bon droit de laisser le libre choix de leur sexe et de leur corps aux personnes intersexuées une fois qu'elles seront devenues adolescentes ou jeunes adultes, et de cesser de les mutiler sans même les consulter. D'autant que les critères utilisés par les médecins pour assigner et corriger le sexe laissent place à la subjectivité et ne sont pas forcément prescrits par la santé des personnes concernées. Sans compter les problèmes que des opérations précipitées provoquent souvent physiquement et psychologiquement. Grâce à ces revendications, de plus en plus de pays et d'États permettent d'inscrire un sexe neutre ou indéterminé sur les certificats de naissance et les passeports.

Intersexués et transsexuels, je sais bien que ce n'est pas la même chose, mais si tu pouvais distinguer les deux réalités, tu dirais quoi ?

Les deux réalités sont très différentes : les personnes intersexuées sont nées avec des attributs des deux sexes, alors que les personnes dites transsexuelles sont nées avec un sexe anatomique identifiable mais ne sentent pas du tout que c'est le leur et veulent donc en changer.

Le jeune qui est persuadé d'être né dans un corps dont le sexe n'est pas le sien doit-il être pris au sérieux ?

Oui, bien sûr, on doit commencer par l'écouter et par demander des avis professionnels si nécessaire. Il existe pour les professionnels de la santé et des services sociaux des critères solides pour s'y retrouver. Trois critères servent en fait à reconnaître ce qu'on a successivement nommé le transsexualisme, la dysphorie de genre et la non-congruence de genre. Car les classifications médicales ont sensiblement évolué et continuent de le faire en ce qui concerne ces réalités afin de ne pas donner à penser qu'elles relèveraient d'une maladie ou d'une pathologie.

Le premier critère pour savoir si un jeune a une dysphorie de genre est une identification persistante à « l'autre sexe » (en postulant qu'il n'y en a que deux) apparue dès la petite enfance. Ensuite, on remarque un profond malaise quant à l'identité de sexe qu'on lui a assignée à la naissance. Enfin, le fonctionnement du jeune est perturbé en raison de ce mal-être.

À noter, enfin, que les personnes trans – c'est le terme que les gens concernés préfèrent utiliser au Québec (en France, c'est transidentitaire) pour se désigner – représenteraient jusqu'à 1 % de la population. Aux États-Unis, c'est 0,6 % selon les recensements disponibles.

Plusieurs parents croient encore que si leur fils joue à la poupée, ça va en faire un homosexuel ou une personne trans...

C'est un vieux préjugé, infondé. On sait aujourd'hui qu'il existe une infinité de façons d'être homme, ou femme, ou trans, ou intersexué. Tout ce qu'on peut dire sur un garçon qui joue à la poupée, c'est qu'il aime jouer à la poupée ! Cela ne présume nullement de son avenir. Il est possible, cela dit, que les enfants plus créatifs sur le plan de l'expression de leur genre conservent une fois adultes cette qualité, mais en réalité cela varie beaucoup d'une personne à l'autre. Prédire l'avenir d'un enfant est impossible. De nos jours, les façons d'exprimer notre genre, c'est-à-dire d'extérioriser notre part de féminité et de masculinité, sont plus ouvertes et créatives que jamais, par-delà les stéréotypes. Qui s'en plaindra ?

Pendant longtemps, c'est le mot « travesti » qui était utilisé quand une personne prenait l'apparence d'un sexe qui n'était pas le sien à sa naissance. Tu peux me dire la différence avec les transgenres ?

Un travesti, c'est quelqu'un qui, en public ou en privé, exprime par son apparence vestimentaire un genre qui, selon les stéréotypes, ne correspondrait pas à son sexe. Par exemple, un homme qui porte des robes, une femme qui porte uniquement des vêtements masculins. Alors qu'une personne transgenre n'a pas du tout le sentiment d'adopter un autre genre que le sien, encore moins de se déguiser ou se travestir : elle est tout simplement elle-même.

Il conviendrait aussi de différencier les travestis des transformistes, qui sont des artistes faisant le métier de reproduire, le plus fidèlement possible, des personnalités qui ne sont pas du même sexe qu'eux. Ainsi, un transformiste de sexe masculin imitera par exemple Madonna ou Cher, alors qu'une transformiste de sexe féminin imitera Justin Bieber ou Elvis Presley. Guilda, que vous avez sans doute connu, fut le transformiste le plus célèbre du

Québec et l'un des artistes les mieux payés du temps de la grande vogue des cabarets à Montréal, avant l'arrivée de la télé. Transformiste est un métier : la plupart de ceux qui l'exercent ne se travestissent pas dans leur vie privée.

Aujourd'hui, on parle plutôt de *drag-queen*, non ?

Les *drag-queens* et les *drag-kings*, c'est déjà un peu différent. On pense tout de suite à Mado Lamotte. Ce sont aussi des artistes, mais des artistes comiques qui, dans le cadre de spectacles de variétés, créent des personnages n'étant pas du même sexe qu'eux. Leur spécialité, c'est d'exagérer outrancièrement la féminité, dans le cas des *drag-queens,* ou la masculinité, dans le cas des *drag-kings*, de leurs personnages. Autrement dit, les *drag-queens* et *drag-kings* ne veulent pas imiter, ils veulent exagérer afin de faire rire. On leur reproche parfois de caricaturer : mais c'est leur but, justement, puisque ce sont des humoristes !

J'ajouterais, tant qu'à y être, une autre catégorie, composée de toutes les personnes créatives sur le plan du genre, quelle que soit la façon dont elles se définissent. Elles sont sans doute les plus nombreuses. Elles nous rappellent que l'on peut vouloir affirmer à la fois sa masculinité et sa féminité sans pour autant être transgenre, mais simplement différent ou original dans sa façon d'être, de se vêtir, de se coiffer ou de se maquiller. Il existe en somme une infinité de façons de montrer ses qualités ou ses caractéristiques féminines, masculines ou androgynes.

Il y a des hommes 100 % hétéros qui se travestissent. Veux-tu m'expliquer ce qui peut amener un homme qui aime les femmes et veut les séduire à se travestir ?
Vous seriez surprise du nombre d'hommes hétérosexuels qui fantasment sur les sous-vêtements féminins et qui vont jusqu'à en porter, en général à l'insu de leur entourage, hormis leur compagne, bien sûr. Il y a même une association aux États-Unis qui regroupe des milliers de couples dont c'est le cas. Souvent, ces hommes vont préférer faire l'amour avec leur conjointe dans ces sous-vêtements féminins, certains se maquillent ou mettent des perruques pour l'occasion. Qu'ils se travestissent en public est plus rare, mais ce peut être aussi un de leurs fantasmes.

Pourquoi un homme hétéro voudrait-il imiter une femme ?
Chaque histoire est différente, bien sûr, mais la plupart de ces hommes vous diront qu'ils sont tellement excités par ce qui est féminin qu'ils aiment l'incorporer à leur propre personne, en particulier quand ils font l'amour. Certains vous diront aussi que c'est un hommage rendu à la féminité.

À l'époque, on parlait de perversion. Est-ce encore le cas ?
Non, et les classifications d'hier ont été et sont encore appelées à changer. Ce qui se passe en douceur entre adultes consentants, ne créant de problème à personne,

on ne voit pas pourquoi cela devrait être vu comme problématique. Vous savez, le pire problème pour les hommes qui aiment se travestir en faisant l'amour, c'est de trouver une partenaire qui partage leurs fantasmes. Ce ne sont pas toutes les femmes qui s'imaginent au lit avec un homme travesti en femme. Mais ça existe.

Plusieurs hommes hétéros ont peur de se faire draguer par des travestis ou par des trans…

Étrangement, ce qui fait peur est parfois aussi une source de fascination et de curiosité. Regarder tous ces gens qui se précipitent au cinéma pour aller voir ce qu'on appelle des films de peur ! Au moment où l'on se parle, le film *Ça*, basé sur une histoire de Stephen King, bat des records d'assistance. La répulsion et la fascination ne sont pas toujours des sentiments contraires… Alors pas étonnant que les cabarets fréquentés par les personnes trans soient remplis de curieux, plus attirés que choqués.

Les trans sont aussi les victimes des homophobes. Il y a même un mot pour cela : les transphobes. De quoi ces derniers ont-ils peur ?

L'homophobie et la transphobie, on le sait maintenant, sont des manifestations d'un rejet non pas seulement des autres, mais d'une part de soi que l'on n'accepte pas. Ce que les personnes homophobes ou transphobes n'aiment pas, dans le fond, ce sont chez les autres des caractéristiques qu'elles répriment en elles-mêmes. Quand je travaillais pour la DPJ, j'avais eu le cas de garçons qui allaient battre des gays dans des parcs ou dans le Village gai. Or, en creusant un peu leurs motivations, on constatait que la peur ou le déni de leurs propres attirances homosexuelles jouaient un rôle certain dans leur conduite. En battant des gays, ils tentaient de détruire ce qu'ils n'acceptaient pas en eux-mêmes, tout en se prouvant qu'ils ne pouvaient être gays puisqu'ils les violentaient.

L'homophobie, ça le dit, c'est la phobie ou la peur des homosexuels, n'est-ce pas ?

En fait, le préfixe « homo », ici, veut plutôt dire « même », c'est donc la phobie ou la peur des personnes du même sexe que soi, du moins l'angoisse causée par tout contact avec elles et par toute manifestation de tendresse ou de sensualité homosexuelle.

Pendant longtemps, on a appelé les gays des sodomites, disant que ce qu'ils faisaient ensemble était un péché grave et même un crime. Ça l'est encore, un crime, dans presque un pays sur trois, et ça demeure une faute pour bien des religions. Tu ne penses pas que ça explique aussi les préjugés ?

Bien sûr, notre héritage religieux et culturel influence encore nos réactions. La sexualité est un domaine particulièrement sensible pour les religions. On se sert souvent, pour condamner l'homosexualité, de textes écrits il y a des siècles ou des millénaires pour dénoncer les pratiques de peuples ennemis, donc de contextes qui n'ont pas grand-chose à voir avec le nôtre.

Comment se fait-il que dans soixante-douze États la relation homosexuelle soit toujours illégale, et que dans une dizaine de pays elle soit même passible de peine de mort ? Pourquoi tant de haine ?

À mon avis, les raisons sont surtout politiques, beaucoup plus que religieuses – la plupart des religions ne disent-elles pas livrer un message d'amour, de paix et de tolérance ? Les minorités en général, et pas que sexuelles, sont de commodes boucs émissaires pour des gouvernements qui veulent détourner l'attention de leurs propres exactions. Ce n'est pas un hasard si les pays les plus répressifs par rapport à l'homosexualité sont des dictatures, où une petite minorité impose sa loi à la majorité et fait main basse sur les richesses du pays. Alors la religion devient un instrument de diversion et de propagande : on monte la population contre les LGBT, que personne ou presque n'ose dès lors défendre, car c'est parfois au péril de sa vie. On se sert aussi du fallacieux prétexte que l'homosexualité ne fait pas partie des mœurs ou des traditions du pays, qui entend rester pur. C'est ce que font notamment la Russie et certains pays africains ou arabes. Il faut beaucoup méconnaître l'histoire pour passer sous silence, par exemple, que plusieurs empereurs et célébrités russes étaient homosexuels ou bisexuels, et qu'une abondante poésie homosexuelle arabe a pu pendant des siècles fleurir en territoires musulmans.

Le mot « sodomie » est quand même resté attaché à l'homosexualité masculine. Est-ce vrai, comme bien

des gens le croient, que la relation anale est l'activité sexuelle préférée de tous les hommes gays ?

Non, et on le sait encore plus précisément maintenant qu'on dispose de nombreuses enquêtes sur la sexualité. Le tiers environ des couples homme-femme la pratique à l'occasion. La proportion est à peine plus élevée chez les hommes gays, la différence étant que la pratique est plus courante. Cela dit, les activités sexuelles préférées varient énormément d'une culture ou d'une époque à l'autre, raison pour laquelle il est difficile de donner ici des chiffres très précis. À noter que dans certaines cultures le partenaire dit « actif » dans le rapport anal n'est pas considéré comme homosexuel ; seul le partenaire dit « passif » l'est.

On ne l'entend plus autant, mais pendant longtemps on demandait aux gays qui faisait l'homme et qui faisait la femme dans leur couple, avec l'idée qu'il y a un partenaire qui est toujours actif et l'autre, toujours passif. C'était un gros préjugé ?

Oui, parce qu'on sait que les rôles sont beaucoup plus interchangeables dans un couple, hétéro ou homo, qu'on le croyait auparavant. Cela dit, les partenaires peuvent avoir des préférences, bien sûr. Mais, attention, ce n'est pas en vous fiant à leur apparence que vous pourrez deviner leur intimité ! Il y a des hommes très virils qui sont passifs au lit, que ce soit avec un homme ou avec une femme, et des hommes plutôt féminins qui n'ont du plaisir qu'en étant le partenaire qui prend l'initiative.

Quand on lit sur la diversité sexuelle, on voit des suites de lettres et on ne sait pas trop ce que ça signifie. Cet été, j'ai vu dans le journal « LGBTQQIP2SAA ». Je sais ce que les premières lettres veulent dire, mais après ça… Tu peux expliquer ?

Pour être inclusif de toutes les minorités sexuelles, l'acronyme LGBT s'est adjoint au fil des années d'autres lettres. Et comme il semble qu'on oublie toujours un groupe, c'est devenu en effet très long, raison pour laquelle on voit de plus en plus LGBT+. Je préfère pour ma part parler de diversité sexuelle et de genre, expression parapluie dans laquelle tout le monde se reconnaît.

Mais pour répondre précisément à votre question, l'abréviation veut dire ce qui suit : lesbiennes, gays, bisexuel-le-s, trans, en questionnement, queer, intersexué-e-s (nés avec des attributs physiques mâles et femelles), pansexuel-le-s (attirance indépendante du sexe et du genre des autres), personnes-aux-deux-esprits (« 2S » résume le terme anglais « *two-spirit* », qui sert à désigner les individus de la diversité sexuelle et de genre chez les Premières Nations), asexuel-le-s (sans désir sexuel) et a-genre (de genre neutre).

Ça en fait, des mots à retenir…

Ne vous en faites pas, on va parler de la plupart de ces réalités, une à la fois, et on va s'y retrouver parfaitement.

Mais pourquoi c'est devenu si compliqué de parler de diversité sexuelle ?

Parce que, depuis cinquante ans, la recherche sur la sexualité et sur le genre a permis de raffiner notre manière de les concevoir. Avant, on mêlait le sexe, le genre et l'orientation sexuelle. On pensait, à tort, que tous les hommes étaient forcément masculins et hétérosexuels, sauf rares exceptions, et que toutes les femmes étaient naturellement féminines et hétérosexuelles. On sait aujourd'hui que c'était un préjugé : il y a bien des façons d'être homme ou femme. Plus encore : le monde n'est pas toujours divisé en deux selon le modèle binaire avec lequel, vous et moi, on a grandi.

Bien entendu, il y a toujours des hommes et des femmes, mais on reconnaît maintenant l'existence des personnes intersexuées. Elles ne sont plus vues comme des « accidents de la nature », mais au contraire comme l'expression de la nature. Il y a aussi des personnes qui vont changer de sexe sur le plan anatomique. Du côté du genre, on ne croit plus que le masculin et le féminin sont des pôles opposés, mais, au contraire, des qualités qui peuvent se superposer. Cela ouvre la porte non seulement aux réalités transgenres, mais aussi à la créativité dans l'expression de sa féminité et de sa masculinité. Enfin, on n'entend plus beaucoup l'expression « être d'un bord ou de l'autre » à propos de l'hétérosexualité et de l'homosexualité parce que non seulement la bisexualité est de plus en plus reconnue et assumée, mais parce que de nouveaux mots traduisent aussi désormais ses différents aspects : queer, allosexuel ou altersexuel, pansexuel, sexuellement fluide, non binaire… Quand on fait de la recherche, comme c'est mon cas, on est impressionné de voir la créativité dont font preuve les jeunes générations quand vient le temps de se définir.

Comment expliquerais-tu toutes ces nouvelles façons de se définir chez les jeunes générations ?

Je pense que ce qu'on appelle le modèle binaire, qui veut que l'on soit homme ou femme, hétéro ou homo, masculin ou féminin, ne fonctionne plus pour beaucoup de jeunes gens, qui veulent par conséquent se définir autrement. Par exemple, le mot « *queer* », qui veut dire « bizarre » en anglais, a été récupéré par des gens qui refusent de se coller des étiquettes ou qui, au contraire, pourraient se les coller toutes, ce qui revient presque au même résultat. L'identité queer est en fait une identité contestataire, qui entend fédérer toutes les minorités sexuelles : on est tous plus ou moins « bizarres » aux yeux de certaines personnes. Quant à « allosexuel » ou « altersexuel », ce sont ni plus ni moins des traductions francophones proposées à *queer*. Les termes « fluide », « non binaire » et « pansexuel » vont dans le même sens : c'est un refus de se catégoriser, ou de le faire une fois pour toutes. Ce sont toutes des manières de s'identifier en évitant de dire qu'on est soit quelque chose, soit son opposé, mais qu'au contraire on est pluriel dans nos façons d'être ou de désirer.

Je trouve injuste que je n'aie jamais eu à m'identifier comme hétérosexuelle alors que mon amie gaie est qualifiée de lesbienne sans arrêt.

Malgré l'évolution des mentalités dans la société, on est encore présumé hétérosexuel à moins de dire ou de montrer le contraire.

Quelle est la proportion d'hétérosexuels, d'homosexuels et de bisexuels au Québec et dans le monde ? J'ai lu et entendu des chiffres tellement différents… Dans le temps, j'utilisais les statistiques et l'échelle de Kinsey, qui datent déjà du début des années 1950. Qu'en est-il aujourd'hui ?

Les pourcentages en ce qui concerne la sexualité varient énormément selon la manière de mener les recherches. C'est pourquoi, si vous demandez aux gens lors de sondages téléphoniques quelles sont leurs préférences sexuelles, beaucoup vont vous répondre de la façon la plus conformiste possible, et ne pas dire la vérité. Par exemple, on oublie qu'aux États-Unis la sexualité homosexuelle était un crime dans de nombreux États jusqu'en 2003 ! Dans certains États, répondre à un sondage que vous étiez homosexuel pouvait théoriquement vous exposer à une peine de prison. Et là, je ne parle pas des discriminations et des préjugés que toute personne LGBT+ pouvait subir, ce qui est encore le cas, par ailleurs. Les États-Unis n'ont pas, en tant que pays, de charte des droits comme au Canada et au Québec. On comprend mieux pourquoi jusqu'à tout récemment les pourcentages très bas de personnes LGBT+ recensées étaient peu fidèles à la réalité : il fallait presque être un militant ou une militante pour se dire ouvertement LGBT.

Mais, avec les années 2000, les choses ont commencé à changer avec l'arrivée de nouvelles générations qui ont connu le mariage accessible à tous et toutes, depuis 2005 au Canada et 2015 aux États-Unis, et surtout la légitimité accrue de la lutte aux discriminations. En Amérique, le Québec demeure toutefois exemplaire sur ce plan avec son Bureau de lutte contre l'homophobie et son Plan d'action gouvernemental de lutte contre l'homophobie et la transphobie.

Depuis peu, on voit clairement un changement : alors que les générations antérieures étaient très réticentes à se dire LGBT+ (les chiffres officiels dépassaient rarement les 2 ou 3 %), les jeunes le font aujourd'hui beaucoup plus aisément. C'est la raison pour laquelle on obtient plutôt des pourcentages dans les 15 ou 16 % de ce côté, parfois davantage. Et c'est plus encore chez les jeunes femmes, qui se déclarent trois fois plus souvent bisexuelles que les garçons. Quoi qu'il en soit, la moyenne pour l'ensemble de la population, jeunes et vieux confondus, est revenue officiellement aux fameux 10 % avancés par Kinsey, voire un peu plus, ce qui montre que sa méthode, qu'on a beaucoup critiquée, avait donné de bons résultats, surtout si on considère les tabous de l'époque. Son échantillon était en effet composé de volontaires uniquement : comment aurait-il pu dans les années 1940 et 1950 obtenir autrement des confidences si intimes ?

On a parfois l'impression qu'il y a plus de LGBT qu'avant.

C'est que les jeunes s'affirment beaucoup plus que leurs aînés ! Alors, oui, de leur côté, c'est sûrement plus visible que jamais. Il y a une différence à faire en effet entre être plus nombreux et être plus visibles. Ce qui crée l'illusion d'un nombre beaucoup plus grand de personnes LGBT+, c'est qu'on les voit et les entend plus que jamais. Et même si c'est encore plus vrai chez les jeunes générations, toute la société suit le mouvement. Tandis qu'il y a à peine vingt-cinq ans on pouvait compter sur les doigts d'une main les personnalités gaies ou lesbiennes connues, elles sont maintenant très nombreuses, dans tous les domaines, que ce soit artistique, politique ou même sportif, bien que ce dernier ait été plus lent à s'affirmer.

Le Québec a fait des pas de géant. Notre société n'est plus coupée en deux avec, d'un côté, les soi-disant normaux et, de l'autre, les prétendus anormaux. Est-ce le cas partout ?

Il y a encore des secteurs où les avancées sur le plan des droits et libertés pour les personnes de la diversité sexuelle progressent à pas de tortue. Les religions, en particulier. Si certaines confessions chrétiennes se sont ouvertes aux réalités LGBT+, admettant qu'il y ait des célébrants et célébrantes de tous les genres et orientations sexuelles, l'Église catholique est encore très rétive, c'est le moins qu'on puisse dire. Les religions s'appuyant sur la Torah et sur le Coran demeurent, dans leur ensemble, très anti-LGBT, encore que quelques rarissimes célébrants de ces cultes se montrent, en Occident du moins, ouverts à la diversité (ce qui est aussi le cas de quelques religieux catholiques – pensons par exemple au défunt abbé Raymond Gravel).

En condamnant si sévèrement l'homosexualité, les religions donnent à penser que ce serait un choix, et même un choix tout à fait conscient, d'où leur idée que c'est commettre un grave péché aussitôt que les gens passent aux actes. Ça m'amène à te poser l'éternelle question : l'orientation sexuelle, est-ce un choix ?

Non, et qu'on pense qu'il y a de l'inné ou de l'acquis là-dedans, ou les deux, n'y change rien, parce qu'une chose est absolument certaine : ce n'est pas du tout un choix conscient.

J'ai écrit il y a des années un gros chapitre sur la recherche des causes de l'homosexualité (« La recherche des causes de l'homosexualité : une science-fiction ? » dans l'ouvrage *La Peur de l'autre en soi – Du sexisme à l'homophobie*). Ça m'avait permis de passer en revue attentivement toutes les théories en vogue à ce sujet. Il y a surtout les théories dites « essentialistes » : elles affirment que les goûts sexuels proviennent des configurations familiales, de l'influence des parents, des gènes, des hormones ou d'une minuscule particule du cerveau. Malgré ce qu'en disent parfois certains gros titres malavisés, aucune d'entre elles n'a jamais été prouvée, c'est-à-dire reproduite de façon à en vérifier la véracité hors de tout doute. Toute affirmation quant au caractère inné, familial, génétique ou hormonal de quelque préférence sexuelle que ce soit demeure une hypothèse scientifique et ne repose sur aucun consensus ni aucun ensemble de recherches dont les résultats ont été reproduits, donc corroborés.

Les recherches qui aspirent à trouver une cause unique, et physiologique, de l'homosexualité postulent en général que notre sexualité serait préprogrammée : nous serions dirigés, un peu comme des zombies, par quelques gènes ou hormones. Cela signifie qu'à notre naissance tout serait joué et qu'aucun événement de notre existence n'aurait le moindre effet sur notre sexualité : ni nos émotions, ni nos sentiments, ni nos frustrations, ni nos traumatismes, ni notre imagination, ni nos expériences. Cela nous ramène aux vieilles théories du début du XXe siècle, qui prétendaient par exemple que l'on naissait prostituée ou criminel et que le devenir d'un enfant était déterminé dès sa naissance. On pouvait même le voir sur son visage, croyait-on. Or cela s'apparente beaucoup plus à la cartomancie ou à la bonne aventure qu'à la science sérieuse, avouons-le… Toute étude qui assimile les humains à des robots préprogrammés me semble scientifiquement discutable, c'est le moins qu'on puisse dire.

De surcroît, les questions des chercheurs sur les origines ou les causes de l'homosexualité sont souvent mal posées, remplies de biais logiques et de préjugés. Ainsi, les théories les plus en vogue ont longtemps été de type psychanalytique : les mères et les pères étaient blâmés pour avoir aimé trop, ou pas assez… Ces explications sont aujourd'hui remises en question d'une part parce qu'elles ne sont pas soutenues par la recherche et d'autre part parce qu'elles ont tendance à prendre les effets pour les causes, puisque les enfants influencent autant les comportements de leurs parents que les parents ceux de leurs enfants. La recherche des causes de l'homosexualité trahit surtout un profond malaise face à cette réalité, comme si on devait à tout prix pouvoir l'expliquer rationnellement pour arriver à l'accepter.

Tu doutes des études sur les origines de l'homosexualité ?

Un des problèmes avec les études sur les préférences sexuelles, le plus grand nombre portant sur l'homosexualité, c'est qu'elles postulent que le monde serait divisé en deux classes tout à fait distinctes : les hétéros et les homos. Or tel n'est pas le cas, et ça, on le sait depuis au moins soixante-quinze ans. Dès la fin des années 1940, le premier sociologue de la sexualité, Alfred Kinsey, a montré qu'il existait un continuum entre les deux pôles que peuvent être l'hétérosexualité et l'homosexualité « exclusives ». Ce qu'il a découvert a été largement reproduit depuis par toutes les recherches sur le comportement sexuel humain. On sait maintenant que les personnes plus ou moins bisexuelles, qui désirent à la fois des hommes et des femmes, sont au moins deux ou trois fois plus nombreuses que les personnes homosexuelles – surtout chez les femmes.

Il est donc impossible, depuis les études de Kinsey, de continuer à penser que le monde est séparé en deux (ou pire encore, comme on l'entend parfois, que tous les bisexuels sont des gays ou des hétéros qui ne s'acceptent pas, ce qui n'est pas du tout le cas). La bisexualité existe bel et bien, et dans plusieurs variantes, puisque l'on peut désirer successivement ou simultanément des hommes et des femmes, et que l'on peut avoir une préférence plus ou moins forte, et parfois changeante, pour les uns ou les autres. Dans la plus grande partie de l'histoire de l'humanité, la bisexualité comme potentiel était vraisemblablement la norme chez la plupart des peuples et des cultures. L'idée que l'on « se spécialise » dans l'amour ou dans le désir pour un sexe ou l'autre est une idée relativement récente, qui aurait semblé bizarre durant toute l'Antiquité, alors que même les personnes mariées – en particulier les hommes – avaient des aventures ou des amitiés amoureuses avec des personnes de leur sexe.

Autre gros problème avec les recherches sur l'homosexualité, et c'est une autre équipe de sociologues de la sexualité qui l'a montré par la suite : les préférences sexuelles peuvent être évaluées selon des critères différents, qui donnent alors des réponses divergentes. Par exemple, on peut ressentir du désir pour des personnes d'un sexe mais ne pas avoir envie d'aller plus loin. On peut avoir des pratiques homosexuelles ou hétérosexuelles sans en avoir vraiment envie. On peut s'identifier comme gay ou lesbienne sans avoir jamais eu une activité sexuelle de ce type. Plus encore, la majorité des gens qui ont des désirs ou des pratiques homosexuelles ne s'identifient pas comme homosexuels. Chose intéressante, un chercheur canadien, Barry Adams, a découvert que ce qui contribue le plus à ce que des hommes ou des femmes se considèrent comme homosexuels, ce n'est pas leur comportement sexuel, mais plutôt le fait d'être amoureux d'une personne de leur sexe.

J'ai déjà rencontré des femmes lesbiennes qui m'ont dit que c'était un choix féministe.

Je l'ai parfois entendu aussi. Je me dis néanmoins que c'est plutôt le fait de vivre ce désir, ouvertement, qui est le véritable choix. On ne choisit pas ses désirs, mais plutôt la façon de les réaliser. Il serait étonnant que des femmes, féministes de surcroît, se forcent à faire une chose dont elles n'ont aucune envie.

J'ai souvent entendu des gays et des lesbiennes dire que reconnaître les causes biologiques de l'homosexualité aiderait à faire tomber les préjugés. Comment blâmer des gens pour quelque chose qu'ils n'ont pas choisi ?

J'ai très souvent entendu ce raisonnement, que je ne considère pas comme très convaincant, parce qu'il y a des problèmes avec cette recherche de causes. Dans la mesure où l'on ne croit plus aujourd'hui, du moins en Occident, que l'on doit comprendre d'où provient l'homosexualité pour la prévenir ou encore pour punir les prétendus responsables (par exemple les parents), la recherche de ses causes est très peu utile.

De plus, on voit mal comment des comportements aussi complexes que la sexualité des humains – qui, contrairement à beaucoup d'espèces animales, ne connaissent pas de saisons des amours ou de périodes de rut, il faut le rappeler – pourraient avoir une cause, et une seule. Alors qu'il est reconnu que tous nos autres goûts, qu'ils soient musicaux, culinaires, vestimentaires, etc., sont le fruit d'une multitude d'interactions et d'expériences, il n'y a pas de raison pour qu'il en soit autrement pour nos goûts sexuels, quels qu'ils soient.

L'être humain est fait de nature et de culture, il est impossible de séparer les deux. Ce qui explique pourquoi cent cinquante ans de recherche sur les causes de l'homosexualité n'ont rien donné de concluant. Quant à ceux et celles qui croient que prouver que l'homosexualité serait génétique, hormonale ou innée mettra fin aux préjugés, rappelons-leur une triste évidence : la preuve scientifique et indiscutable que la couleur de la peau est d'origine génétique n'a jamais eu le moindre impact sur le racisme ! Si vous êtes homophobe, tout comme si vous êtes raciste, aucun cours de biologie ne vous fera changer d'idée…

Tu ne crois pas qu'on confond parfois le fait de choisir son orientation et le fait de choisir de la vivre ouvertement ?

En effet, le véritable choix, c'est de réaliser ses désirs ou pas. Nos désirs eux-mêmes, quels qu'ils soient, ne sont pas des choix.

Dans certains livres que j'ai lus, on utilise les mots « préférence sexuelle » au lieu d'« orientation sexuelle ». Tu le fais aussi. Une préférence, c'est quand même un peu un choix, non ?

Dans chaque orientation sexuelle, il y a des préférences. Vous, qui êtes attirée par des hommes, ne l'êtes pas par tous les hommes. Il y en a probablement même qui vous dégoûtent, physiquement et autrement. Certains hommes, qui présentent certaines caractéristiques, vous attirent beaucoup plus que d'autres.

La notion d'orientation sexuelle laisse croire qu'une personne qui désire les hommes les désire tous, et qu'une personne qui désire les femmes les désire toutes et de la même façon. Or, tel n'est pas du tout le cas, loin de là, on le sait bien. La plupart des êtres humains sont, au contraire, très sélectifs quant à leur choix de partenaires sexuels. Si certaines femmes vous excitent, d'autres vous rebutent ; si certains hommes vous attirent, d'autres vous dégoûtent – sans compter les activités sexuelles que vous avez envie d'avoir, ou pas, avec ces personnes.

De surcroît, on peut désirer une personne pour des motifs très différents. Deux hommes qui désirent la même femme peuvent ressentir à son endroit des émotions qui ne se ressemblent pas du tout : l'un peut être attiré par sa personnalité, c'est-à-dire sa façon d'être et de bouger, par exemple, alors que l'autre sera attiré par une seule partie de son corps. Il y a tellement de motifs différents pour être attiré par une personne qu'il me semble antiscientifique de ramener l'orientation des désirs à des causes simplistes comme un taux d'hormones, quelques gènes ou neurones qui seraient dédiés uniquement à orienter le comportement sexuel, et rien d'autre. L'être humain est beaucoup plus complexe que ça. Alors que tout le monde est à même de comprendre qu'on peut apprécier un vin, une musique, une œuvre d'art, une automobile ou un vêtement pour des raisons différentes, il est étonnant de voir comment, dès qu'on parle des goûts sexuels, on se rabat sur des explications de cause à effet parmi les plus simplistes.

Les idées simples l'emportent souvent sur ce qui est plus complexe ou scientifique.

C'est vrai. Il ne faut jamais oublier que la sexualité humaine, loin d'être automatique, implique des scénarios érotiques. Comme un scénariste de cinéma, chacun bricole dans son imagination ce qui serait excitant pour lui, ce qui va orienter sa recherche de partenaires. Les ingrédients qui composent ces scénarios – un contexte, une personne, comment elle se comporte, ce qui se produit avec elle – sont uniques à chacun de nous.

Plusieurs bisexuels racontent qu'ils sont devenus bisexuels. C'est un choix, la bisexualité ?

Il existe en fait différents types de bisexualité et différentes manières de la vivre. En voici quelques exemples. On peut être attiré à la fois par des hommes et par des femmes, être attiré tantôt par des hommes, tantôt par des femmes, être attiré par le féminin et par le masculin, simultanément ou successivement, que cela soit chez des hommes ou chez des femmes. On peut aussi avoir été hétérosexuel toute sa vie et vivre finalement son grand amour avec un homme, comme on peut avoir été longtemps homosexuel avant de tomber amoureux d'une femme. On peut se considérer comme hétéro et comme partenaire fidèle de ce point de vue parce que réservant ses aventures sexuelles aux personnes de même sexe. On peut désirer des hommes secrètement, mais s'en tenir uniquement à des relations avec des femmes. On peut fantasmer sur des femmes en faisant l'amour avec des hommes (ce que font, par exemple, un certain nombre de prostitués de sexe masculin). Il y a plusieurs façons d'être bisexuel, comme il y a plusieurs manières d'être homo ou hétéro.

Malheureusement, l'idée que l'homosexualité et l'hétérosexualité sont des tendances contraires, et exclusives, est à ce point ancrée dans les esprits que la possibilité qu'il existe un double érotisme, à la fois homo et hétéro, chez une même personne, est généralement passée sous silence. Cependant, hétérosexualité et homosexualité peuvent se superposer ou fusionner, et non pas s'opposer.

De plus, les recherches portant sur les personnes bisexuelles montrent que si les désirs ne sont pas des choix conscients, en ce sens que personne ne choisit ses attirances, ces dernières peuvent être cultivées. Certaines personnes bisexuelles témoignent ne pas l'avoir toujours été, du moins pas de façon consciente, la nuance est importante. C'est à l'occasion de nouvelles expériences que le désir pour des individus de leur sexe s'est développé. Cela tend à montrer que, si on ne peut pas modifier les goûts sexuels d'une personne, certains arrivent apparemment à élargir l'éventail de leurs désirs. Il semble que cela soit plus courant chez les femmes, chez qui la bisexualité se retrouve davantage, à des degrés divers. La raison en est probablement que les femmes, on l'a déjà dit, ont plus tendance à érotiser l'ensemble de la personne, et pas seulement son sexe.

Les bisexuels peuvent désirer tout le monde, ou presque ?

C'est très rarement le cas. Beaucoup de personnes bisexuelles adoptent des critères précis, quoique similaires, dans le choix de leurs partenaires, qu'il s'agisse d'hommes ou de femmes. Par exemple, elles peuvent ressentir du désir pour les personnes élancées et blondes, quel que soit leur sexe ou leur genre. À l'inverse, elles peuvent être rebutées par les qualités qui les attirent chez un sexe lorsqu'on les retrouve chez un autre sexe. Ainsi, certains hommes bisexuels sont plutôt conformistes dans leurs attraits érotiques : seules les femmes hyperféminines et seuls les hommes très masculins les attirent. Le contraire est aussi possible : être attiré par des hommes ou des femmes plutôt androgynes.

Précisons-le : une personne bisexuelle n'a pas forcément et simultanément des désirs, des relations, des fantasmes, des engagements, une identité et un style de vie bisexuels. Ces éléments peuvent non seulement être discordants, mais évoluer différemment. En fait, il existe de très nombreuses façons de vivre la bisexualité. Quelques profils se dessinent néanmoins à partir des connaissances que nous avons à ce sujet.

Il y a des gens qui ont toujours ressenti leur bisexualité. D'autres pas. Une bisexualité naissante peut être motivée par de la curiosité ou par un désir d'expérimentation. Explorer quelque chose de nouveau, d'exotique, voire d'interdit ne fait-il pas partie, à divers degrés, du processus même de découverte de la sexualité ? Cette curiosité peut mener tout autant à une expérience sans lendemain qu'à une reconsidération de ses préférences, ou même de son identité. Un rapport physique fortuit avec une personne d'un sexe ou d'un genre différent de nos partenaires habituels est parfois ressenti comme une révélation.

Il y a des bisexualités que les principaux intéressés décrivent comme transitoires. Des femmes et des hommes passent ainsi, graduellement, d'une orientation hétérosexuelle à une orientation homosexuelle ou, inversement, d'une orientation homosexuelle à une orientation hétérosexuelle au fil de leurs expériences, sans trop comprendre pourquoi d'ailleurs et sans, précisons-le, que rien ne les y force. Parce que, encore là, ce n'est pas vécu comme un choix mais comme une découverte ou une révélation de quelque chose qui était inconnu ou méconnu en soi-même.

Plusieurs personnes bisexuelles affirment qu'il existe chez elles un double érotisme. D'un côté, il y aurait leur érotisme principal, hétérosexuel ou homosexuel selon le cas, et d'un autre côté, leur érotisme secondaire, homosexuel ou hétérosexuel, complémentaire au précédent. Il s'agit souvent d'hommes ou de femmes hétérosexuels qui, à l'occasion, ressentent le besoin d'avoir clandestinement un partenaire du même sexe. Par conséquent, il y a peu de probabilités que ces personnes-là se disent ouvertement bisexuelles, une part de leur érotisme étant généralement cachée, y compris à leurs proches.

Il y a aussi des personnes qui, tout en s'affirmant comme homosexuelles, ont des rapports sexuels avec des partenaires qui ne sont pas de leur sexe. Un nombre considérable d'hommes homosexuels déclarent avoir eu, ou avoir encore, des rapports hétérosexuels. Avant que le mariage entre conjoints de même sexe existe, et que la réalité homosexuelle soit reconnue et légitime, ces expériences visaient fréquemment à cacher leur homosexualité ou à fonder une famille.

Pourquoi le lesbianisme et la bisexualité des femmes excitent-ils tant les hommes hétéros ? C'est, paraît-il, le fantasme numéro un des hommes hétéros.

Non seulement avoir en double ce que vous désirez le plus peut être excitant, mais il est possible que beaucoup d'hommes envient aux femmes leur façon même d'être sensuelles entre elles. Et certains passent du fantasme aux actes : certains couples se proclament bisexuels parce qu'ils aiment « faire l'amour à trois » (le plus souvent, mais pas exclusivement, un homme et deux femmes). Même si plusieurs femmes rapportent avoir de semblables fantasmes concernant le fait de voir deux hommes faire l'amour ou de se joindre à eux dans un trio, elles semblent moins portées à les réaliser : très peu d'hommes racontent que leur femme leur a proposé une telle chose. Quoi qu'il en soit, à l'issue d'une expérience concluante, des ménages à trois se constituent parfois. Pour une personne bisexuelle, séduire un couple peut d'ailleurs être une façon de faire d'une pierre deux coups, si j'ose dire. On dira qu'être deux n'est déjà pas facile : n'est-ce pas compliquer les choses que d'ajouter une troisième personne ? Plusieurs personnes qui ont fait l'expérience témoignent plutôt de l'inverse : une relation amoureuse à trois a été non pas un problème, mais une solution pour elles.

Je me souviens du jour où je t'ai consulté quand j'ai écrit mon roman sur la bisexualité, *Avec un grand A*. Tu m'avais demandé pourquoi j'avais choisi ce sujet en particulier. Je vais te répondre. Parce que je m'aperçois, à fréquenter des jeunes, qu'ils sont devant la sexualité un peu comme devant un buffet chinois. Qu'est-ce que j'aime vraiment ? Qu'est-ce que je préfère ? Qu'est-ce qui est pour moi ? Qu'est-ce que je ne veux pas ? Bien sûr, on l'a dit et redit, on ne choisit pas ses désirs, mais j'ai l'impression qu'il existe aujourd'hui tellement de façons de les nommer et de les vivre ! De nos jours, chacun fabrique son propre menu. Qu'en penses-tu ?

On peut se plaindre qu'il n'y a plus de modèles, alors qu'en fait il y en a plus que jamais. Personnellement, j'y vois un bon côté : les jeunes sont moins forcés et portés que leurs aînés à entrer dans des cases toutes faites, donc à se couler dans le moule des générations précédentes. Nés avec les réseaux sociaux, ils veulent être authentiques, ils veulent être eux-mêmes, et c'est très bien ! Pour ma part, je suis plutôt admiratif devant leurs manières d'innover non seulement sur le plan des mots qui servent à se définir comme personne, mais aussi sur le plan des façons de vivre.

Est-ce que tout le monde serait bisexuel, polysexuel, c'est-à-dire avec plusieurs préférences possibles, ou encore pansexuel, ouvert à toute sexualité, finalement ?

Chose certaine, de plus en plus de gens, des jeunes surtout, le disent ou le revendiquent pour eux-mêmes. Et c'est à l'évidence un phénomène de société et de générations. Alors qu'en Amérique du Nord moins de 5 % des plus de soixante-dix ans se disent LGBT+, cela monte à 7 % chez les cinquante à soixante-dix ans, à 12 % chez les trente-cinq à cinquante ans, et jusqu'à 20 % chez les moins de trente-cinq ans !

Quand on leur parle de bisexualité, les hommes jurent aussitôt se sentir 100 % hétéros. Ils se sentent attaqués, alors que les femmes ont une approche plus nuancée.

C'est juste : il y a toujours beaucoup plus de filles et de femmes à se déclarer bisexuelles et ouvertes aux expériences, quel que soit le sexe ou le genre du ou de la partenaire. C'est que, on l'a vu, les femmes ont tendance à érotiser l'ensemble d'une personne et de ses qualités, ce qui offre plus de possibilités, alors que les hommes se concentrent plus sur le genre et surtout sur le sexe, au propre comme au figuré, de leurs partenaires.

J'ai connu des gens pour qui la seule chose qui les intéressait était d'avoir du sexe. Ils n'étaient pas, et ne se disaient pas, bisexuels, ils étaient simplement au sexe.

Certaines personnes semblent en effet accorder plus d'importance aux actes sexuels qu'aux personnes avec lesquelles ils sont accomplis. Le fait d'être actif ou passif, initiateur ou initié, par exemple, revêt beaucoup d'importance pour elles, indépendamment du sexe ou du genre de leur partenaire. C'est plutôt dans les actes que leur sexualité prend tout son sens à leurs yeux. Il est difficile dans ce cas d'accoler une orientation ou une référence sexuelle, sauf possiblement pansexuel, c'est-à-dire ouvert en principe à diverses formes de sexualité.

Je l'ai souvent constaté, les hommes bisexuels souffrent de rejet à la fois de la part des gays et de la part des hétéros. Pourquoi ce double rejet ?

Parce que les catégories binaires sont tellement pratiques… Savoir qu'on est soit homo, soit hétéro règle bien des angoisses : une fois qu'on s'est découvert, plus de questions à se poser. Or la bisexualité remet totalement en question le fait qu'on naîtrait homo ou hétéro. Elle est donc déstabilisante. En particulier pour les hommes, oui, parce que, si la bisexualité féminine occupe une place de choix dans la porno hétérosexuelle, celle des hommes en est totalement absente. Enfin, certains hommes gays qui ont lutté fort pour faire reconnaître leur existence voient parfois d'un mauvais œil les bisexuels masculins, qui seraient des « transfuges », étant à leurs yeux passés d'une identité à l'autre.

Pourquoi tant de gens pensent-ils que la bisexualité, ce n'est pas une orientation sexuelle mais une perversion ?

Parce que la bisexualité est encore rarement présentée comme faisant partie des possibles. Le modèle binaire a la vie dure, au point que l'on peut dire que les bisexuels connaissent une situation similaire à celle des homosexuels et lesbiennes il y a plusieurs années : de l'étonnement, de l'incompréhension, parfois de l'intolérance. On voudrait qu'ils se rangent du bon côté, ou du moins d'un des deux côtés que l'on croit les seuls légitimes : hétéro ou homo.

La bisexualité, c'est différent de la fluidité sexuelle ?

Dans une certaine mesure, oui, parce que les personnes fluides sont susceptibles d'érotiser des personnes de sexe et de genres différents, mais ne ressentent pas forcément cela comme un besoin permanent. Alors que beaucoup de personnes bisexuelles – pas toutes, précisons-le – vont vous dire avoir besoin successivement ou simultanément de partenaires de sexe et de genres différents pour se sentir comblées et complètes.

Un bi est-il à moitié homo et à moitié hétéro ?

Dire le contraire serait plus juste : il est à la fois hétéro et homo.

C'est un préjugé de croire que les bis, ayant plus de possibilités, vont être moins fidèles, plus volages ou moins fiables que les autres ?

Oui, c'est un préjugé, parce que les bisexuels ont, comme tout le monde, leurs préférences. Ils ne sont pas attirés par tous les hommes et toutes les femmes, sans distinction, mais sont aussi sélectifs que la plupart des personnes hétérosexuelles et homosexuelles. La bisexualité n'est pas garante d'une sexualité plus abondante, ou plus débridée. Il y a de tout, même des personnes qui ont très peu de rapports sexuels, tout comme il y a des hétéros et des homos qui en ont aussi très peu, voire pas du tout.

Il y a aussi des personnes bisexuelles qui sont hésitantes ou ambivalentes quant à leurs désirs, qui se demandent si elles préfèrent les hommes ou les femmes.

Oui, et dans une telle situation il est plus juste de parler d'ambisexualité, dans le sens d'ambivalence, car la personne hésite entre des possibilités, ou encore de fluidité, ce qui est déjà autre chose puisque la personne n'est pas hésitante, mais disposée à avoir des partenaires de divers sexes, en général un seul à la fois. La préférence d'une personne peut en effet passer d'un sexe ou d'un genre à l'autre, au gré des rencontres qu'elle fait et des coups de cœur ou de foudre qu'elle vit. Il peut arriver que l'on tombe amoureux d'une personne indépendamment de son sexe biologique ou de son genre. Ce sont alors ses qualités et ses caractéristiques à elle qui attirent. Pour nombre de personnes bisexuelles ou fluides, le sexe de leur partenaire est plutôt l'effet du hasard : ce pourrait aussi bien être un homme qu'une femme, ou encore une personne trans.

Comment expliquer les préjugés contre les bisexuels ?

L'épidémie du sida n'a pas arrangé les choses en ce qui concerne les préjugés contre la bisexualité. Comme les hommes ayant des rapports homosexuels comptaient parmi les premiers touchés, les bisexuels étaient parfois montrés du doigt comme responsables de l'étendue de l'épidémie dans la population en général. Après avoir été plutôt *in* dans les belles années de la révolution sexuelle, la bisexualité redevenait soudainement *out*. Elle constitue pourtant un aspect qui a toujours existé dans la sexualité humaine.

À quel âge les jeunes découvrent-ils leur préférence homosexuelle, ou bisexuelle ? J'ai l'impression que c'est de plus en plus tôt. Je me trompe ?

Vous ne vous trompez pas, c'est environ deux ans plus tôt qu'il y a vingt-cinq ans. Même si l'âge auquel les gens ont conscience de leur orientation sexuelle peut énormément varier, car c'est parfois seulement une fois adultes, la plupart des jeunes entre douze et quatorze ans ont déjà identifié leur préférence homosexuelle ou bisexuelle. Les deux études que j'ai réalisées auprès de jeunes Français et de jeunes Québécois LGBT donnent d'ailleurs des résultats similaires. La seule différence entre le Québec et la France est que ce qu'on appelle le *coming out*, c'est-à-dire la révélation de son orientation sexuelle à son entourage, semble se faire un peu plus tôt au Québec, autour de seize ans, alors qu'en France, c'est plutôt autour de vingt ans. Peut-être parce que les jeunes Français craignent plus que les jeunes Québécois d'être mis à la porte pour ce motif, et la réalité ne leur donne pas tort... En France, on sait que des centaines de jeunes sont jetés dehors par leur famille chaque année en raison de leur orientation sexuelle, ou encore de leur affirmation de genre, lorsque cela ne correspond pas aux attentes de leurs parents.

Les jeunes LGBT sont-ils plus précoces sexuellement que les autres jeunes ?

Non, puisque c'est vers quinze ans qu'ils ont leurs premiers contacts sexuels, en moyenne, et un peu plus tard leurs premières relations sexuelles proprement dites, la moyenne étant de dix-sept ans pour l'ensemble des jeunes Québécois et des jeunes Français.

Qu'est-ce qui se passe quand un jeune se découvre différent dans ses amours et sa sexualité ? Comment réagissent par exemple les jeunes gays et lesbiennes ?

Le parcours de chacun et chacune est toujours unique, évidemment, mais le plus typique consiste à se demander dans un premier temps : « À qui faire confiance pour le révéler ? » Les amis proches et les parents sont en général les premiers confidents. Chez les parents, les mères sont souvent mises au courant avant les pères. Non sans raison : certains pères ont des réactions parfois très négatives, en particulier envers leur fille quand celle-ci est amoureuse d'une autre femme. Contrairement au préjugé populaire, les filles lesbiennes ou bisexuelles sont plus difficilement acceptées que les garçons ; c'est ce que nous disent la plupart des récentes études sur le sujet. Non seulement elles vivent plus de rejet familial, mais il est plus rude encore, en particulier de la part du père.

Là, tu m'étonnes !

C'est pourtant le cas même au Québec : 75 % des garçons déclarent que leur *coming out* a été bien accepté par leurs parents, alors que ce pourcentage tombe à 60 chez les filles. Aux États-Unis, en France et en Suisse, l'écart est encore plus marqué. Dans leur famille, les filles vivent beaucoup plus souvent du rejet que les garçons.

Tu expliquerais ça comment ?

On n'a pas vraiment de réponse évidente. Une hypothèse serait que la lutte à l'homophobie a mis plus souvent en scène des garçons. Et puis l'homophobie est une forme de sexisme, après tout, alors quand s'additionnent le sexisme et l'homophobie, et plus précisément la lesbophobie, ça peut faire beaucoup de dégâts.

Je suis toujours étonnée quand un homme gay ou une femme lesbienne me raconte que son père va le ou la tuer s'il apprend la vérité sur lui ou sur elle. Qu'est-ce qui blesse tant les pères dans l'homosexualité de leur enfant ?

Avant, on disait qu'ils étaient déçus de ne pas avoir un jour de petits-enfants. Or homosexualité ne signifie pas stérilité. Beaucoup de femmes lesbiennes ont, de tout temps, eu naturellement et élevé des enfants. La tendance s'est accentuée depuis l'accès au mariage. Beaucoup de couples d'hommes veulent aussi avoir une famille. Il ressort des récentes enquêtes menées auprès de jeunes LGBT que les deux tiers veulent se marier et avoir des enfants ! La différence entre couples de sexes différents et de même sexe est donc en train de s'estomper de ce côté-là.

Des préjugés, les parents les mieux intentionnés en ont parfois aussi, par ignorance, par manque d'information. La révélation qu'un de ses enfants est gay, lesbienne, bi ou trans, c'est aussi une occasion de se questionner et d'entreprendre de lutter contre ses propres idées préconçues. Plusieurs parents témoignent d'une telle évolution. Je dis parfois à des jeunes LGBT déçus de la réaction de leurs parents de leur laisser un peu de temps pour s'informer, pour en parler avec d'autres adultes, pour constater que finalement leur enfant n'a pas changé.

Les parents sont mal préparés à avoir un enfant un peu différent des autres. D'ailleurs, c'est plutôt les parents qui ont un problème quand ils traitent différemment leur enfant dès qu'il leur confie être LGBT. Alors ce sont les parents qui doivent travailler sur eux, et non demander à leur garçon ou à leur fille de changer d'orientation sexuelle, ce qui n'est pas possible, on le sait. C'est du moins ce que la vaste majorité des aidants leur recommandent aujourd'hui. Il y a tellement d'endroits pour s'informer et même pour rencontrer d'autres parents dans la même situation, heureux avec leur enfant, que se cantonner dans le négativisme n'est pas une solution.

Je raconte dans un de mes ouvrages que, lorsque je travaillais pour le DPJ, j'avais rencontré un père en colère que son ado soit gay. « Je l'échangerais contre n'importe quel autre enfant », avait-il lancé. Saisissant la balle au bond, je lui avais répondu : « Très bien, monsieur, je viens de voir un ado qui a violé sa petite sœur, et ses parents sont encore plus découragés que vous : je suis certain qu'ils accepteraient un échange… » Évidemment, c'était une boutade, mais mon intervention avait eu le mérite de faire réfléchir ce père. Au fil du temps, il a admis que son fils était un jeune homme bien, dont il pouvait être fier. Aucune orientation sexuelle n'est synonyme de bonheur ou de malheur, de bonne ou de mauvaise conduite. Le rappeler aux parents n'est jamais superflu. Leur enfant conserve les mêmes qualités, et défauts, que la veille…

La seule chose qui a changé est qu'il a révélé une partie de son intimité, ce qui est un beau signe de confiance et d'authenticité de sa part.

Les jeunes gays et lesbiennes rencontrent plus de problèmes que les autres jeunes à cause des préjugés. Des parents me disent qu'ils ne veulent pas que leur enfant soit gay ou lesbienne, pas parce qu'ils ont des préjugés mais parce qu'ils ne veulent pas que leur enfant soit malheureux... Que leur répondre ?

Je dirais à ces parents : « Si vous ne voulez pas que votre enfant subisse des préjugés, prêchez par l'exemple et commencez par les combattre activement vous-mêmes. » Déplorer les préjugés des autres, ça ne mène nulle part si vous ne transformez pas votre indignation en action. Si votre enfant est différent de la moyenne, que ce soit par ses goûts, son apparence, etc., vous avez vraiment avantage à servir de modèle d'acceptation et à vous ouvrir plus que jamais aux différences. C'est précisément ce que vous avez vécu, madame Bertrand, du fait que votre fils était gaucher ! Vous avez constaté qu'il y avait plein de préjugés et vous avez voulu les combattre en vous disant que les enfants « différents » ont bien évidemment leur place au soleil. Peut-être ne seriez-vous pas devenue la Janette Bertrand que l'on connaît sans cet événement dans votre vie.

Mais tu dis toi-même dans certaines de tes recherches que les jeunes LGBT sont plus victimes d'intimidation,

d'isolement, souffrent davantage de dépression et font même des tentatives de suicide. Ce n'est pas rassurant pour des parents. Ils ont peur pour leur enfant. C'est par amour plus que par homophobie qu'ils s'inquiètent. On peut les comprendre, non ?

C'est vrai, mais raison de plus pour que les parents et les proches de ces jeunes, sans parler des écoles, se mobilisent pour bien les accueillir. Vous savez, le problème de ces jeunes, on ne le dira jamais assez, ce n'est pas leur orientation sexuelle, mais les préjugés qu'ils rencontrent. C'est de ce côté qu'il faut agir. Et il y a, au Québec comme ailleurs, des organismes dévoués à leur cause. Je pense en particulier aux Groupes de recherche et d'intervention sociale (GRIS), qui font de la sensibilisation aux ravages de l'homophobie dans les écoles, à la Fondation Émergence, qui fait de la prévention par des campagnes sociétales, mais aussi au Refuge, en France, qui recueille de nombreux jeunes jetés à la rue parce qu'ils sont LGBT. Or, ces jeunes ont plus que jamais besoin du soutien de leur famille pour surmonter la discrimination et les problèmes qui pourraient surgir. La plupart des parents sont fiers de leurs enfants, et il n'y a pas de raison pour que ceux qui ont des enfants LGBT le soient moins.

Puisque tu parles de fierté, ça m'amène à une question à ce sujet, justement. Mon fils a passé sa vie à s'adapter à un monde fait pour les droitiers. Pourtant, il n'est pas fier d'être gaucher. Pourquoi existe-t-il un mouvement de fierté LGBT+ ?

Parce que la fierté est non seulement le contraire de la honte, qui fait encore des morts si on pense aux suicides élevés chez les jeunes LGBT, mais c'est aussi son remède et son antidote. La fierté LGBT+, c'est en somme la fierté de ne plus avoir honte et de le montrer publiquement. C'est le sens même des fêtes et des défilés de la fierté, et la raison pour laquelle ils sont si festifs et inclusifs, réunissant finalement plus de personnes hétérosexuelles que LGBT+. Tout ce beau monde célèbre la sortie de la honte.

Il y a toujours eu des gays et des lesbiennes ?

Pour répondre à cette question, il faut d'abord en poser une autre : quand on parle d'hétérosexualité ou d'homosexualité, de quoi parle-t-on au juste ? Ce n'est pas évident. Parce que les anciens Grecs et Romains, que l'on cite souvent à ce sujet, ne connaissaient pas du tout les mots et encore moins les catégories que l'on utilise aujourd'hui pour parler de sexualité. Penchant plutôt vers la pansexualité, ils vivaient dans un monde divisé entre ceux qui étaient actifs et ceux qui étaient considérés comme passifs, pas entre homos et hétéros. Par exemple, parmi la vingtaine des premiers empereurs romains, la vaste majorité d'entre eux, bien que mariés avec des femmes, sont connus pour avoir eu des relations sexuelles avec des hommes, tantôt dans un rôle actif, ce qui ne crée alors aucun problème, tantôt dans un rôle passif, ce qui est plutôt mal vu, cela passant pour « efféminé ». Jules César est ridiculisé comme « le mari de toutes les femmes et la femme de tous les maris », ce qui entache sa réputation. Élagabal, bien que marié à une femme, vit avec un homme et porte en général des vêtements féminins. Néron s'attire des moqueries quand il se marie, en tant que conjointe, à un homme, mais provoque peu de réactions lorsqu'il fera avec un jeune homme, castré pour l'occasion, son dernier mariage. En revanche, pas de commentaires désobligeants sur les nombreux empereurs qui ont des amants, en général des subordonnés ou des affranchis. L'histoire d'amour entre Hadrien et Antinoüs est même vue à cette époque comme exemplaire : le jeune homme sera déifié peu après sa mort par l'empereur, et des villes porteront son nom. Dans l'Antiquité, l'homme viril est celui qui « domine » son partenaire sexuel, que celui-ci soit un homme plus jeune, de plus basse condition, esclave ou affranchi, ou une femme. Que cette dernière soit son épouse, sa concubine, une courtisane ou une prostituée importe peu.

Du côté féminin, la poétesse Sapho tient un cercle de jeunes femmes cultivées qu'elle prépare à la vie adulte et au mariage. Elle est sans doute la femme la plus liée à l'homosexualité féminine durant l'Antiquité. Le nom de l'île où elle réside, Lesbos, servira à créer le mot « lesbien », et son propre nom, le concept de saphisme. Les historiens ne s'entendent pas sur le fait qu'elle ait été exclusivement homosexuelle (certains affirment qu'elle était mariée ou qu'elle avait un amant), ni même qu'elle ait eu des relations physiques suivies avec des femmes. Son rôle de pédagogue faisait en sorte qu'elle initiait des jeunes femmes à leur sexualité afin qu'elles soient de bonnes épouses. Il est donc possible que les amours qu'elle a connues n'aient été que passagères, ce qui expliquerait le désarroi amoureux exprimé par certains de ses poèmes, elle qui inventa avant la lettre la poésie romantique. Comme Platon, son pendant masculin né environ deux siècles plus tard, Sapho prêche surtout un amour plutôt pur et idéalisé, du moins d'après les fragments retrouvés de ses écrits.

J'ai aussi entendu parler de tribus où l'homosexualité servait d'initiation...

Un problème se pose aussi quand on prétend comparer des rapports initiatiques de l'Antiquité et de tribus africaines ou mélanésiennes avec l'homosexualité masculine contemporaine. Parce que ces cultures obligeaient en fait les hommes à vivre trois étapes dans leur développement : une initiation homosexuelle « passive », à l'adolescence, par des jeunes hommes plus âgés qu'eux (ce qui n'était pas censé être agréable pour l'adolescent, cela dit), un renversement des rôles au début de la vie adulte (lui-même initiant un plus jeune) et, pour terminer, une relation de couple hétérosexuelle assurant une progéniture. Dans ces cultures, qu'un homme conserve une fois devenu adulte du désir uniquement pour des personnes de son sexe est vu comme une curiosité, en général tolérée.

Enfin, des nuances similaires s'imposent en ce qui concerne les Nations autochtones de l'Amérique. On sait qu'elles permettaient pour la plupart des unions entre personnes de même sexe bien des siècles avant nous. Mais, encore là, on ne saurait comparer la situation avec nos réalités actuelles. Parce que, dans la plupart des cultures autochtones d'Amérique, la complémentarité sexuelle se conçoit non pas selon le sexe des partenaires, mais selon leur genre, le masculin étant toujours estimé complémentaire du féminin, et vice versa. De plus, il existe au moins trois genres, et parfois quatre, chez ces peuples : mâle, femelle, mâle-aux-deux-esprits, femelle-aux-deux-esprits. Les « êtres-aux-deux-esprits » (ou « bispirituels », qui est une traduction boiteuse) peuvent dans les faits être androgynes, plus masculins que féminins, ou plus féminins que masculins. Et de toutes les orientations sexuelles.

On ne nous a jamais appris que les Amérindiens avaient ces traditions-là. Pourquoi ?

Parce que ces traditions ont été combattues et presque effacées par les missionnaires et les colonisateurs européens. Dans leur sagesse ancestrale, les Premières Nations reconnaissaient bien avant nous que le masculin et le féminin n'étaient pas les attributs d'un seul sexe. C'était généralement entre neuf et douze ans qu'un jeune se reconnaissait, ou était reconnu par les siens, comme une personne-aux-deux-esprits. Le même phénomène existait également chez les jeunes filles, quoique à une échelle moindre, semble-t-il. Des rêves prémonitoires avertissaient le ou la jeune de sa vocation. Cela donnait par la suite droit à un statut ou à un rôle particulier, plutôt élevé, dans la tribu. En effet, l'androgynie des personnes-aux-deux-esprits était vue comme un signe de pouvoirs exceptionnels, d'ordres spirituel et thérapeutique. C'est pourquoi le statut des êtres-aux-deux-esprits était souvent supérieur à celui des autres membres du clan. Non seulement leur demandait-on de s'occuper de la vie spirituelle du groupe, mais ils étaient fréquemment guérisseurs, conseillers dans les affaires difficiles (la vie matrimoniale ou politique) et éducateurs, en particulier des orphelins.

En tant que chamans, les êtres-aux-deux-esprits étaient les équivalents des prêtres et des médecins d'aujourd'hui. Certains guerriers et chefs épousaient un homme-aux-deux-esprits, ce qui était généralement très bien accepté puisque la différence des genres, répétons-le, l'emportait sur la différence des sexes. Autrement dit, un homme masculin pouvait très bien épouser un homme féminin ou androgyne, et une femme féminine, épouser une femme masculine ou androgyne. Il était toutefois difficile d'imaginer que deux hommes masculins, deux hommes féminins ou androgynes, deux femmes féminines ou encore deux femmes masculines ou androgynes puissent former un couple, un même genre ne présentant aucun gage de complémentarité, croyait-on.

Si je comprends bien, la diversité sexuelle, ce n'est pas nouveau. C'est seulement la façon de la nommer qui change.

C'est juste. En somme, quand on nous parle d'homosexualité avant que le mot et le concept existent, soit au milieu du XIXe siècle, nous confondons avec nos mœurs actuelles des pratiques en grande partie différentes. Ainsi, l'homosexualité initiatique ne pourrait avoir cours légalement aujourd'hui, car impliquant des relations entre majeurs et mineurs. Quant aux configurations de couples axés sur une différence obligatoire de statut ou de rôles sociaux, elles sont très éloignées de nos idéaux de couples égalitaires. Les seuls couples de même sexe qui ressembleraient un peu aux nôtres sont les couples de guerriers ou de philosophes de l'Antiquité, encore que les hommes qui composent ces couples, comme Achille et Patrocle, Alexandre le Grand et Héphestion, Socrate et Alcibiade, soient pour la plupart des hommes mariés à des femmes, et non pas entre eux. Ce sont assurément de très grandes amitiés amoureuses, qui n'excluent pas la sexualité, mais qui reposent surtout sur une complicité de l'esprit.

Qu'une culture comme la nôtre ait émis l'idée il y a environ cent cinquante ans que les humains étaient divisés en deux clans selon qu'ils étaient hétérosexuels ou homosexuels, que cette orientation était déterminante pour comprendre leur personnalité et que nous devions trouver les causes de la préférence, c'est une bizarrerie dans l'histoire de l'humanité. Personne n'avait pensé auparavant que les êtres humains pouvaient se spécialiser sur le plan sexuel selon le fait non seulement qu'ils préféraient les hommes (androphilie) ou les femmes (gynéphilie), mais aussi que l'étiquette qu'ils devaient alors porter dépendait de leur propre sexe.

C'est important de connaître l'histoire. Je te remercie de cet éclairage.

Ce détour historique nous aide surtout à comprendre que les catégories hétéro et homo sont des créations récentes et qu'il n'est pas du tout établi qu'elles correspondent à des « espèces » différentes. Il y a eu à toutes les époques et dans la plupart des cultures des gens qui ont aimé et désiré des personnes de leur sexe, que cette préférence soit exclusive ou non. Ce fait universel est le reflet de notre nature humaine et de la nature en général. Beaucoup d'espèces animales comportent des individus qui ont des relations homosexuelles ou bisexuelles, et aussi des couples durables de même sexe. Certains élèvent aussi des petits.

Pourquoi parle-t-on autant de l'orientation « sexuelle » des gays alors que la plupart cherchent l'amour tout autant que les hétéros ?

On utilise de plus en plus l'expression « orientation ou préférence affective », justement pour rappeler que dans une relation amoureuse entre deux personnes, en particulier lorsqu'elles forment un couple, il y a en général bien plus que de la sexualité.

J'ajouterais que le fait de préférer les femmes rapproche sur ce plan-là les hommes hétérosexuels des femmes lesbiennes, qu'ils peuvent mieux comprendre, alors que préférer les hommes fait en sorte que les hommes homosexuels et les femmes hétérosexuelles ont leur attirance sexuelle en commun.

Je sais que depuis 1973 ou 1974 l'homosexualité n'est plus considérée comme un trouble mental, du moins en Amérique du Nord. Il y a tout de même des gens qui se demandent encore si un psychiatre ou un psychologue peut arriver à influencer ou à changer l'orientation sexuelle de quelqu'un.

Disons d'abord que ce n'est pas possible, on le sait, et plusieurs ont payé de leur vie ces thérapies bidon, qui les ont menés à la haine d'eux-mêmes, puis au suicide. On ne peut soigner ce qui n'est pas une maladie. En revanche, on peut rendre très malheureux les gens à force de les culpabiliser. Ajoutons que ces prétendues thérapies sont contre-indiquées sur le plan éthique. Un professionnel de la santé ou des services sociaux pourrait même être réprimandé et ultimement perdre son droit de pratique si son ordre professionnel recevait des plaintes parce qu'il s'adonne dans le cadre de son travail à des activités qui vont à l'encontre de la plupart des règles éthiques et des connaissances scientifiques.

Aujourd'hui comme hier, il existe pourtant des gays et lesbiennes de tout âge qui ne s'acceptent pas, ou très mal. Les questions qu'ils se posent sont les mêmes que lorsque je tenais mon courrier du cœur dans *Le Petit Journal*. Peut-on sublimer, cacher ou refouler une orientation homosexuelle ?

Lutter contre soi, contre sa propre nature en quelque sorte, puisque l'on parle de désirs profonds, a souvent des effets dévastateurs. Dans la mesure où ses désirs et ses activités impliquent des individus aptes à consentir, une personne n'a pas de raison objective pour se faire violence à ce point. D'autant que les droits et libertés des gays et lesbiennes ont énormément évolué ces dernières années. Je ne prétends pas qu'on change les mentalités comme on change de vêtements, mais quand vous regardez maintenant le soutien du grand public au mariage de conjoints de même sexe, vous voyez bien que vivre dans le secret et la honte de soi n'est plus nécessaire.

Pendant longtemps, les seuls gays que l'on voyait étaient « efféminés », comme on disait à l'époque. On voit moins ça aujourd'hui. Pourquoi ?

Lorsque l'homosexualité était un sujet tabou et une source de discrimination et d'ostracisme, la plupart des gays, lesbiennes et bisexuels vivaient cachés. On peut le comprendre. Seuls les plus téméraires et courageux affirmaient publiquement leur différence. Adopter une façon d'être en rupture avec les modèles masculins ou féminins traditionnels était une des façons de le faire. En ce sens, les hommes féminins – je ne dis pas efféminés parce que ce mot véhicule du mépris face à ce qui n'est pas, ou insuffisamment, masculin – et les femmes masculines ont été pendant longtemps de véritables militants. Ils rendaient visible une différence que la société aurait préféré ne pas voir. D'ailleurs, vous remarquerez qu'avec l'évolution des mentalités et des lois la diversité des modèles dans les communautés gays et lesbiennes est beaucoup plus vaste : il y en a vraiment pour tous les goûts, parce que chacun, chacune peut être soi-même, selon les degrés de féminité, de masculinité et d'androgynie avec lesquels il ou elle se sent à l'aise. Comme chez les hétéros. La raison pour laquelle on pensait que tous les gays étaient féminins et toutes les lesbiennes masculines, c'est parce que tous les autres, en fait l'immense majorité, étaient impossibles à identifier.

C'est vrai que les mentalités ont évolué. À quoi pouvons-nous attribuer notre ouverture d'esprit récente par rapport aux LGBT+ ?

J'ai l'impression que le féminisme a joué un grand rôle là-dedans. Quand les différences entre hommes et femmes cessent d'être perçues comme irréconciliables, quand le féminin n'est plus vu comme inférieur au masculin, il devient plus difficile de conserver la rigidité des rôles sociaux et sexuels. Forcément, on doit alors s'ouvrir à une diversité de façons d'être soi, et dépasser la dichotomie mâle/femelle ou masculin/féminin. L'évolution des droits et libertés citoyens en Occident a aussi ouvert la voie à la reconnaissance de la diversité sexuelle dans ses différentes dimensions, d'où le droit au mariage entre conjoints de même sexe, par exemple. Il se peut même que l'épidémie du sida, en attirant l'attention sur les discriminations que vivaient les couples de même sexe – pensez que des conjoints ne pouvaient plus se voir quand l'un était hospitalisé, parce qu'ils n'étaient pas apparentés –, ait joué un rôle là-dedans.

Cette évolution n'a donc pas été naturelle, elle a été soigneusement préparée et soutenue par des personnes et des organismes qui se sont longtemps battus simplement pour se faire entendre et reconnaître. C'est au lendemain de la Seconde Guerre mondiale que les mouvements défendant les droits LGBT+ ont lentement débuté, dans l'opprobre général des gouvernements et des populations, il faut le rappeler. Les premiers militants et premières militantes ont perdu des emplois, ont été emprisonnés et ostracisés. Ce sont des héros méconnus. Le tournant des années 1970, en particulier au Canada et au Québec, a été marquant. Le premier ministre Pierre Elliott Trudeau a aboli l'homosexualité comme délit en 1969, après avoir lancé en 1967 sa fameuse phrase selon laquelle l'État n'avait rien à voir dans la chambre à coucher des adultes consentants. En 1977, après des abus policiers flagrants, le gouvernement québécois a ajouté l'orientation sexuelle comme motif illicite de discrimination à sa Charte des droits et libertés adoptée deux ans plus tôt (le genre et l'expression de genre s'y ajouteront aussi plus tard). Puis, à la fin des années 1990, le débat sur les unions civiles et le mariage a démarré, avec le résultat que l'on sait.

Il y a l'acceptation par les autres, il y a aussi l'acceptation de soi. Je connais des gays et des lesbiennes qui ne se sont jamais acceptés vraiment, et qui prendraient une pilule, s'il y en avait une, pour devenir hétéros...

Une des conséquences à long terme de l'homophobie et de la transphobie est que les personnes mêmes qu'elles attaquent en viennent à les pratiquer. Vous savez comme moi que beaucoup de femmes se sont opposées, et certaines s'opposent encore, au féminisme, ne croyant pas à l'égalité hommes-femmes. C'est un peu la même logique qui apparaît dans ce qu'on appelle l'homophobie ou la transphobie intériorisée : la personne en vient à se croire elle-même inférieure aux autres à force de s'être fait dire et redire qu'elle l'était. Or se discréditer ou se haïr soi-même peuvent avoir des effets tragiques. Raison de plus pour que l'homophobie et la transphobie soient combattues, en particulier chez les jeunes, qui demeurent très vulnérables aux pressions de leurs semblables, de leurs parents et de leurs proches.

Parlons maintenant plus précisément de l'homosexualité féminine. Y a-t-il autant de lesbiennes que d'hommes gays ?

Il semble que les femmes soient un peu moins portées à se déclarer homosexuelles que les hommes ; en revanche, elles sont beaucoup plus susceptibles de se dire bisexuelles, environ trois fois plus que les hommes en fait.

Est-ce que les lesbiennes forment davantage de couples ?

Oui, plus que les hommes, en partie probablement parce que les femmes veulent davantage avoir des enfants, une famille stable, encore que les jeunes hommes homosexuels paraissent vouloir faire du rattrapage de ce côté, nous suggèrent les dernières données disponibles. Depuis le début des années 2000, la possibilité de se marier et d'avoir plus facilement des enfants, de diverses façons, semble avoir stimulé le désir non seulement d'être en couple, mais aussi d'avoir une famille chez les jeunes LGBT+. Cela dit, les femmes lesbiennes ont depuis toujours élevé des enfants, qui étaient auparavant surtout nés de relations hétérosexuelles antérieures (c'est aussi le cas pour des hommes gays). Selon les plus récentes données, environ 75 % des familles dites homoparentales qui ont au moins un enfant de moins de dix-huit ans à la maison ont à leur tête un couple de femmes.

Les couples de femmes durent-ils plus longtemps que les couples d'hommes ?

Comme les femmes, en moyenne, recherchent plus la stabilité affective que les hommes, on ne sera pas surpris que deux femmes ensemble aient tendance à investir davantage dans leur couple, *a fortiori* lorsque celui-ci porte un projet familial. Il faut ajouter que le mariage accentuerait la durée de vie des couples d'hommes ou de femmes, bien qu'il y ait encore peu de données disponibles à ce sujet.

La place du sexe est-elle la même chez les couples de femmes que chez les couples d'hommes ?

Vous savez, chaque couple, quel qu'il soit, doit trouver son rythme et son équilibre sur ce plan. Que vous soyez avec un homme ou avec une femme ne présume pas de votre entente sexuelle, ni même de ce que vous ferez au lit. À quelques exceptions près, presque toutes les façons de se caresser, de se lécher, de se frotter, de se pénétrer, etc. sont possibles pour les deux sexes, surtout si vous ajoutez des jouets sexuels, et il y en a une infinie variété aujourd'hui qui peut pallier l'absence de certains attributs physiques, mâles ou femelles.

La question me semble tellement dépassée que j'hésite à la poser, mais certaines personnes la posent encore : les enfants de parents homosexuels ont-ils plus de risques de devenir LGBT ?

La question est en effet dépassée par sa formulation même : un risque suppose qu'il pourrait arriver quelque chose de négatif. Or être LGBT+ n'est pas en soi une chose négative. Le terme « risque » utilisé par les gens n'est pas approprié. Une fois qu'on a dit ça, on peut ajouter que toutes les études sérieuses sur le sujet montrent qu'il n'y a aucun lien entre le fait d'être élevé par des parents de même sexe et son orientation sexuelle. Les couples d'hommes ou de femmes n'ont pas davantage de probabilités d'avoir des enfants qui deviendront LGBT+ que les autres couples. La vaste majorité des personnes LGBT+ ont d'ailleurs des parents hétérosexuels.

Il y a beaucoup de couples de même sexe qui ont des enfants ?

Il y a à l'évidence une tendance à la hausse. Au moment d'écrire ces lignes, on estime qu'au moins 10 % de ces couples de même sexe élèvent un ou plusieurs enfants, la majorité étant des couples de femmes. Mais les estimations ou statistiques peuvent être trompeuses, car ce sont des réalités peu ou tout récemment rapportées par les grandes enquêtes statistiques et les sondages. De plus, cela évolue très rapidement avec l'accès au mariage et aux diverses façons de concevoir des enfants.

On dit « familles homoparentales », mais on ne dit jamais « familles hétéroparentales », pourquoi ?

Parce que l'on présume toujours, jusqu'à preuve du contraire, que les familles ont à leur tête un homme et une femme. Combien de formulaires ont dû être changés ou adaptés, en particulier dans les écoles, pour que l'on arrête de présumer que tous les enfants avaient un papa et une maman ? Avec la plus grande reconnaissance des familles des personnes de la diversité sexuelle et, de façon plus générale, de la diversité des compositions familiales, on va probablement cesser un jour d'utiliser l'orientation sexuelle des parents pour désigner leur famille. Ou encore on va raffiner davantage le vocabulaire, quitte à devoir être inventif. Je fais confiance aux jeunes générations, très créatives sur ce plan-là.

Les filles hétérosexuelles se touchent, se collent, se tiennent par la main assez naturellement, ce que les hommes hétéros ne font jamais. Pourquoi ces deux poids, deux mesures, tu crois ?

Remarquez qu'il existe des cultures dans lesquelles les hommes sont sensiblement plus expansifs et démonstratifs sur le plan physique, y compris dans les amitiés entre hommes. Et ce sont parfois des milieux particulièrement homophobes, où l'expression d'affection est permise à la condition qu'elle ne soit en aucun cas sensuelle ou sexuelle, ce qui serait alors sévèrement réprimé. Dans la culture occidentale, malgré des nuances à faire entre l'Amérique et l'Europe, la démonstration non pas d'affection, mais d'amour, de sensualité ou de désir entre deux hommes met encore des gens mal à l'aise. Bien que les droits et libertés soient maintenant les mêmes, ce n'est pas encore courant de voir des couples de même sexe, en particulier des hommes, se tenir la main ou s'embrasser dans des endroits publics. C'est appelé à changer, sans doute.

J'ai parfois entendu dire que certaines femmes étaient devenues lesbiennes après une mauvaise expérience avec des hommes. Bizarrement, je n'ai jamais entendu pareille affirmation à propos d'un homme. Les mauvaises expériences peuvent-elles modifier l'orientation sexuelle d'une personne ?

Vous savez, des mauvaises expériences avec un sexe ne vont pas automatiquement vous en faire désirer un autre. Nous vivons presque tous et toutes à certains moments de notre vie des déconvenues ou des déceptions amoureuses. Est-ce que cela nous fait changer d'orientation sexuelle ? Non. J'apporterais ici une petite nuance néanmoins : une personne qui a déjà un potentiel bisexuel pourrait pencher plus d'un côté que de l'autre lorsque vient le temps de choisir ses partenaires, mais on parle bien ici de choix de partenaires et non pas de préférences sexuelles, lesquelles ne se choisissent pas. Des expériences sexuelles traumatisantes peuvent causer des inhibitions, mais difficilement créer de nouveaux désirs. Il ne faut pas confondre les deux choses.

On me pose souvent la question : les femmes violées sont-elles plus portées à devenir lesbiennes ? En somme, peut-on le devenir par dégoût du sexe masculin ?

Subir des agressions sexuelles est très traumatisant. Est-ce que cela peut aller jusqu'à transformer les préférences sexuelles d'une personne ? À vrai dire, on ne le sait pas. On sait que l'orientation sexuelle d'une personne se fixe en général assez tôt dans l'enfance ou l'adolescence. Pour celles et ceux qui ont été victimes d'agression à ce moment-là, il est sans doute possible que cette tragique expérience transforme leur vision de la sexualité, mais je n'en ferais pas une généralité. Des réactions très disparates, et parfois contradictoires, chez une même personne peuvent émerger après des agressions sexuelles. Chaque victime développe des stratégies de survie, conscientes et inconscientes, différentes. C'est très complexe. Comme vous le savez, j'ai déjà mené des enquêtes auprès de victimes d'agressions sexuelles pour comprendre leurs besoins, mais aussi leur résilience. Et je peux vous dire que ce traumatisme est l'un des pires, chaque personne devant se reconstruire dans son intégrité, dans sa sexualité. Mais je me garderais de généraliser quoi que ce soit : chaque victime trouve ses façons à elle de s'en sortir.

Certaines femmes en prison, en mal de caresses et d'affection, vont développer des amours féminines. Sont-elles lesbiennes ou redeviennent-elles hétéros à la sortie de prison ?

L'homosexualité ou le lesbianisme ne sont pas des pis-aller, faute de mieux… C'est une croyance dépassée. Cela dit, quand le choix de partenaires se restreint, vous pouvez, comme c'est le cas des personnes emprisonnées pour une longue période, élargir le champ des possibilités dans votre recherche de partenaires. Ça ne change probablement pas la préférence sexuelle que vous aviez déjà, mais ça allonge la liste des possibles. Par exemple, il se peut qu'à défaut d'avoir un partenaire de sexe masculin vous optiez pour une partenaire de genre plus masculin que féminin. Mais il se peut aussi que ce soit l'occasion de réaliser un potentiel homosexuel ou bisexuel qui était resté inexploré, voire endormi en vous. Les personnes bisexuelles expriment d'ailleurs souvent en ces termes leurs premières relations avec une personne d'un sexe ou d'un genre qui ne faisait pas auparavant partie de leur éventail de possibilités : ce fut une découverte.

J'aimerais que l'on termine ce chapitre sur un sujet intrigant : il paraît qu'il y a des hommes et des femmes

qui n'ont pas, et n'ont jamais eu, de désir pour qui que ce soit, donc pas d'orientation sexuelle. C'est possible ?
Oui. On appelle ça l'asexualité, c'est-à-dire l'absence de désir sexuel et, de ce fait, l'absence d'orientation sexuelle.

Les asexuels sont-ils nombreux ?
Au moins 1 % de la population. C'est une réalité qui demeure méconnue, relativement peu de recherches ayant à ce jour porté sur le sujet.

Quelle est la différence entre l'asexualité et l'abstinence ?
Il importe de ne pas confondre les abstinents, qui ont des désirs mais s'abstiennent de les réaliser, et peuvent donc en souffrir, et les asexuels, qui n'ont pas du tout le sentiment de s'abstenir, encore moins d'être privés sexuellement, puisque n'ayant aucun intérêt ou très peu pour la sexualité.

Est-ce qu'on naît asexuel ou est-ce qu'on le devient ?
Comme pour toutes les autres orientations sexuelles – parce que le fait de ne pas en avoir en serait finalement une, revendiquent les asexuels –, il n'y a pas de consensus à ce sujet.

Comment reconnaître si on est asexué ou juste en panne de désir ?
Tout le monde, ou presque, connaît dans sa vie des moments où la sexualité ne l'intéresse pas, ou pas beaucoup. C'est un phénomène en général passager. Alors

que, chez les asexuels, il n'y a jamais eu d'envie d'avoir des relations sexuelles.

Est-ce une dysfonction physique ?

La plupart des chercheurs croient que non. Je partage leur opinion. D'ailleurs, plusieurs asexuels sont capables d'avoir des réactions sexuelles, par exemple de la masturbation ou des relations sexuelles par curiosité, ou encore pour faire plaisir à leur partenaire ou ne pas risquer de le perdre. Le désir d'avoir des enfants biologiques peut jouer un rôle certain pour les femmes. Le plaisir peut alors être plutôt de nature affective ou mécanique, si jamais il est au rendez-vous.

Parce qu'on peut être asexuel et avoir une relation amoureuse ?

Bien sûr, on peut aimer profondément quelqu'un sans ressentir le besoin d'avoir des rapports sexuels avec cette personne. Le désir et l'amour, ça ne va pas toujours et forcément ensemble, comme on l'a vu plus tôt. Pour une personne asexuelle qui désire avoir une relation amoureuse, l'idéal est sans doute de rencontrer un ou une semblable, afin de ne pas ressentir de pression pour avoir des rapports sexuels.

On peut donc être asexuel et avoir envie d'une relation affective ou romantique ?

On peut être heureux en couple sans sexualité… et très malheureux aussi avec beaucoup de sexualité… Tout dépend de l'entente que l'on a ensemble. L'important, comme on l'a dit en parlant des couples, c'est d'être sur la même longueur d'onde.

Peut-on vivre sans jamais avoir de sexe, ni même en avoir envie, que l'on soit célibataire ou marié ?

C'est ce que font certains asexuels, qui ne s'en plaignent aucunement. C'est surtout du sentiment de se sentir différentes des autres, voire marginalisées en raison de leur absence de désir ou de vie sexuelle, que les personnes asexuelles se plaignent le plus, finalement.

Est-ce que ça se soigne quand c'est considéré par la personne comme un problème ?

Par définition, ce qui n'est pas une maladie ne peut se soigner ! L'idée qu'une orientation, ou absence d'orientation, soit une « maladie » est à bannir. Cela dit, la majorité des personnes asexuelles vivent très bien avec leur orientation, ou leur absence d'orientation, sexuelle, selon le point de vue adopté. Ce sont les préjugés de leur entourage qui, comme pour d'autres orientations, font le plus de mal. Raison de plus pour parler ouvertement de l'asexualité, qui est une réalité et non pas un problème.

Peut-on devenir asexuel par dégoût de la sexualité, après de mauvaises expériences, par exemple des agressions sexuelles ou l'exposition à de la porno qui nous a dégoûté ?

Votre question suppose que quelqu'un cesse d'éprouver du désir, alors que les asexuels n'en ont jamais eu, c'est leur particularité, répétons-le. Cela dit, le fait que des traumatismes puissent laisser des séquelles et des inhibitions est largement reconnu, bien que ceux-ci puissent différer beaucoup entre deux personnes qui ont vécu plus ou moins les mêmes événements.

Peut-on être asexuel par choix ?

Aucune orientation sexuelle n'est le résultat de choix conscients, et cela s'applique aussi à l'asexualité, bien sûr.

Pourquoi on entend si peu parler des asexuels ? Personne ne revendique cette étiquette-là ?

Ça commence à changer grâce à Internet, qui permet à des communautés éparses de se parler, de se regrouper. Alors, oui, les asexuels revendiquent la reconnaissance de leur différence. Ils ont même un drapeau depuis quelques années et défilent sous cette bannière lors des activités de fierté LGBT+.

On peut être heureux sans sexualité ?

Beaucoup de gens en témoignent ; c'est à l'évidence possible.

Michel, je suis très contente qu'on ait pris le temps de faire le tour de la diversité sexuelle. Une fois qu'on s'ouvre à ces réalités, on devient non seulement plus

tolérant, mais aussi plus accueillant. Les gens ne veulent pas seulement être tolérés, ils veulent être accueillis dans leurs différences. En passant, les parents à jour sur la diversité dans la sexualité feront probablement de meilleurs parents.

8

Sortir de l'ignorance sur la sexualité des plus de soixante ans

Ils ont soixante ans et plus, ils ont des enfants, désormais partis de la maison, et des petits-enfants. Ils sont à la retraite. Ils ont de l'argent, juste assez pour se gâter, ils vont dans les bons restos, prennent des vacances, font du sport, sont en pleine santé. Ils s'aiment. Alors pourquoi, Michel, beaucoup de ces couples ne font-ils plus l'amour, ou si peu ?

Il faut savoir qu'une majorité d'hommes et de femmes dans la soixantaine déclarent dans les enquêtes et les sondages avoir encore des relations sexuelles. Mais on voit bien qu'un changement est alors en train de s'opérer parce que, dix ans plus tard, la moitié de ce groupe n'en a plus du tout.

En fait, c'est au tournant de la cinquantaine, quand survient la ménopause ou l'andropause, que l'activité sexuelle subit véritablement les premiers contrecoups de l'âge, bien que cela soit très variable d'une personne à l'autre. Dans la cinquantaine, un couple sur cinq n'a plus de relations sexuelles ; dans la soixantaine, c'est un sur trois ; et dix ans plus tard, un sur deux. Ce qui signifie tout de même qu'un couple sur deux fait encore l'amour quand les partenaires ont soixante-dix ans.

C'est encourageant, je trouve.

Il faut cependant préciser que ce sont des changements physiologiques intervenant à partir d'un certain âge qui vont faire en sorte que l'activité sexuelle va se modifier.

Chez la femme, la ménopause se produit en moyenne entre le milieu de la quarantaine et le début de la cinquantaine. Elle signifie en particulier l'arrêt des menstruations, le corps ne sécrétant plus suffisamment d'œstrogènes et de progestérone. La prise d'hormones chez les femmes peut pallier en partie les effets de la ménopause, qui affectent leurs relations sexuelles. En effet, leur libido peut être atteinte et, surtout, la lubrification moindre de leur vagin peut rendre la pénétration douloureuse, ce qui diminue évidemment l'envie d'en avoir. Environ deux femmes sur trois rapportent que la ménopause a affecté leur sexualité, quelquefois négativement en diminuant leur appétit sexuel, quelquefois de façon positive, en les libérant de la contraception, par exemple. L'équivalent chez les hommes se nomme l'andropause, qui affecte environ un homme sur trois dès la cinquantaine. En raison cette fois de leur baisse de testostérone, leur libido décroît, et la performance sexuelle aussi, parce que les érections sont dès lors moins faciles à obtenir et à maintenir. Ça ne signifie pas que la vie sexuelle est terminée, mais qu'elle entre dans une autre phase.

À l'andropause, plusieurs hommes prennent peur, ils se sentent honteux de leurs performances sexuelles, qu'ils voudraient être les mêmes qu'à l'adolescence. Des hommes m'ont dit que, tant qu'à flancher dans leur érection, ils préfèrent ne plus faire l'amour du tout. Pour un homme qui croit dur comme fer qu'il va bander toute sa vie comme à vingt ans, avoir une panne est humiliant. Pire encore, les femmes redoutent aussi les pannes de leur amoureux. Elles se sentent responsables : trop grosses, trop ridées, les seins trop mous, trop vieilles pour être désirables. L'amour, la sexualité, ce serait bon pour les jeunes et minces uniquement, comme la télévision et la publicité nous le rappellent sans arrêt...

Il est rare en effet que les signes de la vieillesse soient présentés comme porteurs de sensualité, surtout chez les femmes. Paradoxalement, alors que la moyenne d'âge de la population s'accroît, ce sont encore et toujours les attributs de la jeunesse qui sont partout valorisés. On a le droit de vieillir, mais à condition que cela ne se voie pas trop et ne se fasse pas sentir, surtout.

Nous vivons dans une culture qui aime les vieux à la condition qu'ils aient l'air jeunes, je dirais même qu'ils se conduisent en jeunes. La sexualité des personnes vieillissantes n'est pas vue comme problématique tant que ces dernières sont aussi performantes que les jeunes. Parce que, vous avez raison, le modèle de sexualité active qui prévaut partout ne fait guère de place aux corps vieillissants et aux élans assagis du désir. Alors quand, en prenant de l'âge, on se trouve moins désirable, moins enjoué ou moins performant sur le plan sexuel, ça déclenche parfois un signal de détresse…

Pourtant, il y a des avantages à vieillir, même du côté sexuel. Je ne vois pas pourquoi l'expérience et la maturité, tant appréciées dans d'autres domaines de la vie, ne le seraient pas aussi dans la sexualité.
Vous avez raison, madame Bertrand. On ne doit pas sous-estimer ou passer sous silence ce côté positif du vieillissement sur la sexualité. Par exemple, comme on a eu le temps d'expérimenter, on sait davantage ce que l'on aime ou pas. Nos désirs, nos goûts et nos dégoûts sont plus affirmés. Ce qui ne signifie pas que l'on ne puisse expérimenter du nouveau, bien sûr, mais en assumant nos choix. L'expérience en matière de sexualité, ça compte ! En plus, si vous êtes en couple avec la même personne depuis des années, vous avez eu le temps de développer une certaine complicité, ce qui est toujours un avantage dans les relations intimes.

Les femmes s'inquiètent parce que vers l'âge même où les couples commencent à se refroidir sexuellement, dans la cinquantaine, arrive le démon de midi, qui frappe surtout les hommes. Étrangement, dans bien des cas l'homme n'a plus, ou a beaucoup moins,

de relations sexuelles avec sa conjointe mais pense retrouver comme par magie ses ardeurs avec une plus jeune...

En effet, à un moment où certains voient leur libido décroître, d'autres connaissent une recrudescence dans leur désir. Contrairement à la ménopause ou à l'andropause, le démon de midi n'est pas déclenché par des changements physiologiques, il faut le préciser. C'est plutôt sur le plan psychologique que ça se passe. En un sens, c'est presque un retour à l'adolescence. Pour sortir de la routine qui s'est installée, pour se sentir jeunes à nouveau, encore désirés et désirables, certains hommes veulent se retrouver avec des partenaires plus jeunes et être enviés par leurs pairs sur ce plan-là. Et, oui, ça peut mener à des aventures extraconjugales, puis à des bris de couples qui avaient jusque-là duré vingt ans, trente ans ou plus.

Chez les femmes, le phénomène serait moins présent pour diverses raisons, en particulier parce que celles-ci ont plus tendance, quel que soit leur âge, à érotiser des partenaires du même âge ou plus âgés qu'elles. On a inventé le concept plutôt péjoratif de « femme cougar » pour bien marquer la désapprobation sociale face à celles qui se tournent vers des plus jeunes, le cougar étant un prédateur.

Puisque, en vieillissant, les hommes ont tendance à creuser l'écart d'âge avec leurs partenaires, cela fait en sorte que la conjointe, même si elle a plus ou moins le même âge qu'eux, peut leur paraître soudainement « trop vieille ». C'est vraisemblablement une question de culture plus que de nature, puisque la plupart de ces hommes ne songent pas du tout à se reproduire, mais plutôt à retrouver leur propre jeunesse, ou du moins en avoir l'impression. Encore qu'il existe des cas connus, comme l'écrivain Saul Bellow, devenu à quatre-vingt-quatre ans père d'une fillette conçue avec une conjointe sensiblement plus jeune. Avoir un bébé à quatre-vingt-quatre ans n'est probablement pas idéal, du moins pour l'enfant : à son adolescence, son père sera centenaire, s'il atteint cet âge-là.

Mais pour l'orgueil masculin, quelle apothéose ! J'ai entendu des gens critiquer certains hommes gays ayant un goût pour les conquêtes plus jeunes qu'eux, mais les hommes hétéros ne sont pas si différents : ils préfèrent en majorité la jeunesse.

Il existe probablement plus de ressemblances entre un homme hétérosexuel et un homme homosexuel qu'entre un homme et une femme sur ce plan-là. Mais je m'empresse de dire que tous les goûts demeurent dans la nature et qu'il existe beaucoup d'hommes, de toutes orientations sexuelles, qui préfèrent des partenaires du même âge, ou encore plus vieux ou plus vieilles qu'eux.

Les hommes gays plus âgés qui sont célibataires me disent qu'ils peuvent encore assez facilement trouver du sexe dans les saunas, sur des sites comme Tinder et dans des bars. Mais est-ce plus difficile pour les lesbiennes d'un certain âge qui sont seules ?

Comme la majorité des femmes, les lesbiennes socialisent entre elles, et sensiblement plus que les gays. Il n'y a pas autant de bars lesbiens, mais les femmes qui aiment les femmes ont leurs réseaux d'amies. Sans compter que les femmes lesbiennes, on le sait depuis longtemps, ont plus tendance à former des couples, et des familles, qui durent. C'était d'ailleurs le cas bien avant le mariage de conjoints de même sexe. Il y a sans doute davantage de stabilité et de transmission intergénérationnelle dans les communautés lesbiennes parce que la notion de famille, qu'elle soit biologique ou choisie, y est depuis longtemps importante. Dans les communautés lesbiennes, les générations s'entremêlent probablement davantage que dans les communautés gaies, où les lieux de rencontre ont des critères d'exclusion, selon l'apparence, le poids, l'âge, les vêtements, etc. Comme on l'a déjà vu, les hommes sont plus séduits par ce qu'ils voient, alors que les femmes sont davantage séduites par ce qu'elles ressentent. Ça explique possiblement pourquoi les hommes gays ou bisexuels, tout comme les hommes hétérosexuels, sont plus attachés à l'apparence de leur partenaire que ne le sont les femmes, qui s'entichent de la personnalité dans son ensemble, l'apparence étant un élément parmi d'autres.

Oui, c'est vrai. Pour les femmes hétérosexuelles plus âgées, rencontrer un partenaire n'est pas simple non plus, surtout pour celles qui veulent plus qu'une aventure d'un soir.

On dit que les hommes auraient tendance à chercher la sexualité sans amour, et les femmes, l'amour sans sexualité. C'est un peu caricatural, bien sûr, mais ça reflète le fait que beaucoup d'hommes sont en mesure de faire l'amour avec n'importe qui d'attirant alors que les femmes auraient davantage besoin qu'une relation s'installe. Or, plus on vieillit, plus nos critères de choix de partenaires et nos scénarios amoureux ou sexuels se précisent. Autrement dit, on est, en principe, plus sélectif, que l'on soit homme ou femme. Mais le fait que les hommes accentuent alors leur tendance à vouloir des partenaires plus jeunes n'aide certainement pas les femmes à mesure qu'elles prennent de l'âge, surtout si elles aspirent à développer une relation stable et durable.

Les hommes, même mariés, de plus de soixante ans qui pensent que fréquenter une plus jeune personne va donner un regain à leur libido, ça ne manque pas. J'en ai connu plusieurs.

Se sentir jeune à nouveau est une illusion qui plaît à beaucoup de gens. Retarder le moment où on sera vu, ou on se verra soi-même, comme vieux, les hommes comme les femmes l'ont toujours souhaité. La particularité des hommes est de miser davantage sur la performance, en particulier sexuelle, pour se prouver qu'ils sont éternellement jeunes.

Les nouvelles partenaires font peut-être renaître le désir, mais pour combien de temps ? Je comprends

bien sûr qu'un couple de vingt-cinq ou trente ans d'existence puisse avoir épuisé tous les préliminaires et toutes les positions. On peut se lasser de faire l'amour avec la même personne, comme on se lasse de préparer et de déguster la même cuisine, mais je me dis qu'on peut toujours découvrir de nouvelles recettes, de nouvelles saveurs. Un couple peut-il se renouveler ou se redécouvrir sexuellement après des décennies passées ensemble, plutôt que d'être infidèle ou encore de mettre l'amour physique complètement de côté ?

Vous vous souvenez, quand on a parlé de la sexualité du couple, on a vu que l'entente sexuelle n'est pas la seule condition pour réussir une vie de couple. Pour perdurer, un couple doit s'appuyer sur de la complicité, des valeurs et des projets communs.

Une fois les enfants partis, une fois la retraite amorcée, une fois la routine bien installée, on va se retrouver l'un face à l'autre, au quotidien, pour s'apercevoir parfois que l'Autre n'est plus celle ou celui que l'on avait choisi et admiré. On peut vivre des décennies aux côtés de quelqu'un et ne développer finalement que très peu d'intimité avec cette personne. C'est la raison pour laquelle il arrive si souvent que l'amour physique s'épuise de lui-même, que l'on n'en parle même plus, ou encore que l'un des conjoints ait secrètement envie de « refaire sa vie » avec quelqu'un d'autre.

Dans les deux cas, c'est un échec ?

Cesser de faire l'amour avec quelqu'un parce que ce n'est plus agréable ou qu'on n'en a plus envie est une décision légitime. Mais ce choix n'entame pas forcément l'amour dans le couple, à condition que ce soit d'un commun accord. On peut aimer une personne sans avoir de relations sexuelles avec elle, tout comme on peut avoir beaucoup de rapports sexuels avec quelqu'un que l'on n'aime pas. Pas de relations sexuelles ne veut, ou ne devrait, pas dire pas d'affection, ni de tendresse.

La situation se complique quand l'un ressent encore le besoin d'avoir des rapports sexuels alors que l'autre n'en veut plus. Ça crée généralement des tensions dans le couple et il est bien possible que ce soit le prélude à des relations extraconjugales ou à une séparation. Mais encore là, divers scénarios restent ouverts. Vous savez, il y a des femmes qui encouragent même leur mari à se procurer ailleurs ce qu'elles n'ont plus envie de leur donner. Il y a des couples qui durent précisément parce qu'ils ne font plus l'amour ensemble ! Ils ont trouvé une entente sur ce qui est permis de faire à l'extérieur du couple, y compris certaines infidélités, en particulier si elles sont sans lendemain ou sans perturbations dans leur vie de tous les jours. La plupart des gens diront que ce n'est pas une situation idéale, mais ceux pour qui ça fonctionne vous affirmeront plutôt le contraire.

Heureusement, il y a des couples âgés qui restent passionnés.

Oui, et il faut le souligner, beaucoup de couples ont une vie sexuelle active et gratifiante jusqu'à un âge avancé. Et ça ne date pas d'hier. Pensons à Louis XIV, sexuellement actif jusqu'à la fin. Sa seconde épouse, Madame de Maintenon, se plaignait d'ailleurs à son confesseur de cette verdeur qui l'épuisait : à plus de soixante-dix ans, âge vénérable à cette époque, ils avaient des rapports sexuels presque quotidiens. Le roi, qui avait longtemps été un des hommes les plus infidèles de son temps, devint la fidélité incarnée les trente et quelques dernières années de sa vie, après ce second mariage. Comme quoi, si l'attrait de nouveauté peut poindre à tout âge, le confort d'une relation de grande complicité, comme c'était le cas pour le roi et Madame de Maintenon, peut aussi l'emporter. L'amour que l'on ressent l'un pour l'autre réussit parfois à nous garder séduisants à vie. « On ne voit bien qu'avec le cœur », a écrit Saint-Exupéry. On peut désirer l'Autre longtemps pour ce qu'est et ce qu'a été cette personne : l'amour de notre vie.

Je me demande souvent si les couples qui sont ensemble depuis longtemps auraient des secrets à partager.

Vous pourriez sans doute vous-même nous en confier, parce que vous êtes avec Donald depuis plus de trente-cinq ans, si ma mémoire est bonne.

C'est un travail de tous les instants. Un travail à trois. Il y a lui, il y a moi et il y a notre relation. C'est la

relation qu'il y a entre nous que nous entretenons comme la braise d'un feu. Nous savons que, si on laisse la braise s'essouffler, le feu s'éteindra. Notre couple est notre priorité. On s'embrasse, on se touche, on se caresse, il me fait plaisir, je lui fais plaisir, chaque jour. On ne se tient jamais pour acquis. On a toujours peur de se perdre, alors on entretient le feu, on met du petit bois jour et nuit. C'est tout simple, tu vois.

La séduction est une entreprise constante, toujours inachevée. Ce qui frappe le plus quand on interroge des couples qui ont su conserver intacte leur attirance mutuelle, c'est leur faculté de se surprendre encore l'un l'autre, de faire en sorte que leur vie comporte toujours des découvertes, y compris dans leur intimité.

On a tous et toutes un jardin secret. C'est notre part de mystère qui constitue, jusqu'à un certain point, la source de notre séduction. C'est la raison pour laquelle tout donner tout de suite est une mauvaise stratégie de séduction à moyen et à long terme. On peut se lasser d'une personne en quelques jours, comme on peut la découvrir et la redécouvrir après trente, quarante ou cinquante ans de vie commune. Dans ce cas, c'est probablement qu'elle a développé, consciemment ou pas, la faculté de se renouveler, d'être à la fois elle-même et quelqu'un de toujours un peu différent, un peu étonnant même. Après tout, être séduit, c'est être agréablement surpris.

Demeurer séduisant ou séduisante, ce n'est pas se fondre dans l'Autre, mais au contraire savoir conserver et développer sa propre intériorité. Parce qu'il faut bien en avoir une si on veut la partager ensuite dans une relation qui ne devienne pas une ennuyeuse routine. Sur ce plan-là, de toutes petites attentions peuvent faire beaucoup. Par exemple, montrer que l'on aime et que l'on désire encore la présence et la chaleur de l'Autre, c'est quelque chose à ne jamais négliger : quand tombe le défi de la séduction, il y a un risque que la concurrence et l'attrait de la nouveauté, venus d'ailleurs, se fassent sentir. Séduire, c'est un projet et jamais une fin si vous voulez que votre séduction perdure.

À ce sujet, les couples qui pensent que le temps de se faire des câlins et de se donner mutuellement du plaisir est passé une fois franchi un certain âge se trompent et, à mon avis, perdent quelque chose d'important. En vieillissant, on peut décider de profiter de ce qu'on a au lieu de se plaindre de ce qu'on n'a pas. Je vais vous raconter deux histoires vécues dans ma propre famille. Une de mes grand-tantes, veuve éplorée mais bonne vivante, se cherchait encore un amoureux à un âge avancé. Comme elle a vécu en assez bonne santé jusqu'à presque cent ans, elle nous racontait qu'elle mentait à ses soupirants : « Je me fais passer pour une jeune de quatre-vingt-dix ans, disait-elle. Qui voudrait sortir avec une vieille de cent ans ? » Un grand-oncle, lui, est décédé à cent un ans, dans son sommeil ; il revenait de danser à son club de l'âge d'or. Il est mort heureux. Le désir de séduire, d'aimer et d'être aimé ne faiblit pas forcément avec l'âge, loin de là. Et puis le désir de tendresse et d'affection ne meurt jamais.

Vous savez, madame Bertrand, on parle beaucoup des pannes masculines, mais on oublie d'ajouter qu'environ la moitié des hommes sont encore sexuellement en bon état de marche, si j'ose dire, à quatre-vingts ans. Et plusieurs femmes, comme Jane Fonda, témoignent avoir eu leurs relations sexuelles les plus gratifiantes à un âge avancé, dans les soixante-dix ans dans son cas, dit-elle. Oui, on peut faire l'amour, avoir du désir et du plaisir sexuels à tout âge, bien après la ménopause et l'andropause, surtout qu'au besoin on peut de nos jours compenser de différentes façons la perte d'hormones qui se produit avec l'âge.

D'ailleurs, qu'est-ce que cela veut dire, être âgé, aujourd'hui ? À partir de quel âge entre-t-on dans cette catégorie ? Quand, en 1950, l'actrice américaine Gloria Swanson joue dans *Boulevard du crépuscule*, elle incarne une vieille star d'Hollywood… de cinquante ans, son âge véritable à l'époque où le film fut tourné. Aujourd'hui, personne ne pense qu'une vedette est finie à cinquante ans ! Madonna demeure au sommet à soixante ans, Cher et Dolly Parton ont plus de soixante-dix ans, Jane Fonda, quatre-vingts ans, et je ne parle pas des vedettes masculines, comme Harrison Ford, soixante-quinze ans, et Robert Redford, quatre-vingt-un ans. Brad Pitt et Tom Cruise jouent encore des jeunes hommes : ils sont pourtant au milieu de la cinquantaine.

On peut être membre de l'Âge d'Or à cinquante ans au Québec, mais très peu de gens se considèrent comme vraiment vieux à cet âge-là. Pensez que l'espérance de vie était à peine de cinquante ans il y a un siècle ; c'est aujourd'hui trente-deux ans de plus. On vit non seulement plus longtemps, mais aussi plus en santé, ce qui fait qu'on peut aussi avoir une vie amoureuse et sexuelle beaucoup plus longtemps.

J'aimerais que l'on revienne sur une question importante : qu'arrive-t-il quand l'un des deux dans le couple décide qu'il ne veut plus faire l'amour avec l'autre ?

Les réactions semblent un peu différentes selon les sexes. Les femmes auraient plus tendance à accepter la chose, et ce n'est pas un hasard si la masturbation est l'activité sexuelle la plus pratiquée par les femmes à compter de la soixantaine. Alors que, chez les hommes, les relations avec partenaires et la masturbation arrivent *ex æquo*.

Comme le chante Ginette Reno : « Fais-moi la tendresse. » Les femmes aiment qu'on leur fasse la tendresse. La masturbation, ça n'apporte pas beaucoup de tendresse…

Vous avez raison, madame Bertrand, encore qu'on puisse faire l'amour sans en donner ou en recevoir beaucoup au final. Être deux (ou plus) pour atteindre l'orgasme ne garantit pas qu'une fois celui-ci atteint vous vous sentirez affectivement comblé. Entre des relations sexuelles impersonnelles ou sans affection véritable et la masturbation, plusieurs personnes, de tout âge, n'hésitent pas à choisir cette dernière.

Il y a des couples âgés qui s'aiment encore beaucoup, mais pour qui la sexualité n'est plus au rendez-vous. On peut perdre le goût de la sexualité avec notre conjoint ou notre conjointe au fil du temps. Il faut s'en parler afin que chacun comprenne bien que la fin de la sexualité n'est pas forcément la fin de l'amour.

Au début de la plupart des histoires de couples, il y a des projets, de l'enthousiasme même : des enfants, un toit à notre goût, des voyages, etc. Au fil du temps, à mesure que ces projets se réalisent, si vous n'en avez pas d'autres, la vie devient moins trépidante, plus prévisible. Il y a des gens qui se sentent rassurés par la routine tranquille ; il y en a d'autres qui se sentent alors mourir à petit feu intérieurement. Une fois que la maison est payée, que les enfants sont partis et que les petits-enfants ont grandi, qu'on a visité les endroits où on rêvait d'aller et que la carrière n'est plus aussi accaparante, en particulier si on se retrouve à la retraite, on a besoin d'un second souffle. Or il arrive que ce regain de vitalité et de projets motivants, on ne le ressent pas avec la personne avec laquelle on a pourtant été pendant des décennies. Parce qu'on n'est plus aussi complémentaires, parce qu'on a changé et qu'on se dirige en des directions opposées.

Après la retraite, plus de 25 % des gens divorcent, sans compter les conjoints de fait qui se séparent. Dans bien des cas, les partenaires ont tout simplement évolué différemment. On a moins d'atomes crochus. Ce n'est pas la faute de l'un ou de l'autre, c'est comme ça : les êtres humains évoluent de leur naissance à leur mort, et on a beau vivre côte à côte avec quelqu'un, rien ne force cette personne à évoluer dans le même sens que soi. À un certain moment, et c'est souvent lors de la retraite, on se rend compte que la personne et la vie que l'on avait choisies il y a quelques décennies ne nous conviennent plus. Alors on s'éloigne de cette personne, même si c'est triste et difficile. On n'a plus le goût d'être avec elle, on n'a plus le goût d'elle non plus.

Pour nos ancêtres, la retraite ne durait que quelques années, dans la plupart des cas, en raison de l'espérance de vie alors restreinte. Mes deux grands-pères sont morts, usés par la vie, à mon âge. Tandis qu'aujourd'hui on sait que l'on va vivre plus de vingt, trente ou quarante ans après avoir pris notre retraite, on ne se croit pas soudainement devenu vieux parce qu'on a atteint cette étape ; on croit au contraire, et avec raison, qu'une nouvelle page de notre vie reste à écrire. On sait qu'il y aura encore, parce qu'on en aura le temps, plein de choses à faire et à découvrir. Cette certitude modifie notre façon non seulement de voir notre avenir, mais aussi de voir notre couple, si on en a un, et de concevoir notre vie affective et sexuelle. Parce que c'est loin d'être terminé !

Et les célibataires qui vieillissent en solo ?

À mesure que l'on prend de l'âge, on a tendance à chercher une certaine stabilité sur le plan affectif. Les aventures d'un soir se font habituellement moins nombreuses, et la recherche du grand amour, quand il est encore attendu, se fait plus pressante mais aussi plus ardue. On a déjà nos habitudes et on est en général plus sélectif.

Rares sont ceux et celles qui veulent vieillir vraiment seuls, sans liens émotifs. Dans un monde où les célibataires sont de plus en plus nombreux, l'amitié, et même l'amitié amoureuse, qui est une amitié qui se rapproche de l'amour, occupe une grande place. Être désiré, c'est une chose dont on arrive plus aisément à se passer qu'être aimé. Ne pas être aimé, ne pas aimer, c'est sans doute la plus grande souffrance affective, à tous les âges de la vie.

Être célibataire ne signifie pas forcément être solitaire, loin de là. Autant certains couples se referment sur eux-mêmes au point de vivre finalement dans une solitude à deux étouffante, autant des célibataires peuvent avoir une vie gratifiante, remplie d'amour et de tendresse. Il est bien fini le temps où on plaignait les « vieux garçons » et les « vieilles filles », comme on appelait les célibataires de plus de vingt-cinq ans ! D'abord parce qu'il n'y a plus de limite d'âge pour séduire, ensuite parce que être en couple est de moins en moins considéré comme un incontournable pour s'épanouir.

On voit de plus en plus de vieux amis qui décident de partager des projets, un chalet, un appartement, une maison, une vie commune, non pas, comme le font les jeunes, par souci d'économie, mais pour le plaisir de vivre ensemble. En vieillissant, nous nous rendons compte qu'il y a des gens qui nous aiment depuis des années ou des décennies, avec qui nous nous sentons vraiment bien. Souvent, ces relations sont plus gratifiantes et valorisantes que la plupart des relations amoureuses que l'on a connues.

L'amitié est un amour paisible, sans attente démesurée. C'est aussi une aventure ouverte à la découverte de l'Autre, parce que l'amitié se construit au fur et à mesure qu'elle se développe. On choisit rarement d'être ami avec quelqu'un : on découvre au fil du temps qu'une solide relation affective s'est tissée. On s'est attaché et on tient à cette personne-là. Elle nous manque lorsque nous sommes trop longtemps sans avoir de ses nouvelles ou la voir. Et on sait que l'on compte pour elle.

L'amitié amoureuse revêt une intensité proche de l'amour : on est attiré par une personne non pas principalement sur le plan physique, mais sur les plans psychologique et relationnel. On est intensément bien avec elle. Comme elle est à notre écoute, elle connaît nos secrets, partage nos joies et nos douleurs. Bref, elle nous accompagne, et parfois avec plus de délicatesse et de bonheur que le ferait un amoureux ou une amoureuse bête ou égoïste…

Si ça ressemble à de l'amour, il peut y avoir du sexe dans l'amitié amoureuse ?

Ce n'est pas exclu, mais, chose certaine, ce n'est absolument pas la base de la relation. C'est la raison pour laquelle une amitié amoureuse peut se construire avec une personne quels que soient son sexe, son genre et son orientation sexuelle, et quels que soient les nôtres. Cela fait en sorte, par exemple, qu'une femme hétérosexuelle puisse vivre sa plus grande complicité affective avec une autre femme, ou encore avec un homme homosexuel.

Je connais beaucoup de femmes seules qui ont un meilleur ami gay et qui ne ressentent plus autant le besoin d'avoir un conjoint.

Il y a plusieurs degrés d'attachement, de tendresse et d'affection entre deux personnes. Je dirais que l'amitié amoureuse se situe quelque part dans le continuum entre l'amitié et l'amour. Plusieurs personnes que je connais ayant passé la cinquantaine ont organisé leur vie sur la base d'amitiés amoureuses. Est-ce par dépit de n'avoir pas trouvé de partenaire pour former un couple durable ? Je ne saurais dire. Chose certaine, beaucoup ne veulent plus être en couple simplement pour être en couple. Parmi ces célibataires, il y a des gens qui ont été en couple, qui ont vécu des crises conjugales, qui ont divorcé et qui ne sont pas sûrs de vouloir revivre ça. Mais ils ne veulent pas vieillir seuls.

Ne me dis pas qu'espérer vivre en couple toute sa vie, c'est dépassé !

C'est surtout de moins en moins réaliste. D'une part, les chances de rencontrer le grand amour, qui durera à jamais, sont statistiquement minces. D'autre part, ne pas ou ne plus être en couple ne condamne pas à vivre cloîtré ! Les célibataires socialisent différemment aujourd'hui. On n'attend plus le prince charmant ou la Belle au bois dormant pour exister. On a parlé dans le précédent chapitre de fluidité et de non-binarité des attirances sexuelles : on pourrait certainement utiliser les mêmes concepts de fluidité et de non-binarité en ce qui concerne les affinités émotives. On peut aimer autrement que d'amour-passion, et ainsi avoir plus d'une personne dans notre vie pour combler nos besoins de tendresse et d'affection.

Deux personnes peuvent donc vivre ensemble sans faire l'amour, que ce soit en tant qu'amis très proches ou comme couple qui ne ressent plus ce besoin physique ?

Oui, à mesure que la population va vivre plus longtemps, différents modèles vont émerger pour vivre avec ceux ou celles que l'on aime, de différentes façons. C'est déjà en train de se faire. On se perçoit de moins en moins selon le modèle binaire selon lequel on est soit célibataire, soit en couple. Beaucoup vont connaître en alternance les deux situations. Et puis on peut être plus ou moins célibataire, plus ou moins en couple, selon différentes modalités : on vit des amitiés amoureuses, ou encore des relations qui comportent de la sexualité, mais sans engagement à court, moyen ou long terme. Ce n'est pas que chez les jeunes que ça se rencontre, croyez-moi.

Quand on parle de la sexualité des « vieux », j'ai l'impression qu'on considère toujours qu'ils en ont trop ou pas assez. C'est rarement le juste milieu.

Je constate la même chose. Un homme d'un certain âge qui n'a plus de vie sexuelle, c'est un impuissant. Mais s'il est sexuellement éveillé, et le manifeste, on va dire que c'est un « vieux cochon ». Pire est la situation des femmes. Si elle est trop entreprenante, elle passera pour une nymphomane. On reconnaît peu la sexualité des personnes âgées, en particulier quand elles sont célibataires. On trouve bien beau que des vieilles personnes convolent encore en justes noces, mais on rigole à l'idée que la sexualité y soit pour quelque chose. Alors que la sexualité n'est plus censurée au cinéma, les scènes de films dans lesquels on voit des couples âgés faire l'amour demeurent plutôt rares.

Peut-être parce qu'ils le feraient autrement, l'amour... Je suis persuadée que le secret du bonheur, lorsqu'on vieillit, est d'accepter que la sexualité ne soit plus comme avant : c'est plus pareil, c'est bon pareil.

Quand on y pense bien, à tous les âges de la vie, on s'adapte à notre sexualité et notre sexualité s'adapte à nous. Et à tous les âges de la vie, on peut avoir envie d'être désiré, et même de ressentir les émotions fortes de la passion. Il n'y a pas d'âge pour aimer ou désirer, être aimé, être désiré. La séduction vient de ce que l'on inspire, et, en ce sens, on peut certainement être inspirant ou inspirante à tout âge.

J'ajouterais que des personnes de tous les âges vivent avec des limitations ou des handicaps physiques qui ne les empêchent nullement d'avoir une vie amoureuse et sexuelle. Pensons à l'astrophysicien Stephen Hawking, qui vient de décéder au moment où nous écrivons ces lignes. Son grave handicap ne l'a pas empêché d'avoir une vie amoureuse et familiale satisfaisante – il s'est marié deux fois et a eu des enfants – en plus de sa prestigieuse carrière.

N'empêche que beaucoup d'hommes vieillissants craignent pour leur virilité. Dis-moi : quelle est la différence entre la panne de désir et l'impuissance ?

Je ne suis ni médecin ni sexologue, mais je peux rappeler que les incapacités occasionnelles ou prolongées – on parle dans ce dernier cas d'impuissance – à avoir une érection quand ils le souhaitent sont courantes chez les hommes. Si presque la moitié des hommes en connaissent au moins un épisode durant leur vie, pour environ 10 % de la population masculine, c'est un problème récurrent, qui ne va pas s'améliorer au fil du temps.

De très nombreux facteurs biologiques, physiques, neurologiques, psychologiques ou relationnels peuvent expliquer les problèmes d'érection. D'ailleurs, contrairement à ce que les gens pensent, les pilules supposément magiques proposées aux hommes ne provoquent en elles-mêmes ni le désir ni même l'érection : elles aident seulement à maintenir cette dernière. Hélas, les fluctuations du désir ne sont plus perçues comme les effets de nos conditions de vie, ni même comme les répercussions de nos états d'âme ou de santé sur nos envies et nos performances physiques. Elles sont vues, à tort, comme des échecs personnels, d'où le malaise des hommes. Il faudrait davantage reconnaître qu'avoir des hauts et des bas dans notre sexualité, c'est normal. Nos états d'âme, notre santé physique ou mentale, la fatigue et les soucis de la vie ont beaucoup de répercussions sur notre libido, sans compter les médicaments que l'on peut être obligé d'ingurgiter.

De mon point de vue, les médicaments qui soutiennent ponctuellement l'excitation génitale pourraient à long terme s'avérer contre-productifs, parce qu'ils font oublier que le désir se passe entre les deux oreilles. Pas entre les jambes. L'excitation sexuelle, c'est quelque chose de très subjectif. L'idée même selon laquelle tous les hommes devraient être capables d'érection et d'éjaculation sur demande, à tout moment et à tout âge, paraît peu raisonnable. Pire, cette idée suggère que la virilité nécessiterait une assistance médicamenteuse, comme si l'érection faisait l'homme.

À vrai dire, les substances soutenant l'érection me semblent plus en phase avec le rythme expéditif de la pornographie qu'avec celui, plus lent, de l'érotisme. Et puis, contrairement à ce que suggèrent certaines publicités télévisées, la partenaire ne sera pas toujours au septième ciel de trouver son conjoint dans l'état du dieu

Priape. Au contraire. Les femmes adorent les préliminaires, et plus encore quand elles vieillissent, cela préparant leur corps à jouir. Leur érotisme et leur sexualité sont beaucoup moins concentrés que ceux des hommes sur les organes génitaux.

Une amie m'a raconté avoir pouffé de rire devant l'érection soudaine de son mari. Elle aurait préféré que la vaillance de son conjoint soit provoquée par elle plutôt que par une pilule. Une autre se plaint que la pénétration ne l'intéresse plus. Elle en a pourtant pour des heures à subir les assauts de son mari. Les pilules peuvent-elles vraiment rendre sa vie sexuelle au couple qui l'a perdue ?

La première chose qu'il faut réaliser, c'est que la pression pour avoir une vie amoureuse et sexuelle active est plus forte que jamais. Alors que presque la moitié des couples de cinquante ans et plus se résignaient il y a quelques décennies à ne plus avoir de rapports sexuels, aujourd'hui la baisse de performance sexuelle est perçue comme un problème médical. On a donc mis en marché des pilules qui aident l'organe masculin à se gorger de sang, à avoir une érection et à la conserver. Mais ce procédé n'allume pas en lui-même le désir, répétons-le : il se contente de soutenir la démonstration physique du désir, ce qui est autre chose.

Il y a des hommes qui se définissent par la dureté et la vigueur de leur érection. D'autres parlent de leur

pénis comme si c'était une personne, un autre soi-même, supérieur à ce qu'ils sont, à qui ils obéissent. Pour ceux chez qui vieillir signifie perdre en vigueur sexuelle, ça peut être tout un choc...

Évidemment, si ce sont vos performances sexuelles qui vous définissent dans votre tête, leur déclin peut devenir paniquant. Comme on vient de le dire, il y a cependant des substances qui peuvent en partie pallier ces déconvenues. Mais il est tout aussi vrai qu'avancer en âge peut également signifier vieillir en sagesse et modifier quelque peu la façon de se définir sexuellement et autrement. S'il est vrai que le désir n'a pas d'âge, l'obstination vieillit très mal quand on n'arrive pas à accepter ses limites et qu'il n'y a plus moyen de les pallier.

L'érection et la pénétration ne sont pas absolument nécessaires pour avoir un rapport sexuel. Il existe une infinité de façons de donner et de recevoir du plaisir. Encore faut-il être prêt à les explorer. C'est le défi des hommes qui réalisent qu'ils ne sont plus des adolescents. Penser que la satisfaction sexuelle, autant la sienne que celle de l'Autre, repose uniquement sur la performance de son pénis est une idée déraisonnable et dépassée.

Mais pourquoi donc un homme arrive-t-il si difficilement, et souvent pas du tout, à parler de sa dysfonction ou de son manque de désir ? C'est comme un tabou et une honte insurmontable chez les hommes.

Dans l'imagination populaire, l'impuissance masculine est presque devenue le symbole de l'échec, pour ne pas dire de la dévirilisation. Dire, même au sens figuré, qu'un homme est impuissant, c'est l'insulter. Un homme qui admet ne plus avoir de désir ou d'érections, c'est rare. Les prétendus ratés du désir masculin traînent depuis des siècles une mauvaise réputation : c'était, croyait-on, le résultat d'abus de soi, ou de maladies plus ou moins honteuses, si ce n'est d'une punition divine. Bref, si vous aviez quelque signe que cela puisse vous concerner, vous couriez les cornes de rhinocéros, les bois de cerf, les ailerons de requins ou autres potions supposément magiques si vous en aviez les moyens. Les solutions offertes ont changé, mais pas le marché, toujours aussi lucratif, des peurs masculines.

J'ai entendu récemment un homme blâmer sa femme pour sa panne de désir. Je le cite : « Ma femme, comme elle vieillit, ça lui prend trop de temps pour arriver à l'extase. Ça fait qu'il faut que je prenne du Viagra. Moi, j'en aurais pas besoin, mais c'est pour elle... »
Madame Bertrand, ça vous surprend beaucoup d'entendre que « c'est la faute de l'Autre » ? Manifestement, si l'homme considère que sa conjointe « prend trop de temps », c'est peut-être que le sien est compté...

L'orgasme de l'homme durant moins longtemps que celui de la femme, je me demande si la sexualité des hommes et des femmes n'est pas de plus en plus différente à mesure qu'ils vieillissent. La pénétration, pour beaucoup d'hommes, demeure le but

ultime. Mais la femme, elle, a besoin d'être excitée. Elle a besoin que son clitoris soit stimulé un certain temps et plus encore après la ménopause. La jouissance de l'un presse ; la jouissance de l'autre a tout son temps…

Les différences de rythme entre hommes et femmes et, de façon plus générale, entre les individus, quel que soit leur sexe, exigent justement que l'on puisse communiquer avant, pendant et après la relation sexuelle. C'est vrai aussi pour les jeunes qui tiennent erronément pour acquis que, si on est vraiment faits l'un pour l'autre, tout ira sur des roulettes ; c'est encore plus vrai pour les adultes, en particulier avec de nouveaux partenaires ou avec des partenaires qui connaissent des changements sur le plan physique liés à l'âge. On ne peut pas être dans la peau de l'Autre. Même quand on est collé dessus.

Heureusement, plus on vieillit, plus on a le temps. On ne travaille plus, ou on travaille moins, les enfants devenus grands ne requièrent plus notre attention quotidienne, on a donc tout le loisir de se parler si on a le goût de le faire.

Même si on adore son conjoint, on ne peut pas savoir ce qu'il vit s'il n'en parle pas… Est-ce vrai le dicton « Moins on fait l'amour, moins on en a envie » ?

On dit aussi que l'appétit vient en mangeant. Il est vrai qu'avoir une vie sexuelle active et satisfaisante va en général maintenir votre intérêt à la poursuivre. Néanmoins, dans le domaine de la sexualité, le désir ne peut jamais s'imposer : vous forcer à faire quelque chose qui ne vous allume pas, au mieux ça vous laissera indifférent, au pire ça vous dégoûtera. Gérer les angoisses ou les contrariétés de la vie amoureuse et sexuelle exige sans doute une certaine sagesse... qui peut aussi venir avec l'âge.

Des hommes qui vieillissent en sagesse, je n'en vois pas des tonnes. Les hommes n'ont pas de modèles de ce côté et, en plus, ils ne parlent pas entre eux de leurs angoisses et de leurs bobos. Un homme craint toujours de ne pas se montrer à la hauteur devant les autres, de révéler ses fragilités, d'apparaître comme un sous-homme s'il ne correspond plus aux standards de la virilité conquérante.

C'est vrai qu'il n'y a pas beaucoup de modèles à suivre. Hormis quelques rares documentaires qui parlent de la sensualité des aînés – vous avez, je crois, participé à l'un d'entre eux –, c'est presque le silence complet sur la sexualité d'une grande partie de la population. La sexualité et même la sensualité des vieux demeurent des sujets tabous. On ne parle pas assez des bons côtés d'une sexualité alors active : c'est bon pour le cœur, la circulation sanguine, les muscles, et ça permet de mieux lutter contre le stress, l'insomnie, le cancer de la prostate et même la douleur, semble-t-il. Il arrive aussi que l'âge nous rende moins inhibé. On ose plus, parce qu'on se dit : « Qu'est-ce que je perds à essayer ? »

En vieillissant, on apprécie davantage les moments intimes, qui sont des cadeaux de la vie. Parle-moi de l'intimité. Quelle est la différence avec la sexualité ?

L'intimité, c'est avant tout une faculté. Pour la développer avec une autre personne, il faut accepter de se livrer, pour ne pas dire s'abandonner. Hélas, plusieurs hommes n'ont jamais appris à le faire. Beaucoup d'hommes croient encore que montrer leurs émotions, leur sensibilité, leurs doutes, leur vulnérabilité, c'est donner des armes à autrui, des armes qui pourraient servir contre eux.

Dans leur socialisation, les femmes apprennent beaucoup plus que les hommes à se confier. À d'autres femmes en premier lieu, par exemple leurs amies, car elles en ont en général beaucoup plus que les hommes, des amitiés. Les hommes ont aussi des amis, direz-vous, mais combien sont des confidents ? Très peu, quand il y en a. Les hommes sont beaucoup plus habitués d'être en compétition avec les autres hommes que de partager leurs émotions avec eux. Et cela affecte beaucoup plus que l'on pense leurs relations avec les femmes, parce qu'ils ont rarement vu des modèles d'hommes qui valorisaient le partage de leur intimité. Ce n'est parfois qu'à un âge avancé, quand des changements s'imposent dans leur vie, que les hommes commencent à pouvoir parler sans crainte de leur intimité et arrivent ainsi à mieux la partager.

On parle souvent des désavantages de la vieillesse. Pourtant, on a enfin du temps pour soi et pour qui on aime. En profite-t-on assez ?

Se retrouver face à face avec l'Autre, avec plein de temps devant soi, peut être en effet une très belle aventure. Mais c'est un cauchemar pour des couples qui pendant des années ou des décennies se sont occupés chacun de leur côté afin précisément de s'éviter. Comme vous le savez, en vieillissant, on devient un peu plus ce qu'on a toujours été…

Il y a des couples qui ne s'aiment tout simplement plus. Dans certains cas, on peut même se demander s'ils se sont déjà aimés. Ils sont ensemble par habitude et préfèrent cette situation à celle de devoir se retrouver seuls. J'ai de la difficulté à comprendre qu'on persiste à rester ensemble aujourd'hui quand on ne s'aime plus.

La solitude fait peur à beaucoup de gens, en particulier quand ils vieillissent. Il y a d'un côté la solitude choisie et heureuse : on peut choisir de vivre et de vieillir seul parce que cela nous convient mieux, qu'on a une vie sociale ou même une vie intérieure très active, qui fait en sorte qu'on ne s'ennuie jamais. Mais il y a d'un autre côté la solitude subie, qui produit un sentiment de manque, d'isolement, de désolation. Les gens se disent : « Qu'est-ce que je vais faire si je me retrouve seul ? » Souvent, ces couples ne dialoguent pas vraiment ensemble, mais l'Autre est là au moins, et c'est vécu comme une sécurité, comme un rempart contre une certaine détresse qui accompagnerait le fait de se retrouver soudainement seul alors qu'on ne l'a jamais envisagé.

Se séparer pour vivre seul, c'est une décision plus difficile à prendre quand on vieillit ?

L'inconnu fait peur. Parfois, un malheur auquel on s'est habitué – par exemple être dans un couple qui n'en est plus vraiment un – représente une protection contre un malheur estimé plus grand encore : se retrouver tout seul. Il faut certainement plus de courage et de détermination pour mettre fin à une relation qui a duré des décennies que pour rompre après quelques mois. Sans compter qu'en vieillissant on se questionne davantage sur notre faculté de séduire. Serons-nous encore concurrentiel sur le libre marché de la séduction ?

On peut être attirant à tout âge, c'est ce que je crois. Et toi ?

Puisque notre attrait dépend en grande partie de ce que nous inspirons aux autres, nous pouvons plaire très longtemps. D'autant plus que, à mesure que l'on vieillit, chacun connaît mieux ses forces et ses faiblesses. Autrement dit, ce qui fait notre charme, on a eu amplement le temps de le découvrir quand on atteint un certain âge. On sait davantage utiliser nos qualités, parce qu'on les a cultivées, on a eu tout le temps de le faire. On dira que nos attraits physiques sont moins évidents à quatre-vingts ans qu'à vingt ans, bien que l'on connaisse tous des gens qui ont vieilli en beauté et en sagesse, au point de plaire encore plus une fois âgés que dans leur jeunesse !

Mais le plaisir et le désir de séduire, encore faut-il qu'ils soient au rendez-vous.

Là aussi, on met beaucoup l'accent sur ce que l'on peut perdre en vieillissant, et très peu sur ce que l'on gagne. Et pourtant, il y a des gains. On sait plus ce que l'on veut ou pas. On est sans doute moins prêt à s'embarquer dans une relation rien que pour avoir une relation. Aujourd'hui, un grand nombre de gens sont passés par des périodes de célibat entre leurs relations de couple. Le célibat est mieux apprivoisé et accepté. On sait qu'on ne va pas en mourir. Même si le grand amour ne nous est pas tombé dessus, il y a bien des façons d'être heureux avec nos semblables.

Nous pouvons nous retrouver sans la personne avec qui nous avons passé une bonne partie de notre vie parce qu'elle nous a quitté, et ça peut arriver à tout âge, mais aussi parce qu'elle est décédée. Si on croit au couple, si on aime vivre en couple, on va probablement, après le deuil de la personne ou de la relation, vouloir former un couple à nouveau. Tout un défi.

Un défi possible à relever, cependant, et nous en avons assez couramment la preuve autour de nous quand des personnes d'un certain âge et même d'un âge certain forment de nouveaux couples ou se marient. On veut se réaliser à tous les âges de la vie. Vous en êtes d'ailleurs un bel exemple, madame Bertrand : vous débordez de projets ! Or je sais que, pour réaliser ces projets, vous avez besoin d'un partenaire aimant à vos côtés. Sa présence est pour vous énergisante. Beaucoup de femmes et d'hommes de votre âge sont comme vous et demeurent coquets et séduisants en raison de cela. Il est évidemment possible qu'on ne séduise pas de la même façon à quatre-vingts ans qu'à quarante ans, bien que les petits trucs que l'on a appris pour être attrayant risquent de servir longtemps. Ce qui fait en sorte que l'on n'a pas besoin d'être parfait pour séduire ; on a seulement besoin de vouloir séduire et se rendre encore attrayant sur divers plans, et pas que sur les plans physique ou sexuel. Il y a des personnes plastiquement parfaites qui attirent très peu, et des personnes qui semblent à première vue n'avoir rien de particulier mais qui, une fois que vous les connaissez, vous paraissent irrésistibles !

Je ne sais pas si les amours de vieillesse, comme on dit, peuvent s'épanouir facilement dans toutes les maisons de retraite…

Ça reste à voir. C'est très variable d'un endroit à l'autre. Chose rassurante, de plus en plus le personnel de ces centres suit des formations continues, y compris sur la sexualité des aînés, qui a trop longtemps été vue comme un danger pour eux-mêmes ou même une dépravation dans laquelle ils risquaient d'entraîner les autres… Mais nous n'en sommes plus là, heureusement.

Quand j'étais jeune, mon tout premier emploi a été dans un centre d'hébergement pour personnes âgées. Le temps que j'y ai travaillé, quelques mariages ont eu lieu. Parfois, nous étions un peu surpris par l'annonce de ces unions.

Un monsieur m'avait dit que le petit côté « interdit » de la chose avait rendu la fréquentation de sa future conjointe plus excitante encore ! Comme quoi l'amour avec un grand A finit toujours par faire son chemin…

La plupart des endroits qui accueillent des personnes aînées sont maintenant plus ouverts au fait qu'elles aient, ou veulent avoir, une vie amoureuse et sexuelle. Le temps où on séparait les couples âgés pour de simples questions pratiques de gestion des chambres est bel et bien passé, du moins je l'espère. Les aînés d'aujourd'hui, qui sont ceux et celles qui ont fait la Révolution tranquille au Québec, revendiquent volontiers leurs droits, ce qui est très bien. Ils savent qu'ils ont droit à une vie privée et à une vie amoureuse. Le problème, c'est parfois les enfants, qui craignent pour leur héritage, quand il y en a un. La « protection » des aînés contre leurs élans amoureux a parfois, j'ai le regret de le dire, des motifs intéressés, pour ne pas dire égoïstes.

On peut peut-être arrêter d'avoir des relations sexuelles, mais je me demande si on peut arrêter d'avoir des fantasmes.

Bonne nouvelle : à mesure que vous vieillissez, votre réserve de souvenirs excitants et de fantasmes grossit. C'est que vous en avez emmagasiné en mémoire pendant un sacré bout de temps… Que vous vous retrouviez en couple ou en célibataire, votre imaginaire érotique n'est guère affecté tant qu'il vous reste la mémoire. En ce sens, il y a fort à parier que les vieux ont une imagination érotique passablement plus développée que les jeunes. Encore faut-il qu'ils se donnent la permission d'y puiser leur inspiration, quelles que soient leurs pratiques sexuelles, en solitaire, en couple (ou plus, qui sait ?).

Tu penses que l'échangisme et le polyamour, ça existe aussi chez les aînés ?

Bien sûr. Votre sexualité ne va pas changer radicalement le jour de vos soixante, soixante-dix ou quatre-vingts ans. On vieillit généralement comme on a vécu. Alors si vous étiez plus aventureux ou créatif que la moyenne des gens sur les plans amoureux ou sexuel, vous allez probablement le rester.

Il faut quand même mentionner que la maladie ou les effets des médicaments peuvent être des causes de perte du désir ou d'impuissance. De plus, quand avoir des relations sexuelles est pénible ou douloureux, l'envie d'en avoir en prend un coup, non ?

Bien sûr, mais encore là, les gens ont alors, et peut-être plus que jamais, besoin de tendresse et d'affection. Regretter ce qu'on a perdu en vieillissant est une chose ; tabler sur ce qui reste en est une autre, de beaucoup préférable. C'est en bonne partie une disposition de l'esprit qui nous permet de bien vieillir. Vous l'avez d'ailleurs bien montré dans votre ouvrage *La Vieillesse par une vraie vieille*. Le malheur ou le bonheur, ce n'est pas tant ce qui nous arrive que notre réaction et notre adaptation à ce qui nous arrive.

Un aspect sur lequel nous avons peu de prise, hélas, est notre mémoire. Nos désirs reposent beaucoup sur notre mémoire. Mémoire de souvenirs heureux, de moments coquins, des amours vécues, des personnes qui nous font vibrer. Alors quand cette mémoire se trouve affectée, nous ne sommes plus en mesure de réagir comme avant. Il manque des infos, oubliées ou disparues, pour alimenter notre sexualité, du moins notre sexualité telle qu'elle était auparavant. Pour ces personnes vieillissantes, cela marque souvent la fin de leur vie sexuelle.

Je me demande si les couples homosexuels qui vieillissent rencontrent les mêmes problèmes que les autres.

Pendant longtemps, et avant que le couple, le mariage et la famille soient permis et valorisés chez les personnes homosexuelles, la vieillesse leur apparaissait problématique. J'ai déjà entendu des hommes gays dire qu'après trente-cinq ou quarante ans la vie sexuelle rapetissait comme une peau de chagrin. Ce n'est plus autant le cas. D'abord parce que l'homosexualité ne confine plus autant à l'isolement social, mais aussi parce qu'avoir un projet de couple ou de famille viable et reconnu de tous, c'est plus que jamais possible. Des couples d'amants ou d'amantes qui ont fêté leurs cinquante ou soixante ans de vie commune, on en connaît. En fait, il y en a toujours eu, mais pendant longtemps cela a été tu ou caché. Ça ne l'est plus et ça montre aux jeunes que l'homosexualité n'est pas un empêchement à une vieillesse heureuse, avec une personne aimée et même avec une famille. Les gays et les lesbiennes ont toujours eu des couples stables, des enfants et des petits-enfants : la différence, c'est qu'aujourd'hui on le voit et le reconnaît bien davantage.

Je trouve qu'il n'y a rien de plus beau que de terminer sa vie avec la personne aimée. Et ça, je le souhaite à tout le monde.

9

Contrer l'ignorance : une éducation sexuelle pour tous

Michel, je me demande ce que l'on peut faire pour sortir de l'ignorance sexuelle une fois pour toutes, si jamais une telle chose était possible. Je veux voir mes arrière-petites-filles – j'en ai cinq maintenant – grandir libérées de la honte et de la culpabilité, des tabous et des préjugés si souvent associés à la sexualité. C'est à qui d'éduquer les jeunes à la vie amoureuse et sexuelle ? C'est aux parents ? C'est à l'école ?

Comme l'éducation tout court, l'éducation à l'amour et à la sexualité est une responsabilité partagée. Parce qu'elle implique des informations, mais aussi des attitudes et des comportements. On peut apprendre dans des livres comment fonctionne notre corps et celui des autres, le respect de soi et le respect des autres, mais si on n'est pas capable de le mettre en pratique, ça ne donnera pas grand-chose. C'est pourquoi une éducation amoureuse et sexuelle digne de ce nom exige non seulement beaucoup d'informations, mais aussi beaucoup de pédagogie. Ça signifie que l'on va transformer les connaissances apprises en savoir-être et en savoir-faire, donc en comportements. Par exemple, tous les jeunes savent aujourd'hui que l'intimidation n'est pas une bonne chose à faire, et pourtant il y en a encore beaucoup dans les écoles. Une information qui ne se transforme pas en capacité d'agir est un coup d'épée dans l'eau. C'est pourquoi l'environnement même des jeunes, que ce soit la maison ou l'école, doit contribuer au projet de les éduquer de façon continue à la vie amoureuse et sexuelle. En commençant par donner l'exemple de conduites responsables, autant que faire se peut.

En somme, fournir et recevoir de l'information ne suffit pas : on doit aussi être en mesure de mettre en pratique ce que l'on sait. Par exemple, c'est très bien de dire aux jeunes de dénoncer le harcèlement ou les agressions de nature sexuelle. Mais si on ne leur offre pas les conditions et les habiletés nécessaires pour porter plainte sans crainte et sans honte, si on n'y donne pas suite sérieusement et si on ne s'occupe pas des auteurs de ces méfaits afin qu'ils ne récidivent pas, c'est peine perdue…

Les jeunes savent déjà beaucoup de choses sur la sexualité ; ce qu'ils ignorent, c'est comment gérer leurs émotions quand le désir émerge. L'éducation à la sexualité, c'est leur apprendre à résoudre les questionnements et les problèmes qu'ils rencontreront dans leur vie amoureuse et sexuelle. Or, apprendre à composer avec nos désirs, et avec ceux des autres, c'est long et complexe.

Il y a des choses à comprendre durant l'enfance, à l'adolescence et aussi à l'âge adulte, ne l'oublions pas. On apprend à tout âge. C'est la raison pour laquelle il est si important d'apprendre le plus tôt possible à se questionner, à chercher les réponses les plus fiables, à être critique, y compris face à soi-même, à demander de l'aide au besoin.

Tu sais, je ne pense pas qu'une seule personne puisse nous apprendre tout ça...

Comme vous avez raison, madame Bertrand ! Bien comprendre la sexualité humaine, ça implique des connaissances qui proviennent de presque partout : de la biologie (comment fonctionne notre corps), de la psychologie (comment fonctionne notre pensée), de la sociologie (comment fonctionnent nos relations avec les autres), de l'histoire (comment ont vécu les générations ou les civilisations précédentes), de la géographie (comment vivent les autres peuples), etc. Comme elle implique en plus des valeurs personnelles, familiales, religieuses ou culturelles, la sexualité pose aussi beaucoup de questions de nature philosophique.

En définitive, même s'il existe une profession dont le but est de faire une synthèse de tous ces savoirs, le métier de sexologue, tout un ensemble de spécialistes et d'intervenants devraient contribuer à une éducation à la vie amoureuse et sexuelle digne de ce nom. Sans oublier les parents, bien sûr, ne serait-ce que parce qu'ils demeurent les premiers modèles pour les enfants et les adolescents.

On ne le dira jamais assez, la valeur de l'exemple, à commencer par celui de leurs proches, demeure pour la majorité des jeunes la forme d'éducation la plus efficace.

Voir plein de choses sur le sexe ne suffit donc pas à s'instruire…

En effet, surtout quand on est jeune, il faut comprendre ce que l'on a pu entendre, lire ou voir. Malheureusement, l'éducation sexuelle est devenue une balle qu'on se renvoie. D'un côté, beaucoup de parents ne s'estiment pas à l'aise et encore moins formés pour éduquer leurs enfants à la sexualité. Ils refilent donc la question à l'école, si tant est que celle-ci offre une réponse, ou alors ils espèrent que leurs enfants sauront trouver des réponses par eux-mêmes… D'un autre côté, l'école québécoise a pris du retard sur la question à un moment où elle aurait dû, plus que jamais, faire contrepoids à la désinformation que l'on trouve sur le Web et sur les réseaux sociaux dont les jeunes sont si friands. Plusieurs parents s'inquiètent aussi que cette nouvelle responsabilité scolaire n'incombe pas forcément à des intervenants très à l'aise ou bien formés pour s'acquitter de la tâche. On verra bien.

Mais il est vrai que l'on n'oserait jamais donner la charge de cours de français ou de maths à des profs qui n'ont pas été formés pour ce faire. Aucun enseignant, aucune enseignante ne peut, sans préparation et sans pédagogie, s'improviser éducateur ou éducatrice à la vie amoureuse et sexuelle. De ce point de vue, on peut comprendre certains parents de s'inquiéter… et des enseignants de demander, à bon droit, soutien et aide.

Ce n'est pas parce que tout le monde, ou presque, a une vie amoureuse ou sexuelle que n'importe qui peut devenir éducateur en ce domaine auprès d'enfants ou d'adolescents. Ça demande beaucoup de connaissances, car on ne sait jamais quelle question va être posée, et beaucoup de pédagogie, afin de présenter les choses clairement, avec toutes les nuances qui s'imposent. Donnant un cours sur la sexualité à l'université depuis des années, je peux témoigner de la préparation exigée pour respecter différents points de vue, y compris sur le plan scientifique. Il faut tenir compte de la diversité des personnes et des valeurs présentes aussi, mais sans pour autant dire seulement des banalités et empêcher le développement de l'esprit critique.

Peux-tu me donner des exemples de pièges qui guettent les éducateurs et les éducatrices à la sexualité ?

Dans sa sexualité, chacun et chacune doit finir par comprendre ses propres besoins et trouver ses propres repères. Et tous n'ont pas les mêmes désirs ni les mêmes aspirations. Autrement dit, ce qui convient à Nathalie ne conviendra pas à Geneviève. Et ce qui parle beaucoup à Samuel ne dira absolument rien à Alex. Il faut respecter les différences, tout en mettant l'accent sur ce qui crée un certain consensus dans notre société. Par exemple, l'égalité entre les sexes et le respect de soi et des autres sont des valeurs importantes, que personne ne songe à remettre en question. Mais sait-on bien faire comprendre et intégrer ces concepts-là ? Le Web et les réseaux sociaux tablent beaucoup sur la curiosité, souvent sur la crédulité, alors que l'éducation à la sexualité fait appel à l'intelligence et au sens critique. Ainsi, elle exige non seulement des informations pertinentes, mais aussi des questionnements, de la discussion, de la sensibilisation, de l'ouverture d'esprit. La sexualité implique une relation à soi et aux autres. Ce n'est pas parce que vous connaissez toutes les façons de faire l'amour que votre vie amoureuse va être satisfaisante…

Trop souvent, ce qui se dit et s'écrit sur la sexualité se concentre surtout sur ses aspects biologiques, physiques et même techniques, laissant de côté ses aspects psychologiques et relationnels pourtant essentiels. À trop mettre l'accent sur le corps, on oublie presque le cerveau qui le fait agir. Notre corps n'est pas séparé de notre tête. Notre sexualité et toutes les décisions qui la concernent sont, au contraire, directement connectées à nos pensées, à nos émotions, à nos perceptions, à nos valeurs, même. Ne pas en tenir compte, ou ne pas le faire suffisamment, n'est pas très scientifique. Pire encore, cela contribue beaucoup à l'ignorance des gens, qui ne se reconnaissent pas dans le discours qu'on leur tient sur la sexualité lorsqu'il fait abstraction de leur conscience. Quand on a des relations sexuelles, on sait ce que l'on fait, après tout ! Suggérer que notre sexualité, purement biologique, échappe à notre conscience est non seulement faux, mais irresponsable. Pas étonnant que ce soit l'argument numéro un des auteurs d'agressions sexuelles, qui se présentent toujours comme non responsables de leurs actes. En prétendant que nos gènes et nos hormones décident à notre place, sans nous consulter, ou encore que la porno influencerait à tel point les hommes qu'ils ne sont plus maîtres d'eux-mêmes, nous pavons la voie à un comportement sexuel irresponsable.

Certains parents s'opposent à l'éducation à la sexualité, ou la voient d'un mauvais œil. Ils évoquent diverses raisons. On va les prendre une à une, si tu veux bien. Certains parents disent vouloir préserver l'innocence de leurs enfants, ne pas risquer de les brusquer ou de les traumatiser : « Ma fille n'est pas prête ; mon fils n'est pas intéressé... » Comment les rassurer ?

L'école doit clairement établir que le contenu et la pédagogie des apprentissages destinés aux enfants sont adaptés à ces derniers, avec un vocabulaire et des thèmes choisis. Et je ne doute pas que ce soit le cas : émanant de directives de l'UNESCO, les programmes actuellement proposés par le ministère de l'Éducation du Québec débutent par cinq heures seulement de présentation pour les plus jeunes et se terminent avec quinze heures en tout par année pour les adolescents. Ce n'est vraiment pas un temps démesuré ; au contraire, c'est plutôt restreint. Et le moins que l'on puisse dire, c'est que le contenu lui-même repose sur des éléments qui font largement consensus : les étapes du développement physique et sexuel, les identités et les rôles sociosexuels, les mises en garde d'usage sur les agressions et les violences sexuelles, les grossesses non désirées et les infections transmises par la sexualité ou par le sang (ITSS). Pour avoir lu ces contenus, je les considère comme très consensuels par rapport à ce que nous connaissons de la sexualité. Il n'y a rien de révolutionnaire dans ce contenu, encore moins qui pourrait choquer un enfant qui a l'électricité à la maison, donc probablement la télé et le Web. La moindre téléréalité, le moindre téléroman aborde sans fard des choses beaucoup plus difficiles, osées, et peut-être perturbantes, à des heures de très grande écoute. Autant donner aux jeunes des clés afin qu'ils comprennent ce qu'ils sont amenés à voir et à entendre de toute façon.

Respecter les valeurs religieuses et familiales des parents, c'est aussi un débat. Pour certains, que l'école contrevienne à leurs valeurs est inacceptable. Par exemple, on m'a raconté que des parents retirent leurs enfants de l'école quand on annonce qu'on va parler de diversité sexuelle ou d'homosexualité. Comment respecter la liberté des uns et des autres ?

Il faut faire la part des choses. Les parents ont évidemment droit à leurs valeurs, quelles qu'elles soient. L'école comporte toutefois dans ses objectifs un apprentissage à la vie en société, à la vie citoyenne. Un parent a tout à fait le droit d'avoir ses idées, y compris si elles sont homophobes, racistes ou contre l'égalité hommes-femmes, par exemple. Cependant, et cette nuance est très importante, l'école a non seulement le droit, mais aussi le devoir de refléter l'état des droits et libertés dans notre société. En particulier au Québec et au Canada, nous avons à respecter des chartes de droits et libertés qui régissent la vie collective de même que l'ensemble des autres lois et règlements. Un parent a tout à fait le droit d'être contre certains éléments de ces chartes, et même de les contester. Il y a l'arène politique et les tribunaux pour cela. L'école n'a pas à se soustraire à ses obligations en raison du fait que certains parents refusent qu'on y enseigne le respect de la diversité humaine, par exemple. À partir du moment où vous envoyez votre enfant à l'école, vous acceptez qu'il soit socialisé avec les valeurs reconnues et pour ainsi dire consensuelles de notre société, reflétées dans nos chartes de droits et libertés. On ne saurait raisonnablement et sans lui porter préjudice priver un enfant de cet apprentissage.

Vous ne pouvez attendre autre chose de l'école qu'elle enseigne les préceptes de base du respect de soi et d'autrui, tel qu'ils sont définis et encadrés dans nos lois les plus fondamentales. Vous pouvez bien, en tant que parent, considérer comme discutable que l'école reflète l'esprit de ces chartes, mais il y a des lieux, politiques ou juridiques, conçus pour faire entendre vos arguments ou vos récriminations. Les écoles n'ont pas à gérer ces situations à la pièce : leur devoir est d'instruire et d'éduquer, dans le sens le plus noble du terme. L'école ne peut pas changer à tout moment son programme et ses objectifs d'apprentissage en raison de l'opposition d'un parent à nos chartes et à ce qui en découle. Ceux et celles qui croient que des combats politiques ou juridiques doivent être menés doivent les porter au bon endroit.

L'école québécoise est inclusive de la diversité humaine : on ne peut lui demander de promouvoir le sexisme, le racisme, l'homophobie, la transphobie ou toute autre forme d'intolérance dont les enfants sont les premières victimes. Si vous voulez, légitimement, que vos droits soient respectés, en toute justice et réciprocité, vous avez aussi à respecter les droits de tous les enfants. L'école ne saurait se faire le porte-parole de préjugés ou perpétuer des discriminations qu'elle a plutôt le mandat de combattre. À mon avis, priver, censurer ou retarder indûment une information adaptée sur l'éducation à la vie amoureuse et sexuelle ne peut avoir que de néfastes retombées pour les jeunes. En effet, leur ignorance les rend à l'évidence malléables et vulnérables non seulement aux préjugés et à la désinformation, mais aussi aux agressions et aux violences de toutes sortes.

Des parents qui s'opposent à l'éducation sexuelle pour des motifs religieux, il y en a beaucoup ?

Vous savez, madame Bertrand, des fondamentalistes ou des intégristes religieux, il y en a toujours eu, dans toutes les religions, ici comme ailleurs. Les fondamentalistes croient qu'on ne devrait en pratique enseigner rien d'autre que ce qui se trouve déjà dans les livres saints. Les intégristes estiment que ces vérités doivent être imposées à toute la société, quelles que soient les croyances des autres citoyens. Aucune religion n'est à l'abri de ces interprétations. Et on a le droit de les critiquer, car on peut être critique par rapport à certaines idées tout en respectant profondément les personnes qui les défendent. Il existe un malaise du fait que l'on confond souvent les idées et les personnes qui les défendent. Or ce n'est pas du tout la même chose : on peut se montrer en tout temps respectueux face aux personnes même si on ne partage pas du tout leurs idées ou les façons de les mettre en pratique. Et cela aussi, l'école devrait l'enseigner.

Suivre à la lettre des choses écrites il y a des siècles, ce n'est souvent plus possible. Si vous prenez, par exemple, la Bible comme manuel d'éducation sexuelle, vous allez avoir beaucoup de difficulté à expliquer à des jeunes pourquoi, dans l'histoire de Sodome, un père offre ses filles vierges à violer pour protéger de ce sort deux anges de sexe masculin qui sont ses hôtes. Ou encore pourquoi, un peu plus loin dans l'histoire, ces deux mêmes filles soûlent leur père, Loth, puis le violent pour lui assurer une descendance masculine. Je ne suis pas du tout certain que les mêmes conduites seraient aujourd'hui considérées comme vertueuses. On ne peut penser, agir et réagir comme il y a des milliers d'années, d'autant que ces écrits étaient en partie des histoires et des métaphores destinées à donner à réfléchir aux gens, et non pas des manuels pratiques d'exemples à suivre. Par ailleurs, il y a tellement de contenu dans les livres saints que l'on peut, en cherchant bien, leur faire dire une chose et son contraire, par exemple sur la tolérance et sur l'intolérance.

Tu penses qu'on peut aussi évoquer des motifs religieux pour encourager l'éducation sexuelle ?
Certainement. Toutes les religions ont, au cœur même de leur message, la promotion de l'amour, du respect de soi et des autres. C'est parfois interprété différemment quant aux façons d'y parvenir, mais, sur le fond, toutes s'entendent à ce sujet. La plupart des religions encouragent aussi la connaissance de soi et admettent l'existence de la sexualité, qui fait partie intégrante de notre nature humaine. Et même si toutes ne s'entendent pas sur ce qui est bien ou mal, toutes ont tendance à encourager à faire le bien autour de soi, notamment à prendre décemment soin des enfants et à veiller à leur éducation.

Parler de sexualité, ce n'est pas seulement une question d'éducation, c'est aussi une question de santé. Les parents sont-ils conscients qu'ils mettent en danger la santé de leurs enfants en les privant de connaissances qui leur permettraient de se protéger d'infections transmises sexuellement ? Le réputé Dr Réjean Thomas me dit que la chlamydia, qui peut mener à l'infertilité, connaît une recrudescence au Québec chez les moins de vingt-cinq ans. Une des principales causes d'infertilité sévit chez les jeunes sans qu'il y ait beaucoup de prévention. Pallier après

coup l'infertilité est bien plus compliqué... La syphilis, qu'on voyait rarement, a refait son apparition depuis quelques années chez des adolescents et des adolescentes, des bébés naissant avec la maladie. Le condom est abandonné ; les jeunes croient que le sida est une maladie de vieux et qu'on peut en guérir, ce qui n'est pas le cas, on le sait. Selon le Dr Thomas, les principes de préservation de la santé sexuelle doivent être inculqués aux jeunes avant l'adolescence, quand ils sont encore à l'écoute des avis de leurs parents. En parler comme on le fait pour les saines habitudes de vie concernant la nourriture, par exemple. Après, ce sera plus difficile, la plupart des ados ne voulant plus parler de sexualité avec leurs parents. À compter de l'adolescence, il faut donc des personnes extérieures à la famille, ouvertes et dignes de confiance, pour aborder la prévention sexuelle avec les jeunes. Encore faut-il qu'il y en ait ! Bref, pour le Dr Thomas, favoriser l'éducation sexuelle à grande échelle est une urgence nationale : la santé des jeunes générations en dépend.

Vous avez bien raison de mentionner que l'éducation à la sexualité est aussi une question de santé publique, de bien-être physique et mental, parfois même de survie, et pas seulement de bien-être psychologique. Le Dr Thomas, qui a passé sa vie à combattre non seulement la maladie mais aussi l'ignorance (il a été l'un des premiers à sensibiliser la population aux besoins des personnes atteintes du VIH), est sans doute le mieux placé pour nous le rappeler.

À vrai dire, Michel, je ne comprends pas la méfiance à l'égard de l'éducation sexuelle. Dans les pays scandinaves, où cette éducation est obligatoire, il n'y a pas plus de problèmes sur ce plan-là qu'ailleurs, au contraire. Il y a beaucoup moins de grossesses non désirées, par exemple.

Il est reconnu que l'éducation à la sexualité retarde en fait les premières expériences sexuelles et contribue à prévenir des problèmes. Les jeunes doivent tôt ou tard apprendre à penser leur rapport à la sexualité, ce à quoi ils vont dire oui, ce à quoi ils vont dire non, et dans quel contexte. Et parce qu'ils se posent des questions de plus en plus tôt, toutes les enquêtes à ce sujet le montrent, ils ont besoin de réponses adaptées de plus en plus tôt. Plus vous en savez sur la sexualité, moins vous risquez de vous retrouver piégé par votre ignorance, moins vous risquez de passer précocement aux actes, alors que vous n'êtes pas prêt à le faire, mais que cela vous apparaît comme la seule source possible d'apprentissage.

Certains parents voudraient bien que l'on parle de sexualité à leurs enfants, mais seulement des côtés négatifs, pour les mettre en garde. Qu'est-ce que tu en penses ?

C'est aussi un piège. Parler de sexualité uniquement pour mettre en garde contre ses dangers, *primo*, ce n'est pas très réaliste, *secundo* et surtout, ce n'est pas très sain (pour une fois que je me permets d'utiliser cette expression). Les jeunes attendent de nous la vérité, et la vérité, c'est que la sexualité est dans la plupart des cas une affaire de plaisir, qui peut présenter des dangers, bien sûr, surtout quand nos désirs et nos plaisirs ne respectent pas ceux des autres. C'est dans la mesure où l'on développera et encouragera leur capacité de comprendre et de se poser des questions que les jeunes pourront réagir adéquatement aux problèmes qui surgiront dans leur vie amoureuse et sexuelle.

Associer toujours la sexualité à la honte, au mal ou aux tabous, c'est fabriquer des individus qui seront grandement à risque quand viendra le temps de la vivre. Une sexualité basée uniquement sur la peur et sur les interdits, c'est le contraire d'une sexualité basée sur l'estime et le respect de soi ainsi que sur le plaisir partagé.

Peut-il y avoir de vrais dangers à l'éducation sexuelle ?

Pas si elle est bien préparée et bien communiquée. Parce qu'il y a toujours le fond et la forme dans l'enseignement. Ce que l'on transmet est important, mais comment on le fait ne l'est pas moins. C'est pourquoi on ne peut s'improviser éducateur ou éducatrice à la vie amoureuse et sexuelle. Il faut un certain bagage de connaissances. Il faut aussi une façon de présenter les choses, d'anticiper les questions, mais aussi les susciter. Même si idéalement tout le monde à l'école participe, ne serait-ce qu'en donnant l'exemple d'adultes responsables, à l'éducation des jeunes, ceux et celles qui font de l'éducation à la sexualité doivent avoir des compétences reconnues.

Il y a aussi des parents qui craignent qu'éveiller la curiosité des jeunes par rapport à la sexualité puisse ouvrir une porte qui ne se refermera plus. Ils craignent que leurs enfants, émoustillés par ces cours-là, se retrouvent ensuite à chercher des sites pornos ou à avoir des expériences précoces. On leur répond quoi, à ces parents-là ?

Les jeunes s'intéressent le plus souvent à la porno par curiosité, faute de mieux. D'ailleurs, ce sont eux-mêmes qui le disent quand on les interroge à ce sujet. Ils vont vers la pornographie pour pallier l'ignorance dans laquelle on les a maintenus.

Soulignons au passage que la pornographie n'est pas totalement étrangère à notre culture. La pornographie accentue des *patterns* qui sont loin d'être exceptionnels : par exemple, combien de chansons suggèrent aux filles de faire n'importe quoi par amour, combien de déclarations d'amour maladives, voire suicidaires, du type « Je ne suis rien sans toi » ? Combien d'histoires de couple qui finissent mal, comme si l'amour et la sexualité étaient toujours synonymes de souffrance ? Des jeunes filles se prostituent par amour pour leur proxénète, d'autres deviennent anorexiques pour plaire à tout prix, en pensant que c'est la seule chose à faire. La porno, c'est un miroir grossissant, qui exagère plus qu'elle ne contredit des messages erronés sur la sexualité. C'est pourquoi son antidote le plus évident est une éducation sexuelle qui rend informé et critique. Je dis souvent que le matériel porno devrait porter le même sévère avertissement que les émissions et les films de type *Jackass* : « Surtout, n'essayez pas de faire la même chose à la maison. Vous risquez fort de vous faire du mal. » Et je parle, bien sûr, de se faire du mal tant sur le plan physique que psychologique ou relationnel : si vous pensez que c'est ça, la sexualité courante, vous êtes en train de vous cuisiner des problèmes…

Tu sais, Michel, il n'y a pas que les parents qui sont mal à l'aise ; des enseignants aussi se sentent mal à l'aise d'aborder la sexualité avec des jeunes. Pourquoi ? Et que faire ?

Comme les parents, la plupart des enseignants n'ont pas été préparés, ou alors pas assez, à traiter de la sexualité. Ils craignent de ne pas être à la hauteur, de commettre des bévues, même. C'est pourquoi toute éducation à la vie amoureuse et sexuelle doit être bien conçue et bien préparée. Ce n'est pas une activité à improviser. Raison de plus pour bien encadrer et outiller ceux et celles qui la font ou qui la feront. Au Québec, nous avons la chance d'avoir des sexologues qui bénéficient d'une formation exigeante, mais aussi des spécialistes de diverses professions qui sont en mesure de les épauler et d'agir en complémentarité. Je pense notamment aux infirmières, psychologues et travailleurs sociaux en milieu scolaire, auxquels les jeunes confient déjà leurs secrets, leurs problèmes et leurs angoisses. Ce sont des personnes bien placées pour contribuer à une éducation à la sexualité de qualité, axée sur les besoins des jeunes.

Mais comment encadrer tout ce beau monde pour en venir à une éducation sexuelle qui soit une responsabilité partagée ?

Quand vous instaurez un programme, vous devez en premier lieu outiller les formateurs qui en seront les porte-voix et les multiplicateurs. Ça prend du temps, ça coûte de l'argent, mais ça garantit les meilleurs résultats. Parce que les gens sont alors fin prêts, préparés à toutes les éventualités quand on traite de questions relatives à l'amour et à la sexualité avec des enfants et des adolescents. En ce sens, il faut plus que des énoncés théoriques ou de beaux principes pour assurer une éducation à la sexualité de qualité. Il faut des outils, des connaissances, un savoir-être et un savoir-faire bien compris et maîtrisés par les intervenants qui en seront responsables.

Je pourrais sembler en contradiction avec moi-même. D'un côté, je ne cesse de répéter que la sexualité n'est pas une réalité à part des autres ; d'un autre côté, je dis : « Attention, soyez très bien documentés et préparés. » En fait, les deux idées se complètent. On doit être capable de spontanéité, mais on ne l'est jamais autant que lorsqu'on maîtrise bien le contenu à livrer. Enfin, comme enseignants, on doit pouvoir s'entraider, apprendre les uns des autres, ne pas rester chacun dans son coin. Partager les réussites et les expériences concluantes, c'est essentiel dans le monde de l'enseignement et dans la prévention. Ne serait-ce que parce que ça permet de garder le moral et de bonifier sans cesse ce que l'on fait.

Il y a des enseignants qui ne sont et ne seront jamais à l'aise pour faire de l'éducation sexuelle. Ils ne sont pas motivés, ne se sentent pas compétents ou, simplement, ils ont des craintes qui les paralysent. Tu leur dirais quoi ?

Je ne cesse de le répéter : nous sommes des exemples ou des modèles pour les jeunes, que nous le voulions ou non. Si nous ne sommes pas à l'aise de dire ou de faire quelque chose, ils vont le sentir. Aussi bien, dès lors, s'abstenir. On peut certainement former, conseiller et épauler les profs qui éduquent les jeunes à la sexualité, mais, une fois que cela est fait, obliger quiconque à agir contre son gré est à proscrire. Ça ne peut que donner de mauvais résultats.

Je comprends les profs d'être hésitants. C'est déjà une grande responsabilité d'enseigner. Leur mettre la charge de l'éducation sexuelle sur le dos, c'est délicat et c'est beaucoup leur demander, surtout pour ceux et celles qui ne s'estiment pas prêts.

Je suis d'accord avec vous : une fois que nous avons décidé collectivement que l'éducation à la sexualité passait par l'école, il faut donner les meilleures conditions possibles pour que les personnes qui la fourniront soient bien préparées, bien motivées et bien soutenues. Mais on ne saurait obliger à participer à cette aventure quiconque ne se sent pas à l'aise.

Au Québec, on s'apprête à passer de deux cent et quelques écoles qui faisaient de l'éducation sexuelle

dans le cadre de projets pilotes à presque deux mille huit cents. Je suis très contente que le ministre de l'Éducation lance enfin ce projet à large échelle, mais je vois qu'il y a des réticences et des peurs. Comment convaincre les réticents ?

La meilleure chose serait de ne pas nier ces réticences et d'avoir un processus d'implantation bien expliqué et transparent. S'assurer que tous les milieux concernés bénéficient des informations, des formations et des ressources nécessaires est un must. Et tout le monde sera rassuré de savoir ce qui se trouve dans ces programmes, lesquels, je le sais pour les avoir lus, n'entendent pas faire de révolution, encore moins de scandale, mais donner des informations de base. À mon humble avis, ces programmes gagneront d'ailleurs à être bonifiés au fil de l'expérience acquise et de mises à jour tenant compte de l'évolution des connaissances et des recherches. Il faudra aussi, bien sûr, en évaluer les retombées. La connaissance sur la sexualité humaine demeure un champ relativement neuf, qui évolue constamment.

Ce serait plus simple s'il n'y avait pas de chicanes entre les scientifiques pour expliquer la sexualité, tu ne crois pas ? La biologie et la sociologie, ça peut se contredire. Par exemple, qu'est-ce qui est inné, qu'est-ce qui est acquis ?

C'est vrai qu'il y a de petites et de grosses disputes non seulement entre les sciences mais aussi entre diverses écoles de pensée quand on parle de sexualité. La biologie nous dit que notre sexualité serait profondément inscrite en nous, la psychologie, que c'est plutôt notre histoire de vie qui nous mènerait où nous sommes, et la sociologie, que nous serions beaucoup plus influençable que nous le pensons, notre sexualité étant apprise au contact des autres et des modèles qu'on nous présente. Je crois néanmoins qu'une synthèse de chacun de ces domaines est possible. Preuve en est que des sociologues, des psychologues, des biologistes et des sexologues arrivent à travailler ensemble, et plus souvent qu'on ne le croit (et je parle en connaissance de cause puisque je travaille sur différents projets de recherche, de formation ou de prévention avec des experts de tous ces domaines). Une certaine transdisciplinarité est d'ailleurs souhaitable, de mon point de vue, pour aborder la sexualité dans toutes ses dimensions.

Tu penses, Michel, qu'un enseignant peut être objectif sur les questions de sexualité ? Ça touche tellement les valeurs...

En tout cas, on peut aspirer à une certaine objectivité en comparant les différents points de vue, en argumentant le pour et le contre. Même les recherches scientifiques se contredisent parfois, parce qu'elles ne posent pas les mêmes questions, ou ne les posent pas de la même façon, et ne trouvent donc pas les mêmes réponses. Sans parler de leurs biais, qui peuvent être évidents ou subtils. Il y a plusieurs lunettes pour observer et comprendre ce qu'est la sexualité. Pouvoir en porter successivement plusieurs, ça aide à comprendre les points de vue qui s'opposent et à en faire une synthèse.

Vous savez, madame Bertrand, en science, on revient toujours à quelques principes simples : s'en tenir aux faits avérés, les tirer de sources fiables, se montrer en tout temps logique et critique, y compris à l'endroit de son propre travail et de celui de ses pairs. Car il y a toujours une part d'interprétation dans les conclusions scientifiques. La connaissance scientifique évolue, elle n'est pas infaillible. Elle a pour principe de s'appuyer sur des travaux crédibles et sérieux qui, autant que faire se peut, ont été avalisés ou reproduits par d'autres scientifiques. La production de connaissances scientifiques est un processus sans fin : on découvre toujours de nouvelles choses, et c'est souvent parce qu'on a posé des questions différemment ou qu'on a mis le doigt sur des données ou des conclusions erronées. L'objectivité, si cela existe, consiste surtout à tenir compte de divers points de vue afin d'en faire une synthèse critique, et non pas de s'empêcher de penser soi-même, au contraire.

Éduquer les jeunes à la sexualité, c'est enseigner comment composer avec ses désirs et ceux des autres. Je ne sais pas si on peut enseigner quoi faire avec nos désirs et accepter sans honte le plaisir quand il est réciproque.

Vous l'avez dit, éduquer les jeunes à la sexualité, c'est essentiellement leur apprendre à gérer, le mot n'est pas trop fort, leurs désirs et leur plaisir. Quand on parle de harcèlement ou d'agressions sexuelles, par exemple, on fait état de situations où des gens ont cherché à imposer leurs désirs sans respecter les autres. On voit bien que l'éducation sexuelle n'est pas qu'une affaire de connaissances, mais aussi une affaire de comportements. Savoir se conduire dans le respect de soi et des autres est à mon humble avis une composante clé. C'est la raison pour laquelle l'éducation sexuelle doit absolument inclure des activités d'intégration qui permettent aux jeunes d'apprendre comment, en pratique, on se respecte soi-même, on exige ce respect et on respecte les autres.

Je me pose une question. À certains moments, l'éducation sexuelle ne devrait-elle pas se faire avec des groupes d'élèves non mixtes ? Je suis pour la mixité garçons-filles, mais quand certains sujets sont abordés, les échanges seraient plus faciles si les filles et les garçons pouvaient s'exprimer chacun de leur côté, non ?

Vous avez raison, des études britanniques montrent en effet que certaines questions sont beaucoup plus faciles à aborder avec des petits groupes non mixtes. Les jeunes se sentent alors plus à l'aise d'aborder certaines questions intimes comme le fonctionnement de leur corps, les règles, la masturbation, les premiers béguins, etc. Bien évidemment, les mêmes thèmes sont abordés avec tous les jeunes, mais de façon différente.

Selon toi, Michel, qu'est-ce qui manque le plus actuellement dans notre enseignement et dans notre compréhension de la sexualité ?

L'empathie, c'est-à-dire la faculté de se mettre à la place des autres, c'est à mon avis ce qui manque le plus à une bonne compréhension de la sexualité, à commencer par celle des autres. Il y a deux raisons à cela. D'abord, notre propre sexualité nous apparaît généralement comme LA référence : nous comprenons difficilement pourquoi tout le monde n'est pas comme nous, ne ressent pas les mêmes choses, n'a pas les mêmes attirances, les mêmes désirs, les mêmes plaisirs, etc. Ensuite, la sexualité, c'est presque par définition une activité égocentrique. Dans un premier temps, elle est centrée sur notre propre plaisir, après tout. Bien sûr, il peut être très plaisant de donner du plaisir à l'Autre, mais il n'en reste pas moins que c'est aussi pour éprouver soi-même de la satisfaction. Il y a un mot pour ça, rappelons-le : c'est le plaisir vicariant, c'est-à-dire le plaisir de voir l'Autre ressentir du plaisir, surtout quand c'est nous qui le lui procurons.

Cela dit, pour développer de l'empathie, il ne faut pas compter uniquement sur le fruit de la recherche scientifique, dont ce n'est pas le but principal. Les témoignages, les romans, les films ou les pièces de théâtre seront immensément plus utiles en nous mettant en contact avec les émotions et les sentiments d'autrui. La science n'est pas la seule avenue à emprunter pour comprendre le monde qui nous entoure, à commencer par la vie sexuelle. Les artistes sont souvent encore plus pertinents par leur façon d'aller à l'essence des choses, d'avoir le mot ou l'image les plus justes pour faire comprendre une réalité. Ils font appel non seulement à notre intellect, mais aussi à notre cœur. C'est à ne pas négliger quand on parle de vie amoureuse.

Tu as raison, n'oublions pas le cœur ! Quand j'ai écrit mes cinquante-trois téléfilms *Avec un grand A*, puis mon roman du même nom, c'est ce que je voulais : rejoindre les gens dans leurs émotions, pour les amener à réfléchir.

Je crois, comme vous, que l'on pense à la fois avec la tête et avec le cœur, parce que personne n'est tout le temps rationnel à 100 %. On est toujours influencé par nos sentiments et nos émotions. Et c'est bien là que ça se complique…

La sexualité nous pose des questions auxquelles ce n'est pas toujours facile de répondre : « Qu'est-ce que je fais ? Je dis oui ou non ? J'insiste ou pas ? » Il y a des situations où il n'existe pas de réponses toutes faites, comme une avance sexuelle imprévue. Les jeunes, tout comme les adultes, sont parfois mêlés, ça peut se comprendre…

C'est pourquoi on doit aussi aborder la sexualité comme une question morale dans le sens le plus large du terme, c'est-à-dire comme une question éthique : il y a là des valeurs en jeu sur qui je suis, sur qui est l'Autre, sur quelle base nous nous rencontrons et décidons d'avoir ou pas des rapports sexuels ensemble. Par exemple, ne pas porter préjudice à autrui en exprimant ou en réalisant nos propres désirs semble être une valeur qui s'impose avec la sensibilisation accrue concernant le harcèlement et les agressions sexuelles. Grâce en bonne partie au féminisme, penser que la sexualité est toujours plus forte que soi et qu'on n'y peut rien ne semble plus un point de vue très légitime. Tant mieux.

On ne peut plus ignorer que la liberté et la libération sexuelles comportent aussi des responsabilités et des devoirs, tant envers soi qu'envers autrui. J'ai toujours cru que l'important ce n'est pas tant de réaliser nos désirs, et tous nos désirs, mais plutôt d'en avoir. Nos désirs sont les moteurs de nos vies. Ce sont eux qui nous motivent, qui nous donnent de l'énergie. Croire qu'on peut ou doit réaliser tous nos désirs est utopique, parfois même dangereux, parce que ce n'est pas possible sans le consentement des autres.

L'ignorance, c'est là, le problème. Une bonne éducation sexuelle, c'est peut-être reconnaître d'abord notre ignorance, pour ensuite essayer de la combler. On a été enseignants tous les deux et on sait que les étudiants qui sont certains de déjà tout savoir se refusent à apprendre quoi que ce soit. Pourtant, dans la vie, on ne fait que ça, apprendre. Même moi, à mon âge…

Je suis d'accord avec vous : l'éducation à la sexualité est un long apprentissage. D'ailleurs, l'éducation à la sexualité ne concerne pas que les enfants ou les adolescents : elle concerne aussi les adultes, et pas que les parents. À partir du moment où nous avons une vie sexuelle, nous avons à nous éduquer de façon continue sur ce plan-là, nous n'avons pas le choix. Et ça ne se fera pas tout seul. La plupart des gens ont, en fait, appris l'amour et la sexualité sans trop s'en rendre compte, en faisant des essais et des erreurs, en faisant comme les autres, ou du moins comme ils pensaient que les autres faisaient… Heureusement, on peut tirer des enseignements de nos erreurs, et à tout âge.

Tu sais, Michel, c'est justement la raison pour laquelle j'ai voulu réaliser cet ouvrage : faire reculer l'ignorance, faire réfléchir, comprendre qu'on peut et doit apprendre à tous les âges sur la sexualité.

L'éducation sexuelle des jeunes est aussi une occasion d'apprendre ou de comprendre de nouvelles choses pour les parents. Cet aspect-là du sujet est hélas négligé, bien qu'important. Nous vivons actuellement dans une société qui se remet en question par rapport à la sexualité, par rapport au consentement éclairé pour avoir des rapports sexuels, par exemple. Un débat de société est en cours, des changements se profilent. Et cela ne concerne pas que les jeunes, bien évidemment. Il y a toujours une éducation sexuelle qui doit se faire dans le grand public et qui concerne tout le monde.

On néglige trop souvent le fait que la sexualité implique une relation avec soi et avec les autres, même quand ils ne sont présents que dans nos fantasmes. Elle est aussi une source d'estime de soi, si elle est bien intégrée, et une occasion d'affirmer certaines valeurs par notre façon de la vivre. La sexualité comporte des aspects non seulement physiques ou biologiques, mais aussi psychiques, affectifs, relationnels et sociaux, lesquels sont encore plus difficiles et complexes à aborder. Nos différences physiques ne sont rien à côté de nos différences en ce qui concerne nos perceptions et nos réactions par rapport à la sexualité. Il faut donc en parler et accepter d'entendre ce que les autres ont à dire. Les hommes peuvent apprendre des femmes, les femmes des hommes ; tout le monde gagne aussi à comprendre les personnes de la diversité sexuelle et de genre, par exemple. La sexualité demeure un immense champ de découvertes et d'apprentissages sur nous-même, sur autrui et sur la vie en général. Encore faut-il être à l'écoute, se poser des questions et apprendre des autres de façon continue. Une éducation sexuelle idéale, c'est une éducation qui permet une ouverture d'esprit, meilleur antidote à la bêtise et aux préjugés issus de l'ignorance.

Si ce livre rend les gens de tous âges et de tous genres plus connaissants de leur sexualité et de celle des autres, donc plus compréhensifs et respectueux d'eux-mêmes et de leurs partenaires, toi et moi, Michel, on aura atteint notre but.

Bibliographie

Un grand nombre d'ouvrages, d'articles et de sites web ont été consultés lors de la rédaction de cet essai afin de nous assurer de la justesse des informations qu'il contient. Nous avons choisi de ne pas ajouter de notes de bas de page pour ne pas alourdir la lecture d'un texte destiné au grand public. La courte liste qui suit contient des titres pour la plupart très accessibles, qui pourront servir à approfondir les connaissances contenues dans ce livre.

Adshade, Marina, *Dollars et sexe*, PUL, 2015.
Alberoni, Francesco, *Le Choc amoureux*, Ramsay, 1980.
Alberoni, Francesco, *L'Érotisme*, Ramsay, 1986.
Attali, Jacques et Bovicini, Stéphanie, *Amours – Histoire des relations entre les hommes et les femmes*, Fayard, 2007.
Bologne, Jean Claude, *Histoire du couple*, Perrin, 2016.
Bourré, Jean-Sébastien, *Transition*, Marcel Broquet, 2017.

Bozon, Michel, *Pratique de l'amour*, Petite bibliothèque Payot, 2018.

Brochmann, Nina et Stokken Dahl, Ellen, *Les Joies d'en bas*, Actes Sud, 2018.

Buss, David, *Les Stratégies de l'amour*, Inter Éditions, 1994.

Champagne, Samuel, *Trans*, Éditions de Mortagne, 2017.

Dorais, Michel, *La Mémoire du désir*, Typo, 2004.

Dorais, Michel, *Petit traité de l'érotisme*, VLB, 2010.

Dorais, Michel, *La Sexualité spectacle*, VLB, 2011 et H&O, 2013.

Dorais, Michel, *Nouvel éloge de la diversité sexuelle*, VLB, 2019 (à paraître).

Fausto-Sterling, Anne, *Corps en tous genres*, La Découverte, 2012.

Fausto-Sterling, Anne, *Les Cinq Sexes*, Petite Bibliothèque Payot, 2013.

Gagnon, John, *Les Scripts de la sexualité*, Payot, 2008.

Girard, Christophe, *L'Amour réaliste*, Armand Colin, 2017.

Greenbaum, Mona, *Familles LGBT, le guide*, Éditions du remue-ménage, 2015.

Hajcak, Frank et Garwood, Patricia, *Le Sexe alibi*, Le Jour éditeur, 1989.

Hébert, Martine, Fernet, Mylène et Blais, Martin, *Le Développement sexuel et psychosocial de l'enfant et de l'adolescent*, De Boeck supérieur, 2017.

Hite, Shere, *Le Rapport Hite*, Robert Laffont, 1977.

Hite, Shere, *Le Rapport Hite sur les hommes*, Robert Laffont, 1983.

Illouz, Eva, *Pourquoi l'amour fait mal*, Seuil, 2012.

Jordan-Young, Rebecca M., *Hormones, sexe et cerveau*, Belin, 2016.

Journet, Nicolas et Bedin, Véronique, *Le Sexe d'hier à aujourd'hui*, Éditions Sciences Humaines, 2013.

King, Annabelle, *Un Doux Équilibre*, Éditions de l'Homme, 1984.

Langis, Pierre et Germain, Bernard, *La Sexualité humaine*, 2e édition, ERPI, 2015.

Marzano, Michela, *La Pornographie ou l'épuisement du désir*, Hachette, 2003.

Pastinelli, Madeleine, *Des souris, des hommes et des femmes au village global*, PUL, 2007.

Robert, Jocelyne, *Parlez-leur d'amour… et de sexualité*, Éditions de l'Homme, 1999.

Robert, Jocelyne, *Full sexuel*, Éditions de l'Homme, 2002.

Tel-Jeunes : www.teljeunes.com/Tel-jeunes/Tous-les-themes/Sexualite.

Unesco, *International technical guidance on sexuality education* : http://unesdoc.unesco.org/images/0026/002607/260770e.pdf.

Remerciements de Janette Bertrand

Mes remerciements…

à Michel Dorais, que j'apprécie et admire depuis trente ans. On rêvait de travailler ensemble, c'est dans la complicité et la joie que ce livre a été conçu, premier bébé d'un couple d'auteurs prolifiques ;

à mon amoureux, Donald, grâce à qui j'ai le goût et le temps d'écrire ;

à mes enfants : dès leur naissance j'ai su que j'écrirais pour eux et pour leur progéniture ;

à mon ami André, mon conseiller de vie et de travail depuis trente-cinq ans ;

à Réjean Thomas, qui m'a éclairée grâce à son expertise de médecin ;

à Johanne Guay, un merci tout spécial pour son audace, ses connaissances, sa souplesse, son amitié ;

à Patricia Huot, mon attachée de presse, pour sa douceur et son efficacité ;

à tout le personnel du Groupe Librex : je me sens non seulement appuyée mais aussi aimée, c'est important pour moi ;

enfin, à mes lectrices de longue date, à mes nouveaux lecteurs, c'est pour être lue par vous que j'écris !

Merci la vie.

Remerciements de Michel Dorais

Je ne saurais trop remercier Janette Bertrand de la confiance qu'elle m'a faite en me demandant d'écrire avec elle cet ouvrage. Sa grande créativité, sa joie de vivre et son exquise gentillesse ont fait en sorte que ce travail fut un plaisir et un privilège.

Notre éditrice Johanne Guay a veillé sur nous comme une bonne fée, aplanissant tous les écueils que nous aurions pu rencontrer. Sa patience, ses conseils avisés et son enthousiasme nous ont donné des ailes.

Merci aux collègues dont les conseils m'ont été utiles, en particulier Martin Blais en ce qui concerne la sexualité des jeunes. Sans oublier mes proches, bien sûr, pour leur patience et leur compréhension quand je suis très pris par mon travail : ils savent que c'est ma passion.

Restez à l'affût des titres à paraître chez Libre Expression en suivant Groupe Librex : facebook.com/groupelibrex

edlibreexpression.com

Cet ouvrage a été composé en Whitman-RomanLF 13/17
et achevé d'imprimer en août 2018 sur les presses
de Marquis imprimeur, Québec, Canada.

100 % post-consommation | procédé sans chlore | garant des forêts intactes[MC] | énergie biogaz | archives permanentes

Imprimé sur du papier 100 % postconsommation,
accrédité Éco-Logo, traité sans chlore, garant des forêts intactes
et fait à partir de biogaz.